Sangue Maremmano

L'alba di una cittadina

di
Miguel Amatores

Si vis pacem, para bellum

Introduzione

Il libro, ambientato nella Maremma Toscana durante il granducato di Leopoldo II, narra le gesta dei precettori appartenenti ad un ordine non meglio definito che, intenti nelle opere di bonifica e di ricerca scientifica, si ritrovano a dover combattere i briganti locali.

Protagonisti indiscussi sono i due fratelli Virginia e Ranieri. Le loro vicende si intersecano con la nascita e lo sviluppo di una cittadina costiera, in relazione ai problemi connessi con il brigantaggio e lo sfruttamento delle risorse del territorio.

La trama si sviluppa utilizzando personaggi chiave del territorio e fatti realmente accaduti.

Capitolo 1

La Caccia

Com'era sua abitudine alla fine di ogni giornata, Ranieri osservava il tramonto sempre dal medesimo promontorio, dal quale poteva ammirare uno splendido panorama, un immenso sole color rosa-arancio che si immergeva lentamente in mare. Era il suo antidoto allo stress, un appuntamento quotidiano imprescindibile: gli piaceva pensare che recarsi lì a meditare profondamente fosse il suo personale saluto al sole e un modo per ricongiungersi con la natura e ringraziarla per le cose belle che la vita gli stava donando. In lontananza si intravedevano paludi salmastre, la foce del fiume e numerosi uccelli che si sollevavano in volo, mentre una fievole luce rosacea dipingeva il paesaggio di infinite sfumature.

Ranieri era nato e cresciuto nella valle dominata dal fiume che portava il nome della città dove sfociava, un nome preso in prestito da quello di un console romano discendente di un'antica famiglia di origine etrusca, stando a quanto aveva appreso dai libri e dalla "saggezza popolare".

Nonostante la giovane età, le sue conoscenze erano di gran lunga superiori alla media del luogo e dell'epoca; i nonni e i suoi genitori avevano investito parecchio nella sua istruzione. Il suo parco stile di vita gli permetteva di mantenere un perfetto equilibrio con la natura circostante. Si era ripromesso di non cacciare mai per divertimento e soprattutto, mai più di quanto non fosse strettamente necessario per il sostentamento.

Le sue facoltà mentali erano eccellenti, ma non si era limitato a sviluppare soltanto quelle. Si era preoccupato di coltivare anche l'attività fisica, imparando a cacciare di giorno e di notte, da solo e in compagnia. Sapeva usare sia il fucile, un vecchio trombone ad avancarica di famiglia, sia armi da taglio; si era addestrato anche per la lotta corpo a corpo, un antico stile di combattimento italiano simile al pancrazio ma allo stesso tempo molto diverso. Non si era mai chiesto il motivo per cui una famiglia di contadini come la sua avesse tutte quelle conoscenze e tutti quei libri in casa. Non potendo fare paragoni con i suoi coetanei, gli sembrava una cosa assolutamente normale.

Cercando di metterlo alla prova, i genitori gli assegnarono il compito di catturare tre fagiani (*Phasisnus colchichus*), tre cinghiali (*Sus scrofa*) e una pernice rossa (*Alectoris rufa*) entro tre giorni, senza alcun vincolo nella selezione delle armi e del cavallo. Senza battere ciglio, lui si recò nella scuderia e scelse il suo preferito, uno splendido cavallo da tiro di taglia grande e di color nero pece di nome Due, col quale adorava cavalcare. Dalle zampe straordinariamente forti e resistenti, a ogni passo il terreno sembrava quasi sprofondare sotto i suoi zoccoli; fiero e potente dominava il sentiero da percorrere, ma all'occorrenza sapeva essere anche veloce e silenzioso.

Mantenendo un'andatura lenta, in tre ore il giovane raggiunse l'oratorio, edificato attorno al 1780. Capì di essere arrivato in prossimità delle vecchie miniere di rame, sito estrattivo che sarebbe diventato uno dei più importanti d'Europa nell''800, per poi concludere la sua attività ai primi del '900. Decise di dirigersi verso valle nei pressi delle aree pianeggianti vicino all'argine del fiume, dove tra i numerosi canneti e la folta vegetazione avrebbe trovato con facilità fagiani e forse anche qualche pernice rossa.

Smontò da cavallo e depose a terra chicchi di grano e briciole di pane, dopodiché cercò di portarsi alla distanza giusta per il tiro con l'arco. Non utilizzò il fucile sia per non destare sospetti, visto che quel tipo di arma era particolarmente rumorosa, sia per non arrecare disturbo all'ecosistema. Mentre Due pascolava e si abbeverava nel fiume, Ranieri individuò una pernice rossa; dalla sua postazione sul ramo di un leccio a circa un metro e mezzo da terra, decise di scoccare la freccia, che colpì l'animale in pieno. Salì nuovamente a cavallo e si diresse a ovest verso la foce, seguendo la corrente del fiume che attraversava la valle scorrendo da est verso ovest. Arrivò in prossimità di un piccolo borgo, situato su uno sperone roccioso vicino all'ultimo affluente di sinistra idrografica, dominato da un'antica pieve romanica e da un castello, e circondato da un intero bosco di querce al quale ancora oggi deve il suo nome. Lui conosceva bene quei posti perché erano a soltanto un'ora di cavalcata da casa. Notando che il sole era ancora alto, decise di iniziare la ricerca delle zone che i cinghiali prediligevano per il pascolo. Trovò finalmente il sito ideale per la caccia, alcune querce non troppo alte con fusti abbastanza grandi da poter reggere il suo peso. Vide numerose tracce di cinghiale sul terreno, facilmente riconoscibili e composte ciascuna da quattro fori, due anteriori e due posteriori. I primi, molto marcati, erano prodotti dagli unghioni allungati del terzo e quarto dito, mentre quelli posteriori erano da imputare al secondo e quinto dito, detti "guardie", che poggiano sul suolo soltanto in particolari condizioni. In quel caso erano ben visibili perché la notte precedente era piovuto. Il giovane notò che parecchia terra era stata smossa dagli ungulati in cerca di cibo. I muscoli molto sviluppati della nuca dell'animale gli consentono di utilizzare il grifo come un vero e proprio aratro. Poco più a valle, infine, trovò piccole pozze di acqua stagnante, chiamate in gergo "insoglio del cinghiale", di importanza fondamentale per quest'ultimo: strofinandosi la schiena sul fondo fangoso della pozza, riesce infatti a sbarazzarsi dei parassiti cutanei, migliorando così le proprie condizioni di salute.

Ranieri iniziò i preparativi per la caccia. Non aveva molto tempo a disposizione, il primo giorno dei tre che gli erano stati concessi stava ormai per concludersi. Inoltre voleva dimostrare di essere in grado di portare a termine il compito nel minor tempo possibile. Allontanò il cavallo, non di molto però, così da poterlo richiamare con un semplice fischio. Prese dalla sella due sacchi di iuta, uno più grande che conteneva il grano e uno più piccolo con il salgemma, di cui i cinghiali sono ghiotti. In prossimità della città capofila dei borghi della valle, a metà del corso del fiume, erano presenti dei depositi di sale di età miocenica, risalenti al periodo Messiniano, all'incirca sei-cinque milioni di anni fa. Era noto da tempo che quell'area nascondesse vasti giacimenti di salgemma, sin dal periodo degli Etruschi. Storici e narratori romani, del calibro di Plinio e Galeno, avevano descritto nelle loro opere le immense potenzialità di quelle saline. Nel 1700 circa la zona divenne una delle capitali mondiali per l'estrazione del sale.

Nella macchia mediterranea il sole tramonta molto rapidamente, di conseguenza è facile ritrovarsi nella semi-oscurità quasi senza accorgersene. Nei boschi il silenzio non è mai totale, spesso è interrotto dai versi striduli di merli e ghiandaie, dagli zirli dei tordi e i canti dei fagiani, che salgono sugli alberi per trascorrere la notte. Il ragazzo sapeva bene che, una volta utilizzato il trombone e uccisa la preda, gli altri animali sarebbero fuggiti, perciò decise di preparare il sito dove avrebbe cacciato allo scopo di ammazzare più di un cinghiale.

Il piano era molto semplice: con la balestra avrebbe ucciso il primo nei pressi della pastura di grano e sale, definita in gergo "governo", così gli altri cinghiali, dandosi alla fuga verso la via più accessibile, avrebbero fatto scattare il trombone, che avrebbe eliminato il secondo esemplare. I restanti animali, confusi e spaventati dal rumore e dal riverbero nella valle, presi dal panico avrebbero attraversato i varchi tra le canne, rimanendo impigliati nei lacci di cuoio che Ranieri aveva precedentemente piazzato. Sapeva che la caccia con il laccio era una pratica dolorosa che costringeva il cinghiale a una morte lenta, un'agonia prolungata di parecchie ore. Il nonno soleva ripetergli che spesso gli animali presi al laccio si amputano da soli la zampa a morsi pur di riuscire a liberarsi; per questo motivo si ripromise di uccidere subito quelli che finivano in quella trappola cruenta.

Utilizzò il pennato per tagliare delle canne e in base alle tracce presenti sul terreno, le piazzò in modo tale da ostruire eventuali varchi. Poi caricò il trombone e lo puntò sulla via di fuga meno intricata. L'arma, che sarebbe stata innescata dal passaggio della preda, era fissata stabilmente a un albero. Una piccola corda, collegata al grilletto, era stata disposta perpendicolarmente alla via di fuga degli ungulati. In gergo, i sentieri battuti dai cinghiali per spostarsi nel bosco vengono definiti "passi" o "passetti".

In base alla sua esperienza, Ranieri sapeva bene che per avere delle buone probabilità di successo avrebbe dovuto sentire, prima ancora di vedere, i cinghiali in avvicinamento, per prepararsi e prendere la mira; fortuna volle che quella notte la luna piena emanasse una debole luce. Per quanto possano essere silenziosi e furtivi, è impossibile non sentire un branco di cinghiali in movimento. Grugniti e rumori inconfondibili di rametti spezzati nella macchia ne annunciarono l'arrivo al "governo".

Il giovane iniziò a prepararsi. Afferrò la balestra, salì su un albero e iniziò a mirare in direzione di una quercia. Non era agitato, anche se avvertiva la tensione farsi sempre più alta. Le nuvole si muovevano rapide in cielo a causa del forte scirocco, creando giochi di ombre e variazioni di luce che non gli rendevano affatto facile il tiro. La possibilità di fallire era elevata.

I cinghiali arrivarono molto vicini al "governo", dopodiché si immobilizzarono. Ranieri pensò di essersi posizionato male, ma poi riuscì a sentire il forte odore degli animali provenire dalla stessa direzione del vento. Gli ungulati restarono immobili per alcuni istanti, sembrava che il tempo scorresse al rallentatore. I secondi divennero minuti. Tutt'a un tratto, si udì un soffio prodotto da una sagoma che si avvicinava dall'oscurità: un grosso cinghiale adulto aveva deciso di unirsi al gruppo. Poi tutto tornò alla normalità e gli animali ripresero la loro marcia.

Era il momento propizio per colpire, e il ragazzo non lo vanificò: fece scattare la balestra mirando astutamente all'ultimo cinghiale del branco, provocando la fuga degli altri verso le altre trappole. Il tempo parve improvvisamente accelerare e nella valle si udì un forte boato, seguito dalla caduta di un ungulato. Tutto attorno si fece caotico, gli animali spaventati dallo sparo del trombone iniziarono a fuggire in tutte le direzioni, nella più totale confusione. Poi il giovane sentì stridere, il classico lamento emesso dal cinghiale quando è ferito. Decise di attendere qualche minuto prima di scendere, e quando le nubi gli permisero di dare un'occhiata, scrutò sotto di sé nella speranza di intravedere qualcosa. Individuò il grosso maschio ucciso dal trombone, un piccolo ucciso dalla balestra e due ungulati presi al laccio. Sentiva frendire, il verso che il cinghiale emette quando è arrabbiato e freme con i denti. Probabilmente al laccio era stato catturato anche un maschio, motivo per il quale doveva fare molta attenzione. La situazione, come gli

17

aveva insegnato il nonno, poteva essere pericolosa.

A passo felpato come quello di un ghepardo, Ranieri cercò di avvicinarsi al primo laccio, i movimenti lenti, cauti e attenti a tutto quello che lo circondava. Un cinghiale di piccola taglia stava tentando di rompere con i denti il robusto laccio di cuoio che lo tratteneva per il collo. Il ragazzo prese la mira e con un dardo colpì in mezzo agli occhi l'animale, che cadde immediatamente a terra. Ripeté la stessa operazione anche con l'altro. Rimase sorpreso quando, giunto nel punto dove aveva piazzato il terzo laccio, lo trovò rotto, probabilmente strappato dalla furia di un maschio adulto. I maschi adulti dei cinghiali maremmani hanno un peso medio di circa ottanta-novanta chilogrammi, a differenza di quelli delle Alpi che pesano mediamente centocinquanta chili e possono raggiungere anche i duecento.

Con molta attenzione cercò di stanarlo lì attorno. Si chiese chi in quel momento fosse realmente la preda e chi il cacciatore: stava combattendo con un animale perfettamente adattato al suo ambiente, con uno scarso senso della vista ma un udito e un olfatto particolarmente sviluppati, che poteva essersi nascosto nel sottobosco e scattare da un momento all'altro. Resosi conto che la paura e l'adrenalina stavano per prendere il sopravvento e fargli perdere il controllo, salì sul primo albero utile e attese. Per fortuna aveva con sé il pugnale che il nonno gli aveva regalato per il suo compleanno. Un pugnale forgiato a mano, un'abilità che lui ancora doveva apprendere. Il vento lentamente calò di intensità e i rumori del bosco, interrottisi dopo lo sparo del trombone, tornarono protagonisti assieme alla calma. Tuttavia era solo una quiete apparente, il grande brinato era ancora lì, in attesa. I cinghiali maremmani che presentano delle setole argentate sul dorso e sul muso sono definiti brinati. Tutt'a un tratto l'animale decise di uscire dal sottobosco e iniziò ad annusare l'aria per individuare il pericolo, commettendo un errore che il dardo della balestra non gli perdonò. Con un doppio fischio, Ranieri richiamò Due, che lo raggiunse in pochi secondi, poi ricaricò la balestra e il trombone, e costruì una piccola slitta con la corda che aveva a disposizione, le canne che aveva tagliato e alcuni rami raccolti nelle vicinanze. Data la sua stazza e forza, Due non ebbe alcun problema a trasportare i cinghiali adagiati sulla slitta. In un paio d'ore circa, il giovane fu di nuovo a casa, dove, una volta depositate le prede, fu raggiunto dal nonno e dal padre, che lo aiutarono nelle operazioni di eviscerazione e preparazione delle carni al fine di conservarle sotto sale.

Il primo giorno era trascorso, e ne restavano ancora due per i fagiani, così Ranieri decise di togliere la sella a Due e farlo riposare nella stalla. La mattina successiva partì per cercare le ultime prede e concludere il suo compito. Il nonno suggeriva di attendere il calar del sole per colpire i fagiani quando sono appollaiati sugli alberi per la notte e lui decise di seguire i consigli di chi era più esperto. Si avviò lentamente a cavallo in direzione ovest, in prossimità della foce del fiume. In tarda mattinata raggiunse il luogo denominato "colle di mezzo", un piccolo promontorio dai morbidi pendii che si trovava a metà strada tra la pianura e la fascia di colline retrostanti che dominavano il tratto finale del fiume. Da quel punto poteva osservare la pianura paludosa che si estendeva fino al mare. Proseguì verso sud, poi scese da cavallo e nei pressi dell'argine del fiume controllò se il territorio di caccia potesse rivelarsi fruttuoso. Quando sentì in lontananza il canto di un fagiano, capì che gli sarebbe bastato attendere il calar del sole. Notò che un tratto di sponda del fiume era ricoperto di sabbia, dopodiché tolse la sella al cavallo e cercò della legna per accendere un fuoco. Infine si accampò in attesa del tramonto. Prese la balestra e si dedicò alla sua manutenzione, affilò dardi e coltello e fece uno spuntino. Anche Due, dopo essersi abbeverato, si mise a mangiare. In lontananza si udivano ancora canti di fagiani maschi, cosa che rafforzò la convinzione del giovane di aver fatto la scelta giusta. Ora non restava che aspettare.

Al calar del sole, i fagiani cercarono riparo per la notte sui rami degli alberi, come previsto dal nonno. Con una piccola fiaccola in mano e la balestra nell'altra, Ranieri cominciò a ispezionare le fronde. Concluse velocemente le operazioni e rientrò a casa. Catturò soltanto esemplari maschi adulti al fine di arrecare il minor danno possibile alla popolazione.

Il padre e il nonno lo stavano aspettando a casa, sicuri del suo successo. Aveva portato a termine il compito in soli due giorni. Dopo aver accompagnato Due nella stalla, il giovane decise di coricarsi.

Capitolo 2

Legami di Sangue

La mattina dopo si svegliò di buon'ora e fece un'abbondante colazione a base di latte proveniente dalle stalle, pane casalingo preparato dalla nonna e marmellata di more confezionata dal nonno. Ricompensò Due della collaborazione che gli aveva offerto in quei due giorni, facendolo pascolare in libertà nei prati nelle vicinanze della fattoria. Subito dopo raggiunse il padre e il nonno, entrambi indaffarati a riordinare un fabbricato antistante alla casa. Giunto sul posto, chiese se poteva essere di aiuto ma i due risposero che era stato molto bravo nei giorni precedenti e adesso aveva bisogno di un po' di riposo. Il giovane non fu granché convinto di quella risposta, troppo veloce e superficiale. Anomala, tra l'altro, considerando che erano soliti interrompere quello che stavano facendo per spiegargli quel che lui aveva chiesto. In quell'occasione non fu così, continuarono a spostare mobili e a riordinare. Ranieri comunque non diede troppo peso alla cosa, preferì sorvolare e andare dalla nonna.

Anche in casa notò qualcosa di molto strano: la mamma e la nonna stavano preparando coperte e asciugamani come se fossero in attesa di ospiti. Il giovane chiese gentilmente a sua madre a cosa fossero dovuti quegli strani preparativi, ma anche in quel caso ricevette la medesima risposta dei due uomini. Non riuscì a tollerare quel comportamento e a passo infuriato si recò in cucina dalla sorella maggiore, che stava preparando il pranzo, e le chiese: «Virginia, che diavolo sta succedendo qui? Il nonno e il babbo riordinano il magazzino e non mi considerano, nostra madre e la nonna, invece, rassettano come se attendessimo ospiti.»

La sorella all'inizio prese tempo, infine rispose: «Non accade niente, Ranieri, abbiamo solo deciso di riordinare la casa.»

Quella risposta non era sufficiente a placare la curiosità di un adolescente. Qualche secondo dopo, la sorella dovette cedere allo sguardo tagliente e furioso del fratello, il quale non riusciva a credere che lo trattassero come un bambino.

«Mi hai convinta, ti racconterò cosa sta succedendo soltanto a una condizione: che tu non riveli ai nostri genitori quanto ti dirò... Nei prossimi giorni arriveranno alla fattoria dei colleghi di nostro padre, che lo aiuteranno nel suo lavoro e si occuperanno di noi come precettori.»

La curiosità del ragazzo crebbe in maniera esponenziale, così decise di fare una domanda trabocchetto alla sorella per placare il suo desiderio di conoscenza: «Ho capito bene, dei contadini verranno ad aiutarci a condurre la fattoria?»

Per sua sfortuna Virginia era stata istruita bene quanto lui e non cadde nel tranello.

«Sì, semplicemente dei contadini che c'insegneranno a gestire la fattoria.» rispose con prontezza cercando di minimizzare.

Una tale risposta alimentava ancora di più la curiosità di Ranieri. La promessa fatta alla sorella gli lasciava due opzioni: attendere con pazienza oppure fare finta di niente e indagare. Scelse la seconda, e mentre tutti erano indaffarati nelle faccende quotidiane, iniziò a ispezionare la casa, in particolare lo studio del padre, che di solito era chiuso a chiave. Entrare forzando la serratura era un'operazione complessa che avrebbe dovuto essere effettuata con rapidità. Si rese conto di essere stato addestrato a dovere quando la serratura scattò in pochi istanti.

Entrò e richiuse in fretta la porta dietro di sé, calcolando di uscire dalla finestra una volta finito. Lo studio era molto bello e arredato con eleganza; sugli scaffali riconobbe alcuni libri che avevano contribuito alla sua formazione, come quello di geometria, aritmetica, algebra, geografia, chimica, fisica, inglese, francese e latino. Dominavano l'ambiente un planisfero della volta celeste e un mappamondo in legno della Terra. Vicino alla finestra si trovava un'antica ribaltina inglese finemente intarsiata, con tre cassetti e uno scrittoio a ribalta chiuso a chiave: fortuna volle che la chiave fosse già nella serratura, così, una volta aperto, Ranieri vide che era organizzato a scomparti e cassettini. Uno di questi conteneva carta da lettere, un altro inchiostro e penna, un altro ancora della ceralacca con uno strano stemma, un cavallo alato. Gli ultimi due, infine, erano dedicati alla corrispondenza, uno alla posta in arrivo, l'altro a una copia di quella inviata. Le lettere erano scritte in diverse lingue, latino, inglese e francese, e le risposte erano redatte in una lingua a scelta tra queste, sempre diversa rispetto a quella del mittente. Vi era un fitto scambio di missive con un amico d'infanzia, un nobile di origine francese con la passione per la chimica e la ricerca di elementi preziosi, e con il governante della città capofila della valle, da poco ritornato al potere. Entrambi evidenziavano il loro rammarico per non aver potuto impedire che numerose opere d'arte fossero trafugate durante il dominio francese. La città era stata per alcuni anni una sottoprefettura napoleonica.

Finalmente Ranieri trovò quello che cercava: una lettera in cui il nobile amico di suo padre esprimeva la volontà di trasferirsi lì nella "valle dei diavoli" assieme ad alcuni amici comuni, allo scopo di migliorare le tecniche estrattive della propria attività industriale.

Essendo ormai vicina l'ora di pranzo, si ripromise di continuare nel pomeriggio. Dovette uscire dalla finestra per non destare sospetti. La superficie del muro in pietra offriva molti appoggi per le mani e i piedi, per una persona allenata a scalare. Appena sceso, sorprese la sorella che si guardava allo specchio. Come tutte le ragazze di giovane età era diventata piuttosto vanitosa. In effetti era molto bella: alta sul metro e settanta circa, aveva lunghi capelli ricci color castano chiaro, gli occhi celesti che sfumavano verso il verde acqua e gambe snelle e muscolose come quelle di una gazzella. Nonostante il fisico atletico, aveva tutte le curve al posto giusto. Sul viso asciutto e rotondeggiante spiccava un paio di labbra piene e lucide. Aveva il carattere tipico di una dominatrice: dolce, leale e generosa, ma al contempo forte e caparbia.

Alla fine del pranzo, il padre congedò i figli dicendo che doveva recarsi nel suo studio. Ranieri sentì un brivido freddo corrergli lungo la schiena: aveva lasciato la finestra aperta. Sarebbe stato sicuramente scoperto. Alcuni minuti dopo, mentre stava aiutando la madre e la sorella nelle pulizie di casa, udì suo padre chiamarlo dalle scale: «Ranieri, cortesemente, appena hai finito con tua madre e tua sorella potresti venire nel mio studio? Vorrei conferire con te.»

«Certamente, babbo!» rispose lui di getto.

Concluse le faccende domestiche, aiutò sua madre ad appendere gli utensili da cucina al muro, dopodiché corse nello studio di suo padre. Temeva che l'avrebbe sgridato per ciò che aveva fatto, ma si fece coraggio e decise di affrontare la situazione. Entrato nella stanza, si accorse che oltre al padre era presente anche Virginia. L'uomo chiese ai figli di sedersi attorno al tavolo ovale che utilizzava per le riunioni, poi prese della liquirizia, iniziò a masticarla e si sedette.

Le prime parole furono di rimprovero nei confronti di Virginia per aver riferito al fratello cose che lo avevano indotto a violare lo studio, dopodiché seguì una breve rampogna per il ragazzo. Sia Ranieri sia Virginia notarono che il padre faceva loro dei rimproveri giusti, del tutto scevri di collera, nel tentativo di educarli. In realtà l'uomo avrebbe voluto sapere dal figlio come avesse fatto a entrare e a uscire dallo studio, ma non era quello il momento adatto per chiederglielo. Masticando la sua liquirizia concluse dicendo: «Cari figli miei, con grande piacere vi vedo crescere. Le vostre capacità migliorano quotidianamente, e per questo motivo ho deciso di farvi seguire da dei precettori, in modo che io possa riprendere il mio lavoro.»

I ragazzi non sapevano che lavoro facesse, sapevano soltanto che quando da piccoli abitavano in quella grande città portuale a circa cinquanta chilometri a nord, era solito allontanarsi con amici per alcune settimane per poi rientrare a casa per circa un mese. Si trattava in ogni caso di flebili ricordi d'infanzia. In seguito il padre e i nonni avevano deciso di trasferirsi in quella splendida valle per crescere loro due.

Ranieri e Virginia, che conoscevano i genitori come allevatori e coltivatori, si scambiarono un'occhiata perplessa non capendo dove il padre volesse andare a parare con quel discorso. L'uomo aveva l'abitudine di parlare molto lentamente inserendo lunghe pause di riflessione tra una frase e l'altra. Tuttavia Virginia sapeva qualcosa in più rispetto al fratello, sia perché la madre glielo aveva anticipato, sia in virtù dei suoi ricordi. Essendo più grande di lui di alcuni anni, ricordava bene quando in età infantile al padre piaceva farsi accompagnare da lei a fare commesse al porto. A volte l'uomo mostrava strani minerali a conoscenti o probabili acquirenti, mentre in altre occasioni le acquistava. Spesso parlava con alcuni amici della possibilità di cercare ed estrarre i minerali in questione. Erano comunque ricordi ormai vaghi di quando era piccola, era trascorso più di un decennio dal giorno in cui si erano trasferiti lì.

Dopo qualche secondo, il padre guardò entrambi negli occhi e riprese a parlare: «Beh, che lo sappiate o no, è ora di rompere gli indugi. Da secoli abbiamo il compito di apprendere, ricercare, istruire e tramandare la nostra conoscenza.»

«Tramandare e istruire chi?» domandò Ranieri sorpreso, anche se non del tutto.

«Chiunque sia meritevole di insegnamento e decida di perpetrare la nostra causa.» rispose l'uomo.

Neanche Virginia aveva capito appieno le parole del padre, perciò chiese: «Stai parlando al plurale: noi chi? E come possiamo riconoscere i meritevoli?»

«Ragazzi, tempo al tempo, la vostra formazione non è che agli inizi.» tentò di tranquillizzarli. «Fidatevi di me. Riguardo alle vostre domande vi rispondo brevemente: con il termine "noi" intendo il nostro ordine, e con i meritevoli coloro che seguono la nostra causa.»

«Quale ordine? Abbiamo studiato e imparato a conoscere molti ordini: i Templari, gli Ospedalieri, gli antichi ordini Siriani, gli Illuminati...» elencò Virginia.

Il padre sorrise, scosse la testa e poi scoppiò a ridere. Infine parlò con voce pacata e accomodante: «Sapevo che il termine "ordine", come lo percepite voi, ora come ora avrebbe suscitato incomprensioni. Capirete con il tempo, quando acquisirete nuove conoscenze e abilità, non abbiate timore. Nei prossimi giorni arriveranno dei miei amici dalla città portuale. Alcuni resteranno qui e saranno vostri precettori, altri lavoreranno assieme a me. Vi basti sapere che dobbiamo aiutare il Granduca Leopoldo II di

Toscana a sviluppare questi territori repressi. Come sapete, le Prefetture francesi sono decadute attorno al 1814 e il Granduca è salito al trono dopo la morte del padre nel 1824. La lettera inviatami dal Granduca che tu, Ranieri, non sei riuscito a trovare durante la tua sortita nello studio, evidenzia come per il Granducato sia importante lo sviluppo della fascia costiera paludosa e arretrata della Maremma. A tal proposito si investirà parecchio in opere di pubblica utilità, come la bonifica delle paludi e la costruzione della ferrovia. Il nostro ordine in passato aveva lo scopo di insegnare ai figli dei nobili e ai cavalieri, poi abbiamo partecipato attivamente al movimento culturale e filosofico degli Illuministi con la speranza di illuminare, con la nostra conoscenza e l'apporto della scienza, la mente degli uomini ottenebrata dall'ignoranza e dalla superstizione. Da sempre cerchiamo di insegnare a tutti coloro che vogliono migliorare le condizioni della collettività e non a quelli che vogliono sfruttarle per eleggersi al di sopra del popolo. Ad oggi il modello delle scienze sperimentali potrebbe aiutare a comprendere le leggi che governano la natura e la società. Anche se ci vorranno molti anni, questo metodo, se utilizzato correttamente, permetterà un progresso indefinito della conoscenza, della tecnica e della morale. Ricordate che di questi progressi dovranno beneficiare tutti. È questo il nostro scopo: arricchire tutti, non soltanto alcuni. Voglio chiarire tutte le vostre perplessità. Al momento dobbiamo cercare elementi, manufatti, opere o progetti, e capire se il loro utilizzo possa essere di aiuto per lo sviluppo di questi territori inospitali.»

«Attenderemo con ansia, allora.» commentò Ranieri.

Virginia annuì, seppur non del tutto convinta.

Non appena la riunione familiare fu sciolta, i genitori proseguirono nei preparativi, mentre Ranieri decise di allenarsi con l'arco in giardino. Nel tardo pomeriggio, prima di cena, volle parlare con il nonno, che a quell'ora si recava sempre a controllare i vini. Scese le scale sino alla cantina, molto bella e affascinante, grande quanto la casa e costruita interamente con mattoncini rossi e i soffitti a volta. Man mano che scendeva, i suoi passi producevano un suono sempre più sordo sul pavimento di pietra, suono che rimbalzava sulle volte. Il giovane avvertì inizialmente una sensazione di freddo intenso e pungente che penetrava sotto pelle sin dentro le ossa. L'umidità, l'odore del mosto in fermento e le muffe sulle pareti che assumevano sfumature dal rosso fino al nero aggiungevano un fascino unico a quel luogo.

La cantina era fiocamente illuminata dalla fiamma tremolante di una candela che accarezzava tutte le superfici tingendole di un giallo pallido. Ranieri vide il nonno seduto a un antico tavolo in legno con le spalle rivolte verso le scale, circondato da bottiglie di vetro allineate e velate di polvere, vecchie cassapanche chiuse con lucchetti ormai arrugginiti e numerosi tappeti arrotolati, consunti e intaccati dalle muffe. L'anziano, che lo aveva sentito arrivare, era intento a degustare i prodotti della propria cantina. Il ragazzo lo guardò effettuare alcuni gesti rituali talmente perfetti da sembrare quasi sacri: all'inizio prendeva il bicchiere per lo stelo e lo portava all'altezza del viso, sul quale la luce della candela, riverberando attraverso il vino, creava dei lampi iridescenti, poi lo inclinava contro un fondo bianco per valutare il colore del liquido all'estremità del calice. Il passo successivo consisteva nel ruotare adagio il bicchiere affinché si formasse un velo di liquido a forma di archetti sul vetro, utile per valutare la fluidità del vino e il suo grado alcolico. Infine, la degustazione vera e propria: avvicinava il calice al naso e inspirava lentamente e profondamente, allontanando il bicchiere a intervalli regolari così

33

da non assuefarsi all'aroma sprigionato. Dopodiché lo portava alla bocca suggendo piccole quantità di vino.

«Che cosa stai facendo? Potresti spiegarmi quei gesti?» domandò Ranieri.

Il nonno non vedeva l'ora di ricevere richieste simili, era contento di avere ancora qualcosa da spiegare dopo tanti insegnamenti impartiti negli anni. Il nipote riusciva ad apprendere nozioni come una spugna assorbe l'umidità.

«Vedi, Ranieri, questa è un'attività che richiede pazienza. Durante queste fasi cerco di capire la qualità del nostro vino. Convogliando un piccolo sorso nella parte anteriore della bocca e utilizzando una piccola quantità di ossigeno, tento di separare dal fluido i composti volatili, amplificando così le sensazioni saporifere tattili di questi ultimi. Poi con la lingua sposto il vino, imprimendogli una leggera pressione contro la volta del palato, dopodiché espiro per individuare i diversi componenti e il loro equilibrio. Infine deglutisco, espiro di nuovo e mastico a bocca vuota, al fine di valutarne la persistenza.»

«C'è un mondo dietro un semplice bicchiere di vino.» commentò Ranieri affascinato. «Nonno, un'ultima cosa prima della cena: se non ricordo male dai miei studi, questo odore misto a umido dovrebbe provenire dal fervere del vino, cioè il ribollire del mosto nei tini. Me lo confermi, per favore? Gli zuccheri dell'uva vengono trasformati in alcool etilico dagli enzimi dei lieviti naturali della nostra cantina e l'emissione di anidride carbonica provoca il ribollire.»

L'anziano, degustando l'ultimo sorso, replicò: «Ranieri, siamo vicini alla corretta miscela, ancora qualche anno e dovremmo esserci. Ricordati, una volta trovata una cosa preziosa, dobbiamo averne cura e assicurarci che tutti possano usufruirne. In riferimento alle tue domande, sei nel giusto, ciò che hai detto corrisponde a verità, bravo! Continua ad applicarti e vedrai quante cose imparerai!»

L'uomo appuntò nel suo libro di produzione le proprie considerazioni, dopodiché chiusero i cancelli che portavano alla cantina e si diressero in cucina per la cena.

Dopo aver finito di mangiare, Ranieri bussò alla porta della sorella, attese il permesso di entrare, la salutò e le chiese cosa stesse facendo.

Virginia spense quattro delle cinque candele che utilizzava per leggere e rispose: «Stavo leggendo a proposito degli studi sui metodi di bonifica delle aree salmastre, in particolare gli esperimenti falliti del Granduca Ferdinando III. Ero incuriosita da quanto detto da nostro padre.»

Per Ranieri quella era una giornata di riposo, motivo per cui non voleva né parlare né leggere ma soltanto svagarsi, perciò le domandò: «Che intenzioni hai per domani? Vuoi attendere i precettori leggendo oppure vuoi fare qualcosa di più movimentato?»

«Cos'hai in mente?»

«Stare fuori tutto il giorno e fare una gara di tiro con arco e balestra!» propose il giovane.

«Beh, non è che mi entusiasmi molto l'idea.» ammise Virginia.

«In questo periodo non ti riconosco più!» si lamentò lui.

«Vorrei fare qualcosa che mi stimoli la mente.»

«Che ne dici di una partita a scacchi? Se vinco io, domani gara di tiro, altrimenti decidi tu.»

La ragazza, con un sorriso ironico sulle labbra, accettò e aggiunse: «Va bene, ma visto che non mi batterai mai agli scacchi, ti dico già adesso che ora giochiamo e domani facciamo comunque la gara di tiro.»

La partita proseguì fino a tarda notte, con la scontata vittoria di Virginia, la quale, prima di andare a dormire, si recò in camera del fratello per scambiare due parole.

«Bravo, fratellino, bella partita, non eri mai riuscito a impensierirmi come stavolta.»

Gli rimboccò le coperte, spense la candela e si ritirò nella sua stanza.

Il giorno seguente, dopo colazione, entrambi abbandonarono gli abiti civili e indossarono quelli più adatti per l'occasione, preparati dalla mamma e dalla nonna. Ranieri fu il primo ad arrivare alle stalle. Era molto eccitato per le informazioni ricevute dal padre e per il piacere di allenarsi con la sorella. Virginia, con molta calma, decise di togliersi l'abito da passeggio in seta indiana color tortora. Il corpino, con tutti quei bottoni, era qualcosa di odioso e scomodo, così come il busto. Una delle ante del suo armadio custodiva gelosamente un abito piuttosto singolare, del tutto inusuale per le ragazze dell'epoca: una camicia bianca senza colletto in cotone "ghinea" trattato con olio di lino cotto, che la rendeva completamente impermeabile; un panciotto in velluto verde scuro con baveri color oro e orlo inferiore a pinzo – la nonna e la mamma avevano impiegato molto tempo a ricamare i pinzi della camicia e del panciotto; bottoni intarsiati a mano dal nonno con legno di quercia; spessi pantaloni di pelle marrone rinforzati sulle cosce e sulle ginocchia, e particolarmente aderenti sui polpacci; in vita, una cintura in pelle di vacchetta con fibbia tradizionale, minimalista e tutt'altro che vistosa, a differenza di quelle dei *cow-boy* americani; stivali di vacchetta con legature laterali in cuoio alti sino al ginocchio; un impermeabile lungo di pelle opaca e ruvida con spacco posteriore; una fascia di pelle al collo come protezione, guanti e tricorno classico di colore scuro, sempre in pelle. Era un abito molto diverso dallo stile canonico del buttero maremmano, ma decisamente efficace a livello di impermeabilità e protezione contro eventuali escoriazioni. Ranieri era vestito come la sorella a eccezione dei pizzi, merletti e ricami, che sui suoi abiti non erano stati fatti.

Virginia raggiunse il fratello nelle stalle e cominciò a sellare il suo cavallo maremmano di nome Lu, facilmente riconoscibile per i tratti caratteristici quali gli occhi vivaci, la testa lunga, le orecchie di media lunghezza, gli arti solidi e ben proporzionati, le unghie resistenti anche sui terreni più accidentati, e infine la capacità di resistere alla fame, alla sete e alle intemperie.

Partirono al galoppo mentre i genitori li osservavano allontanarsi in direzione sud-ovest. La figlia cavalcava con la schiena dritta e la balestra a tracolla, mentre Ranieri appariva più sciolto e rilassato in sella. Cavalcarono per circa un'ora e a metà mattina raggiunsero il promontorio dove lui amava guardare i tramonti. Il sole era alto nel cielo e sotto di loro si estendeva la campagna con le paludi. In quell'istante, Virginia prese la mano del fratello, che stava per muovere il cavallo alla sua destra, lo fermò e gli sussurrò: «Osserva il gheppio, deve aver puntato una preda. Sta effettuando lo "Spirito Santo".»

Entrambi erano dei buoni ornitologi e sapevano riconoscere gli uccelli dal canto oltre che dal battito delle ali. Il nonno si era dedicato anima e corpo a insegnare quell'abilità ai nipoti, e Virginia era subito apparsa particolarmente dotata. Ranieri, invece, era ancora troppo giovane e impaziente per stare fermo ad ascoltare e osservare.

Il volo del gheppio (*Falco Tinnunculus*) è talmente singolare che persino i neofiti sono in grado di riconoscerlo. A differenza degli altri rapaci, sbatte le ali con frequenza, ma la caratteristica più evidente è il cosiddetto volo a "Spirito Santo", durante il quale si mantiene completamente fermo in aria con le ali e la coda aperte. Con brevi battiti d'ali e la coda aperta a ventaglio, sfruttando il vento riesce a restare stabile e a esplorare con lo sguardo il suolo in cerca di prede. Sembra quasi sia stato crocifisso.

Non appena individuò la preda, il gheppio si lanciò in picchiata e la catturò.

Ammirando il panorama e assaporando la libertà di potervi assistere di persona, Virginia disse: «Sai, Ranieri, vorrei dedicarmi alla pittura nel tempo libero quando avrò una famiglia tutta mia. Mi piacerebbe dipingere quel che vedo da questo promontorio: il mare in lontananza, il verde della campagna, la palude e il grigio delle dune costiere...»

«Beh, Virginia, dovrai sbrigarti a fare figli, allora! Le notizie che ci ha dato nostro padre non erano certo delle migliori...» ribatté lui in tono sarcastico.

«Che diavolo stai dicendo? Nostro padre non ha detto che aiuteremo il Granducato a distruggere il territorio.» protestò lei, perplessa.

«Distruggere no, ma modificare pesantemente sì! Bonificare le paludi, sviluppare la città in prossimità della foce del fiume, creare un bosco di pini dietro la duna saranno senz'altro tutte cose belle da vedere, gratificanti sia per i fruitori attuali sia per quelli futuri. Resta comunque una modifica del territorio. Al momento, il nostro ordine, se così vogliamo chiamarlo, ha le conoscenze per capire quale sarà l'impatto delle nostre attività sul fragile ecosistema? Sono perplesso. Dovremmo lasciare tutto invariato cercando di preservare al meglio quello che abbiamo avuto in prestito.»

«Vedi, Ranieri, il progresso è progresso, non lo puoi fermare né tantomeno evitare; prima o poi devi farci i conti, quindi il termine "preservare" spesso implica effettuare delle scelte che garantiscano la biodiversità dell'ambiente, magari utilizzando soluzioni meno invasive. Sovente, per preservare un ecosistema che si trova ai margini di un centro abitato, è necessario fare delle modifiche, altrimenti succede quello che è capitato negli Stati Uniti. Ricordi gli studi riguardanti la convivenza con i nativi? Vuoi fare la loro stessa fine? Vuoi essere messo in una riserva? Ti ripeto, le scelte sono e saranno sempre obbligatorie in ogni momento della nostra vita. Noi dobbiamo soltanto essere nel posto giusto al momento giusto, al fine di coordinarle e indirizzarle.» sentenziò Virginia con decisione.

«Sorella mia, come al solito sei molto saggia. Credo che il tuo pensiero sia quello vincente, solo così potremo difendere, garantire e preservare. Spero di avere sempre una consigliera come te nella mia vita.» confessò il giovane.

«Quando vuoi, sarò sempre disponibile.» promise Virginia.

«Va bene, capo! Dove andiamo adesso?» chiese Ranieri.

«Direzione mare. Ti va del pesce per pranzo? Ecco il programma: galoppiamo fino alla pianura, là dedicheremo del tempo a prepararci per superare la palude, infine raggiungeremo la duna costiera. Chi arriva per ultimo cucina, l'altro caccia.»

Proseguirono lungo gli argini del fiume fino alla colonia che si trovava in prossimità della foce, dove sorgeva una piccola parrocchia. I territori circostanti erano stati parzialmente bonificati e l'utilizzo del rosolio medicamentoso per la cura della malaria aveva favorito un lieve miglioramento delle condizioni di salute. I territori a sud, invece, dove i due fratelli avevano deciso di dirigersi, non erano ancora stati oggetto di bonifica, ragion per cui era necessario usare alcune precauzioni per evitare punture di insetti. Dalle borse in pelle estrassero un barattolino in legno con chiusura a incastro che conteneva della sugna, che entrambi si spalmarono sulle parti più esposte, come braccia, collo e viso.

La sugna non è altro che grasso a consistenza molle, non destinato a usi alimentari, che si ottiene dalle parti interne del maiale. In antichità era impiegata come cosmetico e come cicatrizzante contro le ustioni e i geloni, e anche come lenitivo contro le lussazioni e le infiammazioni. Forniva inoltre una valida protezione contro le zanzare; era un rimedio molto semplice ma efficace, anche se non molto pratico visto che dopo l'utilizzo era necessario un bagno per ripulire la pelle.

Si srotolarono le maniche della camicia, indossarono il cappotto e una strana maschera in pelle che serviva per proteggere interamente il viso e il collo, una sorta di progenitore del moderno passamontagna, particolarmente scomoda però, perché in prossimità degli occhi e all'altezza del naso aveva soltanto due piccoli fori fatti dalla nonna con l'ago per permettere a chi l'indossava di vedere e di respirare. In pratica provocava una sensazione simile al soffocamento, a causa della cattiva dispersione del vapore acqueo, del calore e dell'anidride carbonica prodotti dalla respirazione.

I fratelli arrivarono nei pressi dei territori alluvionali dove la vegetazione mediterranea, assieme alle dune della costa, impediva ai corsi d'acqua di sfociare liberamente in mare, generando così acquitrini e paludi. Tali aree, malsane e paludose, furono chiamate Maremma. La malaria, nota anche come paludismo, condizionò per anni lo sviluppo di tali territori dando luogo a significativi fenomeni di emigrazione. In realtà la malaria è una parassitosi causata da protozoi del genere Plasmodium, che sfrutta la zanzara anofele come vettore per la trasmissione. Il termine Maremma, secondo alcuni studiosi, potrebbe derivare dal latino "*maritima*", per altri dal castigliano "*marsina*", che significa palude. Dante, nella Divina Commedia, cerca di definirne i confini: "*Non han sì aspri sterpi né sì folti quelle fiere selvagge che 'n odio hanno tra Cecina e Corneto i luoghi colti*".

Giunti in prossimità dei lunghi arenili con il retroduna alle spalle, con grande sollievo appesero alle rispettive selle il cappotto, la maschera e il cappello. Virginia decise di lasciare al fratello il compito di catturare il pesce, pur essendo arrivata per prima. All'epoca il mare era ancora ricco di pesce, non era sfruttato come al giorno d'oggi. Ranieri, dopo aver preso una piccola sacca contenente del grano e l'arco, cercò il fusto di un albero dal quale poter scrutare il fondale sottostante. Non appena iniziò a lanciare i chicchi, numerosi pesci accorsero subito per mangiarli. Attese qualche secondo fino all'arrivo di una grossa spigola (*Dicentrarchus labrax*), dopodiché rilasciò la freccia, che centrò in pieno il bersaglio. Prima di scoccarla, l'aveva legata a una piccola cordicella in pelle, così poté recuperare il pesce senza dover entrare in acqua. Era un bell'esemplare di circa due chilogrammi.

Virginia, nel frattempo, aveva raccolto del legname dall'arenile e lo aveva disposto a pila, usando dei sassi per contenimento. Poi aveva richiamato il suo cavallo Lu, e dalle borse sui fianchi aveva estratto tre piccole sacche che contenevano nitrato di potassio, carbone vegetale e zolfo, utili per produrre la polvere nera, o polvere da sparo. Variandone i dosaggi, è possibile ottenere effetti completamente diversi. Virginia, abbastanza esperta in materia grazie alle innumerevoli prove effettuate con il padre e il nonno, optò per una miscela a elevata emissione di calore, bassa velocità di reazione e deflagrazione pressoché nulla, considerato che doveva soltanto accendere un fuoco. Tale effetto fu raggiunto aumentando la concentrazione dello zolfo e diminuendo quella del nitrato di potassio.

Ranieri, intanto, eviscerò il pesce e lo sciacquò per bene con l'acqua del mare, dopodiché lo mise sul fuoco. Virginia aveva preparato dei sottili bastoncini in legno, scaldandoli preventivamente sulla fiamma, per utilizzarli come spiedini.

Dopo aver consumato il pasto, decisero di cominciare l'allenamento prima con bersagli fissi, poi mobili. Entrambi si servirono di arco, balestra e coltelli. Nessuno dei due avrebbe saputo decretare un reale vincitore, perciò optarono per un sostanziale pareggio. Del resto le loro abilità si equivalevano.

Virginia sfidò il fratello nella corsa sull'arenile e Ranieri accettò con entusiasmo. Prima, però, pose un quesito alla sorella: «Che ne pensi se torniamo alle origini?»

Virginia non capì ma non gli chiese cosa intendesse dire, si limitò a guardarlo in modo piuttosto strano. Lui sorrise e spiegò: «Dai, corriamo a piedi nudi! Il paesaggio è meraviglioso, la stagione pure. Secondo me è una delle esperienze fisiche più piacevoli perché ci permette di riprodurre un gesto primordiale, senza contare il fatto che regala anche sollievo e benessere.»

Virginia sorrise e ribatté: «Ottima idea, però a questo punto rimbocchiamoci i pantaloni fino al ginocchio e corriamo con l'acqua alle caviglie.»

Ranieri non rispose, in preda all'eccitazione com'era. Virginia non aveva ancora finito la frase che lui si era già tirato i calzoni fin sopra il ginocchio. Ciascuno legò gli stivali al proprio cavallo, dopodiché iniziarono a correre e lo fecero per circa otto chilometri. Nonostante le capacità fisiche di Ranieri fossero superiori, non distaccò mai la sorella, anzi, procedettero sempre di pari passo. Erano molto felici di poter godere di quella giornata di relax, complici anche le ottime condizioni meteo che invogliavano a fare attività fisica.

Proseguirono in direzione sud superando alcuni piccoli corsi d'acqua. Sembravano non avvertire neanche la stanchezza, vuoi per la giovane età, vuoi perché il paesaggio attorno a loro li assorbiva completamente. Alla loro sinistra spiccava il verde rigoglioso della macchia mediterranea, una vegetazione selvaggia e molto fitta che in alcuni punti lasciava intravedere il tratto terminale delle paludi, le cui acque limpide filtravano la materia vegetale scura deposta sul fondale. Non erano rari nemmeno gli incontri con daini e caprioli, i quali, non appena vedevano arrivare i ragazzi sul litorale, cominciavano a correre e saltare in ogni direzione. I cinghiali, invece, quasi volessero dimostrare il significato del loro nome, continuavano a trottare attraversando la palude, senza mai fermarsi neanche in presenza di ostacoli, come rovi o legname in decomposizione.

«Virginia, osserva i cinghiali, sembra che per un tratto vogliano accompagnarci nella corsa.» disse Ranieri.

Lei rispose con un sorriso comprensivo e accomodante.

Dall'alto di una duna, dove senza controllo crescevano alcune piante tipiche dei litorali costieri, videro di fronte a loro una distesa di sabbia fine e compatta. La spiaggia in certi punti era tappezzata di grossi tronchi sbiancati dal sole e dal mare, i quali, in certi casi, creavano dei ripari naturali che rendevano l'ambiente ancora più selvaggio. Alla loro destra, infine, si estendevano a perdita d'occhio delle meravigliose acque cristalline popolate di pesci, che regalavano numerose sfumature di colore, dal turchese all'azzurro intenso fino al blu cobalto.

I cavalli seguivano i ragazzi come se volessero aiutarli in caso di bisogno. Non appena essi raggiunsero un grosso albero, decisero di provare il nuovo strumento che il padre aveva donato loro, un aggeggio efficace ma ancora rudimentale che necessitava di ulteriori sviluppi. Quello era uno dei primi prototipi fatti dall'amico del padre, tale Ignazio Porro, ottico e topografo. Nonostante fosse rudimentale, il binocolo assolveva perfettamente il suo compito, permettendo di osservare l'avifauna delle paludi. I due iniziarono dalle specie più facili da riconoscere, come gli esemplari di airone cenerino (*Ardea cinerea*), per poi osservarne altre, tra cui Ardeidi, Rallidi, Podicipedidi, Scolopacidi, Averle e Corvidi.

In preda all'eccitazione, si davano di continuo pacche sulle mani o sulla spalla l'un l'altra, indicando dove puntare il binocolo per vedere una specie appena riconosciuta. Anche in quel caso facevano a gara a chi riusciva per primo a scoprirne una nuova.

Sull'esempio del nonno e del padre, appuntarono il numero e le specie osservate sul quaderno di campagna, un libercolo che avevano sempre con sé e nel quale annotavano data e ora di qualsiasi avvistamento, indipendentemente dall'argomento.

Mentre era intento a segnarle, Ranieri notò uno strano uccello che stava volando in cielo. Era la prima volta che riusciva a vederne uno dal vivo, così, battendo sulla mano della sorella impegnata a scrivere, si portò il binocolo all'altezza degli occhi e mise a fuoco. Era talmente emozionato che non riusciva a tenerlo fermo, le mani gli tremavano vistosamente, come in preda a un attacco di nervi. Virginia, notando quella strana reazione, provò a calmarlo con una battuta sarcastica: «Ranieri, che stai facendo? Mi sembri l'ottavo nano della fiaba dei fratelli Grimm...»

Lui era così assorto in contemplazione che non colse il doppio senso e rispose: «Virginia, ti stai sbagliando, i nani erano solo sette.»

«Appunto! Tu saresti il numero otto: Tremolo!»

Ranieri iniziò a ridere e si tranquillizzò. Entrambi seguirono con il binocolo il gruppo di esemplari molto rari della specie Ibis eremita (*Geronticus eremita*), che si pensava estinta sulle

Alpi europee sin dal 1600. Si tratta di uccelli di dimensioni medio-grandi, lunghi circa settanta-ottanta centimetri e dall'apertura alare di centoventicinque-centotrentacinque centimetri. Le piume sono tutte di colore nero corvino in entrambi i sessi; sul petto e in particolare sulle ali, sono presenti riflessi metallici di colore verde, violetto e bronzeo, con una sfumatura rosso-rame sulle copritrici alari. Sulla cervice e sulla parte posteriore del collo, le penne sono arruffate e creano una sorta di gualdrappa, mentre sulla nuca appaiono lanceolate e sono parzialmente erettili, a formare un ciuffo. Le zone prive di piume sono di colore carnicino-rossiccio.

Dopo essersi rilassati, Virginia riprese: «Ranieri, adesso che ne diresti di un combattimento corpo a corpo? Facciamo un ripasso delle tecniche di difesa e attacco, a mani nude e con le armi! Al posto dei coltelli potremmo utilizzare dei bastoncini in legno.»

«Perché no? Aggiungiamo anche il combattimento con le spade, che tu sicuramente avrai portato.» ribatté lui sicuro.

«Come fai a sapere che ho con me i fioretti?»

«Perché ti conosco, Virginia!»

Presero i fioretti e stabilirono le regole: tutte le parti del corpo erano un bersaglio valido, come nei combattimenti reali. Fecero prima qualche scambio per scaldarsi, poi aumentarono il ritmo. Virginia aveva i riflessi di una mangusta scattante, ma la velocità esplosiva di Ranieri era difficile da contrastare. I suoi colpi erano tanto rapidi quanto potenti e la ragazza molto spesso perdeva l'equilibrio nel tentativo di pararli. In ogni caso aveva imparato a colmare le proprie lacune fisiche sfruttando i movimenti di tutto il corpo e la sua acuta intelligenza. Era solita pensare, ancor prima di sferrare un affondo, alle possibili parate e contromosse dell'avversario. Ogni volta che eseguiva una parata, riusciva a figurarsi mentalmente altre cinque opzioni di contrattacco, valutando quale fosse la più veloce e la più efficace. Ranieri invece era impulsivo, anche se non azzardava mai un colpo che avrebbe potuto scoprirlo o sbilanciarlo, calcolando il rischio delle proprie azioni. Gli attacchi di Virginia celavano sempre delle imboscate o delle contromosse. Il giovane attese il colpo della sorella e riuscì a pararlo nonostante fosse molto veloce e diretto, dopodiché, roteando la spada attorno al manico e avanzando verso di lei, grazie alla forza centrifuga le fece cadere il fioretto dalle mani.

Dopo averla disarmata, passando da un'espressione seria e piena di collera a una distesa e sorridente, si liberò a sua volta della spada e disse: «A questo punto non posso evitare il corpo a corpo.»

Virginia non rispose, ma non appena l'arma toccò terra, partì con un veloce calcio frontale ai testicoli del fratello, il quale, per sua fortuna, riuscì a chiudere le gambe in tempo. La ragazza tentava di liberarsi ma ogni sforzo era vano, il suo piede era bloccato tra le ginocchia di Ranieri. In quella posizione aveva due possibilità: saltare e con la gamba libera calciare, oppure spingere con il bacino e con il corpo verso di lui, cercando di avvicinarsi abbastanza da poter usare le braccia. La prima opzione implicava una rovinosa caduta a terra che l'avrebbe esposta a una probabile presa al collo per strangolamento e la conseguente fine dell'incontro; l'altra, invece, le avrebbe lasciato il viso in balia del fratello, il quale, avendo le braccia più lunghe delle sue, sarebbe arrivato prima a bersaglio.

Optò per la seconda, imponendo al suo corpo la massima velocità al fine di minimizzare il fattore statura. Quando furono a distanza ravvicinata, entrambi eseguirono alcuni scambi pugno-parata, ma Ranieri aveva entrambi i piedi a terra e di conseguenza un maggior equilibrio. Dopo alcune ripetizioni attacco-parata, Virginia cadde al suolo, riuscendo tuttavia a tenere la guardia con le gambe e le braccia e a parare il calcio che il fratello le stava sferrando. Poi fece leva sulle gambe di Ranieri, che finì faccia a terra. Si rialzarono velocemente tutti e due, anche se erano a corto di fiato. La ragazza tirò un diretto sinistro fulmineo, ma Ranieri capì subito che si trattava di un pugno interlocutorio e che la sorella gli avrebbe sferrato una serie di calci non appena lui fosse stato alla giusta distanza. Per questo motivo decise di arretrare.

Virginia era molto aggressiva nel combattimento, era consapevole che poteva soltanto stancarlo girandogli attorno con sequenze di calci e pugni veloci, tecnica tuttavia che alla lunga le sarebbe costata un grosso dispendio di energie.

Il tempo dell'attesa per Ranieri era finito: si lanciò in una serie di calci frontali e circolari molto rapidi, che tuttavia non andarono a segno perché il lungo arenile permetteva alla sorella di arretrare senza trovare ostacoli. Individuato un varco, colpì al fianco destro Virginia, la quale, presa alla sprovvista, in un ultimo disperato tentativo di coprirsi, espose anche il fianco sinistro. A quel punto Ranieri, con una rapida presa al braccio sinistro, la immobilizzò e concluse lo scambio.

Entrambi erano molto stanchi, perciò decisero di riposarsi osservando lo splendido panorama e sorseggiando acqua, ciascuno dalla propria borraccia. Davanti a loro si stagliava un mare perfettamente calmo, con il debole e reiterato rumore delle onde che si infrangevano sull'arenile, creando filamenti di schiuma bianca e degli aerosol che inebriavano l'aria di salsedine. In lontananza si intravedevano delle grandi ombre blu, le isole dell'arcipelago.

Recuperati cappotti e maschere, i due fratelli rientrarono cavalcando fino alla colonia alla foce del fiume. Appena arrivati al punto di ristoro, dissetarono i cavalli e approfittarono di quel momento per togliere i loro copricapo, valutando il pericolo di punture ormai alle spalle; riposarono alcuni minuti e poi ripartirono per tornare a casa.

Sulla strada del ritorno trovarono un carro senza cavalli con una ruota distrutta, carico di provviste. Virginia si soffermò a ispezionare tutto con molta attenzione, infine disse: «Ranieri, qualcosa non quadra: un carro colmo di provviste alimentari completamente abbandonato, per giunta senza cavalli e nessuno a custodirlo?»

Il giovane era intento ad ascoltare il territorio, com'era abituato a fare a occhi chiusi, muovendo lentamente la testa da destra verso sinistra, vagliando tutti i rumori in sottofondo e concentrandosi su quelli insoliti. In lontananza si udì uno strano suono, difficile da decifrare perché coperto dal canto di un beccamoschino (*Cisticola juncidis*). Voltandosi verso la sorella esclamò: «Virginia, c'è qualcuno che piange, o almeno così sembra, a circa centocinquanta metri in direzione nord-est. Andiamo!»

«Adagio, Ranieri, adagio, prima prepariamo le armi. Come sai, questo non è un territorio tranquillo, non possiamo sapere cosa o chi ci aspetta.»

Per fortuna, Virginia era molto scrupolosa in qualsiasi situazione; sosteneva spesso che a ogni azione corrisponde una reazione, intendendo con ciò dire che ogni decisione può ritorcersi in qualsiasi momento contro chi l'ha presa, di conseguenza non bisogna farsi trovare impreparati.

Il suono proveniente da nord-est diventava sempre più forte e più chiaro: era il pianto di una donna. La signora Liù vide arrivare due ragazzi con lunghi cappotti marroni e le armi in pugno, ma non si spaventò affatto, notando che i loro volti esprimevano serenità e pace. Capì che erano soltanto due giovani accorsi in suo aiuto.

Con un'espressione sorpresa e disperata dipinta sul viso, Virginia le chiese: «Signora, che le è accaduto?»

La signora Liù rispose in lacrime: «I briganti, sono stati i briganti...», dopodiché iniziò a tossire, ormai stremata dalla fatica e dallo stress della situazione.

La giovane smontò da cavallo e sussurrò al fratello: «Ranieri, stai all'erta, io aiuto la signora.»

Lui rimase a cavallo e prese a ispezionare il territorio con il binocolo. Lei invece afferrò la sua borraccia e per dissetare la signora usò un bicchierino in legno che si apriva ruotandolo su se stesso. Infine disse: «Mi chiamo Virginia e lui è mio fratello Ranieri. Ci dica cosa è accaduto e proveremo ad aiutarla.»

«Grazie, mi chiamo Liù e siamo stati attaccati dai briganti. Ero sul carro assieme a mio marito e mia figlia. Siamo contadini, e ci siamo trasferiti qui da Firenze perché si vocifera che il Granduca svilupperà i terreni nei paraggi del fiume e del Fitto, e permetterà di acquistare dei poderi a poco prezzo. Tuttavia, mentre ci recavamo là, siamo stati aggrediti.»

Il Fitto era una splendida struttura seicentesca che si trovava sulla riva sinistra del fiume, vicino al quale sorgevano un forno fusorio e il ponte che permetteva di superarlo.

Virginia e Ranieri si scambiavano occhiate in continuazione, anche se la tranquillità sul volto di lui lasciava intendere che al momento era tutto sotto controllo. Dopo alcuni sorsi d'acqua, la signora continuò a spiegare cosa era successo: «Sono arrivati cinque banditi a cavallo con pistole e fucili. Prima hanno sparato in aria, noi abbiamo provato a scappare ma i cavalli erano affaticati e il carico troppo pesante, così, dopo essere finiti su una buca, si è rotta la ruota del carro e mio marito ha deciso di fermarsi per la nostra incolumità. Io e mia figlia siamo scappate a piedi e abbiamo cercato invano un rifugio, mentre lui ha afferrato il piccone per farci guadagnare tempo. Alla fine ci hanno trovato e li hanno rapiti: mio marito e mia figlia sono stati legati, bendati e trasportati con uno dei nostri cavalli. Si sono diretti verso quel promontorio. L'altro cavallo invece è fuggito.»

Continuando a somministrarle acqua, Virginia le chiese: «Da quanto tempo è accaduto tutto questo?»

«Circa un'ora.» rispose la donna.

«Virginia, torno subito, ho avvistato il cavallo della signora, vado a prenderlo.» intervenne Ranieri, il quale dopo pochi secondi fu di ritorno con l'animale. Con lo sguardo colmo di collera aggiunse: «Signora, adesso mia sorella le scriverà un biglietto da dare ai nostri genitori, io nel frattempo le spiego il percorso per arrivare a casa nostra.»

Virginia le consegnò il biglietto e un piccolo cavallo di legno intarsiato che le aveva regalato il nonno, poi sussurrò: «Adesso prenda il suo cavallo e corra verso casa nostra mentre noi andiamo a cercare sua figlia e suo marito. Dia questi ai nostri genitori, il biglietto contiene le indicazioni per trovarci.» Le indicazioni ovviamente erano state scritte utilizzando tutte e tre le lingue conosciute: inglese, latino e francese.

La signora, seppur impaurita, non esitò e partì. Sarebbe arrivata a casa dei ragazzi nel giro di un'ora e mezza, mentre loro si sarebbero lanciati all'inseguimento dei banditi. I genitori avrebbero impiegato circa tre ore per raggiungerli.

Durante la cavalcata, Ranieri fermò di colpo il cavallo e domandò alla sorella: «Virginia, se continuiamo a correre dietro a queste tracce al centro della valle, non riusciremo a trovarli, potrebbero averle lasciate anche altri banditi.»

Lei annuì e con un rapido movimento delle briglie puntò verso il promontorio per avere una visuale migliore dall'alto. Entrambi osservarono il territorio con il binocolo in mano, strumento ormai diventato utilissimo per loro. Ranieri, scorgendo in lontananza tre pennacchi di fumo che salivano oltre gli alberi del bosco, esclamò: «Virginia, ci siamo, ecco laggiù tre possibili accampamenti!»

Conoscevano bene il luogo in questione, vicino alla miniera di rame abbandonata. Cavalcarono per altri trenta minuti in salita, poi cambiarono direzione puntando verso l'ingresso principale della miniera, dove lasciarono i cavalli. Riempirono le borse con pane, binocolo, dardi per la balestra e frecce per l'arco, polvere da sparo, coltelli da lancio e pennato. Ranieri decise anche di prendere della corda. In venti minuti circa arrivarono in prossimità del primo pennacchio di fumo, ma dei briganti nemmeno l'ombra, né tantomeno di tracce di cavalli. Il fuoco era spento da poco, probabilmente era stato acceso dai tagliaboschi.

Vista la situazione, si incamminarono verso il secondo pennacchio, e lungo il tragitto trovarono alcuni lacci usati per catturare prede. Ranieri sentì qualcosa muoversi nel sottobosco, fermò la sorella intimandole di fare silenzio con l'indice davanti alla bocca, dopodiché ispezionò il terreno nelle vicinanze stando attento a non fare rumore. Trovò un cucciolo di lupo preso a un laccio per la zampa anteriore destra, che iniziò ad agitarsi non appena vide il ragazzo. Ringhiava e si dimenava al punto che uno dei cacciatori tornò indietro a controllare cosa stesse succedendo. Virginia, vedendolo arrivare, prese immediatamente il fratello per un braccio e lo trascinò il più lontano possibile. Non sapevano se quelli fossero banditi o cacciatori, tuttavia una cosa era certa: la Maremma era sempre stata un territorio di confine duro e amaro, e chiunque avesse deciso di trascorrere la notte nel bosco sapeva sicuramente il fatto suo. Dovevano essere molto prudenti.

La zona, depressa e inospitale, era poco popolata a causa delle scarse e cattive condizioni di lavoro, per non parlare della malaria, un elevato analfabetismo e lo sfruttamento dei braccianti. Attorno al 1828 Leopoldo II di Lorena cercò di bonificare quelle aree e di popolarle, permettendo ai condannati degli altri stati italiani di vivere in quell'angusto territorio, dove essi si organizzarono in gruppi di briganti. Il brigantaggio, tuttavia, fu salutato dalle classi meno abbienti come un fenomeno positivo, un atto di ribellione contro nobili e benestanti, una rivincita contro le misere condizioni di vita e le ingiustizie a cui erano costrette. I banditi, ricercati dalla forza pubblica per ordine del Granduca, divennero molto popolari e amati dalla gente, che li considerava protettori e benefattori dei più poveri.

I ragazzi furono bravi ad allontanarsi in fretta senza fare rumore e a una distanza sufficiente per non farsi scoprire, dalla quale riuscivano comunque a tenere sott'occhio la situazione. Un uomo molto alto con la barba vide il lupo, afferrò un coltello e senza tanti scrupoli lo uccise. Dopodiché si caricò la carcassa sulle ampie spalle e urlò: «Luciano! Luciano, ne abbiamo preso un altro! Mettiamo ad asciugare anche questa pelle così poi andiamo a venderle...»

I fratelli seguirono con il binocolo il cacciatore e scoprirono che l'accampamento ospitava cinque persone. Della figlia e del padre, tuttavia, nessuna traccia. D'un tratto, da una delle tende sentirono provenire un pianto di donna colmo di disperazione e sgomento mentre il lupo veniva sventrato.

«Ranieri, dovremmo aver fatto centro. Adesso però ho un dubbio: se quella è veramente la figlia dei contadini, non dovrebbe urlare alla vista di una carcassa di lupo. Prima di agire dobbiamo capire cosa fare. Arretriamo e discutiamone.» propose Virginia.

«Hai ragione, non sono convinto neanch'io.» convenne il giovane. «Aspettiamo la penombra per avvicinarci il più possibile e ispezionare la zona con i binocoli. Dovranno pur cenare...»

«Io vado per prima, tu mi copri con la balestra da un albero.»

«Assolutamente no! Nessuno si avvicinerà all'accampamento, sono troppo forti per noi.

Cerchiamo due alberi contigui e limitiamoci a osservare, poi decideremo.» sentenziò Ranieri.

«Concordo, per un attimo mi sono fatta prendere dalla rabbia.» ammise Virginia.

Decisero di cenare per recuperare energie e idratarsi, dopodiché, in silenzio uno accanto all'altro, attesero il tramonto. Si erano piazzati ciascuno su un ramo non troppo alto con il proprio binocolo.

Uno dei briganti attorno al fuoco si alzò con del pane in mano e si diresse verso una tenda. Una volta entrato lo udirono chiedere: «Allora, come state quest'oggi? Non state meglio con noi che nella vostra città? Tenete, mangiate del pane.» Poi l'uomo uscì, entrò nella tenda accanto e disse: «Mia cara, ecco del pane per te. Domani raggiungerai le altre ospiti, così le aiuterai nel lavoro. Adesso mangia e riposa.»

«Dov'è mio padre? Che cosa gli avete fatto?» domandò la ragazza con un leggero accento fiorentino.

«Domani mattina lo vedrai!» tagliò corto il brigante in tono sarcastico, dopodiché riprese a parlare con gli altri, vantandosi delle azioni compiute nei borghi limitrofi, compreso quello alla foce del fiume dove i fratelli si erano fermati quella mattina.

Lo sguardo che Virginia lanciò a Ranieri fu eloquente: aveva individuato il padre della ragazza, probabilmente svenuto, legato per le braccia a un albero. Il volto era completamente pieno di sangue, gonfio e tumefatto. Lo avevano massacrato di botte e non aveva più gli incisivi. Il binocolo, tuttavia, non era abbastanza potente da consentirle di capire se l'uomo respirasse ancora.

I ragazzi scesero dagli alberi e si ritrovarono poco lontano dall'accampamento. Ranieri espresse di getto il suo pensiero: «Virginia, dobbiamo liberare le ragazze e vedere come sta il padre.»

«Sì, ma dopo che le abbiamo liberate che facciamo? Ci mettiamo a correre con loro nel bosco? Quanto tempo impiegheranno per trovarci, qualche minuto? Pessima idea. Escogitiamo qualcosa di meglio.» obiettò lei.

«Hai notato le bottiglie di vino? Tra non molto saranno tutti ubriachi e la loro soglia di attenzione si abbasserà, anche se non credo che eccederanno fino a crollare addormentati. Inoltre penso che il padre sarà sbranato dai lupi. Odio abbandonare, ma questa è una missione impossibile.» osservò il giovane.

La situazione era difficile: non erano in grado di affrontarli sul piano fisico, dovevano ricorrere all'astuzia. A un certo punto Ranieri ebbe una specie di folgorazione, Virginia notò che il viso del fratello si era illuminato: «Aspetta un attimo, lasciami pensare... I briganti passano il loro tempo ad appropriarsi indebitamente dei beni altrui, e ogni volta che scorrazzano in un luogo per qualche giorno, accumulano ricchezze che poi dovranno trasportare da un'altra parte. Noi dobbiamo capire quanto hanno racimolato negli ultimi giorni e dove l'hanno messo, siano soldi oppure oggetti di valore. A quel punto con la polvere facciamo saltare tutto in aria, così loro dovranno disperdersi nel bosco per cercare le monete o quello che resta dei preziosi. Piazziamo qualche laccio nelle vicinanze della refurtiva e tu dal ramo di un albero farai il resto con la balestra, colpendoli alle gambe. Non appena saranno impossibilitati a muoversi, avremo tutto il tempo per liberare le fanciulle e il padre. Infine, dobbiamo portar via i loro cavalli e i loro fucili.»

«Mio malgrado devo citare le tue stesse parole: missione impossibile!» ribatté Virginia. «Dovrà funzionare tutto in perfetta sincronia... Comunque non vedo altre soluzioni praticabili. Adesso avviciniamoci e sentiamo cosa si dicono mentre bevono il vino davanti al fuoco; probabilmente si vanteranno dei loro misfatti fornendoci così qualche indizio su dove si trova la refurtiva. I nostri genitori verranno di sicuro a cercarci, posto che la signora abbia raggiunto casa nostra incolume. Purtroppo ora è buio, se sono nei paraggi possiamo fargli capire la nostra posizione soltanto con una forte esplosione.»

Detto ciò, i due si fecero più vicini ai briganti e ascoltarono tutta la loro spiegazione sui macabri rituali a cui sottoponevano chi si ribellava o le fanciulle che trovavano sul loro cammino.

Finalmente arrivò il momento di agire: Virginia si arrampicò su un albero con la balestra e l'arco in spalla, mentre Ranieri prese i coltelli da lancio, il pennato e la polvere pirica. La refurtiva si trovava assieme ai fucili e alla polvere da sparo su un carro coperto da un vecchio e malridotto telo in pelle, distante un centinaio di metri dall'accampamento. I banditi lo avevano piazzato lì per precauzione, per impedire alle fanciulle di toccare le armi.

Ranieri raggiunse il carro mantenendo un silenzio assoluto. Prelevò subito della polvere da sparo, un fucile e due pistole, tutte cose che sarebbero tornate comode. Infine preparò la miccia per farlo esplodere e posizionò i lacci. Eseguì l'operazione come pianificato, anche se gli imprevisti, com'è risaputo, sono sempre in agguato.

Si accorse di aver calpestato il sangue dei lupi eviscerati. L'istante successivo sentì ringhiare due lupi alle sue spalle, per giunta molto vicini. Virginia non poteva vedere, era troppo lontana e attendeva il segnale dell'esplosione. Nessuno poteva aiutarlo. Cercò di restare immobile e tenere sotto controllo l'adrenalina, cosa più facile a dirsi che a farsi. Uno dei lupi attaccò, ma lui si difese prontamente con il pennato, conficcandoglielo nel ventre. Nella colluttazione, tuttavia, aveva riportato delle ferite che avrebbero potuto inficiare l'esito della missione: un lupo lo aveva morso di striscio alla spalla e l'altro, prima di essere ucciso con una coltellata alla nuca, lo aveva ferito gravemente al polpaccio destro. Poteva scordarsi di essere rapido e veloce come prima. Estrasse subito dallo zaino una benda per tamponare l'emorragia e la sugna come disinfettante e cicatrizzante. La ferita era profonda nonostante indossasse i pantaloni e gli stivaletti in pelle.

Nel frattempo, Virginia aveva la sensazione che il tempo non passasse mai e continuava a ripetersi: «Andiamo, Ranieri, che cosa stai aspettando?».

Poiché anche i briganti avevano sentito ringhiare i lupi, due di essi decisero di dirigersi con due grandi torce verso il punto da cui provenivano i versi. Si accorsero subito di Ranieri, che aveva appena finito di fasciarsi la ferita con la benda, ma per sua fortuna i loro riflessi erano lenti a causa dell'alcool. Il giovane riuscì a nascondersi dietro un cespuglio, ma i briganti avevano capito di non essere soli: «Luciano, abbiamo compagnia... qui ci sono due lupi uccisi con armi da taglio...» urlò uno di essi.

Virginia sarebbe voluta scendere dall'albero, ma non poteva compromettere la sua posizione in quel momento, i banditi non potevano sapere della loro presenza.

«Maledizione, una banda rivale... Controlla la refurtiva e prendi le armi.» ribatté Luciano confermando la tesi della ragazza, la quale si rese conto che era il momento di agire: prese la mira e puntò la balestra sotto le torce ormai vicine al fratello.

Ranieri, facendosi coraggio, impugnò le pistole e sparò alle ginocchia dei briganti, colpendone tuttavia soltanto uno. All'uomo, nel crollare a terra per il forte dolore, sfuggì la torcia che aveva in mano, che finì sulla miccia. Qualche secondo dopo ci fu un boato: la polvere pirica sul carro era talmente abbondante che fu possibile vedere l'esplosione anche da alcuni chilometri. I due briganti che si trovavano vicino al carro morirono all'istante per le ustioni e le ferite riportate. Le schegge di legno e metallo prodotte dalla deflagrazione fendevano l'aria a grande velocità con un forte sibilo.

Ranieri riuscì a ripararsi dietro un grosso ammasso ofiolitico che lo salvò dalle schegge, ma non dallo spostamento d'aria causato dall'esplosione. Non capiva dove fosse finito, gli ci vollero alcuni secondi per riprendersi del tutto.

Gli altri banditi corsero a recuperare la refurtiva, mentre Luciano, scorgendo Ranieri che si trascinava, gridò: «Ecco il guastatore, sparategli!».

Virginia sparò al primo brigante che estrasse la pistola, ma non ebbe il tempo di ricaricare, così il secondo uomo poté fare fuoco sul fratello, cogliendolo soltanto di striscio alla coscia della gamba ferita.

Luciano si era dileguato e Virginia era troppo impegnata a coprire Ranieri per controllare cosa stesse accadendo tutt'attorno. Uno dei banditi era stato ferito alla mano dalla balestra della ragazza e la pistola gli era caduta tra le fiamme che pian piano stavano divorando il bosco, illuminato a giorno adesso. Tutto era irradiato da quella luce calda, rossa e gialla in continuo movimento; il fuoco si propagava lentamente ovattando tutto quello che lo circondava, persino i gesti e i rumori sembravano più attenuati.

Ranieri, sorreggendosi con un bastone di legno trovato a terra e appoggiandosi al massiccio ofiolitico, trovò il giusto equilibrio per lanciare gli ultimi coltelli alle gambe dei due briganti, i quali, anche se feriti e scossi, gli stavano dando la caccia. Fu fortunato, colpì il primo al ginocchio e il secondo al piede. Entrambi caddero a terra e abbandonarono l'inseguimento, ansiosi di trascinarsi lontano da quell'inferno di fuoco per salvarsi la vita.

Ranieri era esausto ma non poteva fermarsi, il piano che aveva deciso assieme alla sorella era soltanto agli inizi. Sempre aiutandosi col bastone, recuperò il pennato e cercò di raggiungere le tende delle fanciulle.

Nel frattempo, Virginia udì dei rumori provenire dai cespugli sotto il ramo sul quale si era posizionata. Per controllare sotto di sé, si sporse troppo e perse l'equilibrio. Sentì immediatamente la mano di un uomo afferrarle la caviglia sinistra e iniziare a tirarla. Guardò giù e riconobbe Luciano.

«Oh, i miei ossequi, bellissima! Perché sei venuta nel mio territorio a creare sconquasso? Adesso devo restituirti quello che ci hai dato. Su, chiama il tuo compare, che sicuramente sarà nei paraggi. Anche per lui abbiamo un albero che lo attende...» disse in tono minaccioso.

Con la gamba destra Virginia gli tirò un calcio in pieno volto, costringendolo a mollare la presa sulla caviglia, anche se non riuscì a mandarlo al tappeto. Dopodiché si lasciò cadere dall'albero e cercò la balestra, mentre Luciano era ancora disorientato. I briganti erano uomini duri abituati al combattimento e alla lotta, perfettamente in grado di incassare un calcio. La ragazza riuscì a trovare la balestra, ma non aveva dardi da lanciare e l'uomo si era già ripreso del tutto.

Luciano scosse la testa e parlò di nuovo: «Eccoci qua, i miei complimenti! Devo ammetterlo, mi hai colto di sorpresa. Adesso però vediamo quanto sei brava... Volevo metterti con le altre, invece avrai un posto accanto al tuo compagno.»

Virginia non rispose alle provocazioni, sapeva che non doveva assolutamente dargli informazioni. L'uomo estrasse la pistola, gliela puntò alle gambe e lentamente sollevò il cane. La ragazza chiuse gli occhi e sentì il fragore di un'arma da fuoco, ma nessun odore di polvere da sparo. Emise un sospiro di sollievo, anche se non aveva chiaro cosa fosse successo. Soltanto dopo realizzò che Ranieri, da lontano, aveva sparato a Luciano con il fucile, provocandogli una ferita al volto che partiva dallo zigomo destro fino alla mandibola. Virginia colse l'attimo, afferrò il coltello alla cintura del brigante e lo trafisse alla gamba sinistra prima e alla mano destra poi, impedendogli così l'uso delle armi da fuoco. L'uomo, provato dal dolore, svenne.

Ranieri raggiunse la sorella, che lo sorresse per le spalle, e disse: «Virginia, pensa alle ragazze, ti copro io...»

La giovane entrò di corsa nella tenda che ospitava tre fanciulle e con il coltello tagliò le corde con cui erano legate a un albero.

«Non c'è tempo per le spiegazioni, eseguite alla lettera quanto vi dico.» ordinò in tono perentorio. «Adesso usciamo e andiamo alla tenda dove si trova l'altra ragazza; io attendo fuori e voi provvedete a liberarla. Dopodiché andremo da suo padre.»

Liberarono anche la figlia di Liù. Stavano tutte bene, anche se provate dalla terribile esperienza. Raggiunsero infine il marito della donna, ma Virginia capì subito che per lui non c'era più niente da fare: era stato colpito da molte schegge durante l'esplosione, probabilmente non avrebbe superato la notte. Tuttavia non volle correre rischi, perciò ordinò alle ragazze: «Correte dal mio compagno e prendete i cavalli dei banditi, tutti e cinque, poi tornate qui da me.»

Loro obbedirono e in un lampo una delle ragazze era già di ritorno con un cavallo: per fortuna il marito di Liù era di corporatura esile e Virginia, con l'aiuto della ragazza, riuscì alla bell'e meglio ad assicurarlo alla sella. Poi tornarono da Ranieri, visibilmente provato dall'emorragia alla gamba, che oltre a pulsare di dolore gli stava succhiando via le ultime forze.

Era ora di andare via di lì, perciò fischiarono ai loro cavalli, che accorsero immediatamente. Salire in sella a Due non fu un'impresa facile per Ranieri nelle sue condizioni, ma con l'aiuto della sorella alla fine ci riuscì. Ormai erano tutti pronti tranne Virginia, che ancora doveva montare in sella.

Tutt'a un tratto, i banditi feriti da Ranieri, sorretti da un bastone di fortuna, ricomparvero con le pistole in pugno per aiutare il loro capo e fecero fuoco su Virginia, che stava correndo verso il suo cavallo. La giovane non fece in tempo a udire lo sparo che la pallottola la raggiunse alla spalla sinistra, un colpo violentissimo che la fece crollare a terra.

Vedere la sorella cadere con il sangue che fuoriusciva dalla ferita e schizzava in ogni direzione fu uno shock tremendo per Ranieri, il quale girò il cavallo e scattò verso i banditi. Tuttavia, mentre estraeva la pistola per sparare, fu colpito di striscio al braccio destro dal secondo brigante, che lo aveva bruciato sul tempo. Due si innervosì e impennandosi disarcionò Ranieri, che tuttavia si rialzò immediatamente e vide uno dei due banditi, con un ghigno sarcastico stampato sul viso, avvicinarsi a lui e a Virginia, che pian piano iniziava a muoversi e dare segni di vita. Quando ormai pensava che le possibilità di riuscita del piano fossero pari a zero, sentì due forti rumori e vide cadere i briganti. Stremato, non appena mise a fuoco il padre e il nonno, svenne per la stanchezza e la gioia.

I due fratelli, assieme alle ragazze liberate, furono trasportati a cavallo fino a casa. Ogni tanto Ranieri tornava in sé e riusciva ad aprire gli occhi, ma tutto gli appariva confuso e annebbiato, non capiva dove fosse né cosa stesse succedendo. Poi posava lo sguardo sulla sorella, a tratti ancora incosciente, infine perdeva di nuovo i sensi, troppo debilitato dalle ferite.

Quando si risvegliò disteso su un letto con la sorella nella stanza accanto, non ricordava di aver mai visto quel posto. Provò a sollevarsi ma il dolore alla gamba era troppo forte. Si avvide che stava arrivando qualcuno e non sapendo chi potesse essere, fece finta di dormire.

Una voce molto familiare, quella del padre, risuonò nella stanza: «Ranieri, finalmente ti sei ripreso! Tieni, ti ho portato del pane e della carne; mangia qualcosa, devi rimetterti in forze... Più tardi la nonna verrà a curarti le ferite. Quella alla gamba richiederà del tempo per risanarsi, le altre invece guariranno in fretta.»

«Come sta Virginia?» chiese lui. «È molto pallida...»

«Non preoccuparti adesso, Virginia deve riposare, ha una brutta ferita. Per fortuna il vostro impermeabile in pelle ha attutito la piccola ogiva, che si è fermata a contatto con la scapola. I tempi di ripresa saranno più lunghi dei tuoi, ma la situazione non è grave. Tu invece devi stare attento alla setticemia, dovrai spesso cambiare le bende e utilizzare le creme della nonna. I precettori ti insegneranno a preparare anche quelle. Ora non pensare ad altro, mangia e dormi.» si raccomandò l'uomo.

Passarono alcuni giorni, durante i quali Virginia non riprese mai conoscenza. Era visibilmente dimagrita e sempre più pallida. Ranieri era molto preoccupato, si addossava la colpa di quello che era successo. Non era ancora riuscito a capire dove si trovavano, quei luoghi non gli erano familiari e i parenti, per giunta, non gli permettevano di uscire.

Vedeva spesso sua madre che veniva a prestare le proprie cure a Virginia: le adagiava delle bende fresche e umide sulla fronte e sul viso, e passava molto tempo a inumidirle le labbra con dell'acqua in cui era stato sciolto un composto bianco che all'apparenza poteva sembrare sale. Ranieri ricordò di aver studiato a proposito di una sostanza estratta dalle barbabietole a cui Napoleone era molto interessato. Attorno al 1810 quest'ultimo aveva deciso di avviare l'estrazione dello zucchero e decretato la costruzione di numerosi impianti e la semina delle barbabietole.

Nel pomeriggio Ranieri si addormentò. Non era comparsa nessuna grave infezione, il problema era circoscritto alla ferita che la nonna e la mamma provvedevano a ripulire e disinfettare più volte al giorno, provocandogli un forte dolore. Come disinfettante utilizzavano un prodotto molto innovativo, detto perossido di idrogeno, sintetizzato per la prima volta attorno al 1818 da un amico e corrispondente del padre dei ragazzi, Louis Jacque Thénard, che gli aveva fornito indicazioni per produrlo su piccola scala. L'azione disinfettante del composto era dovuta a una duplice azione: da una parte, il perossido di idrogeno agiva come ossidante, alterando le proteine; dall'altra, la liberazione di ossigeno (testimoniata dalla formazione di bollicine) puliva automaticamente la ferita, eliminando eventuali batteri che si fossero annidati al suo interno.

Dopo pranzo, Ranieri provò a sollevarsi e appoggiare la gamba a terra. Trovando il dolore sopportabile, decise di sedersi accanto alla sorella e cominciò a parlarle: «Ciao Virginia, siamo arrivati in questo luogo che ormai ci ospita da tre giorni, ma non so dirti dove siamo, credo vicino a casa nostra perché ci sono anche i nonni e i nostri genitori, anche se in realtà non ne ho idea. Le tue ferite vanno migliorando e io non vedo l'ora che tu riapra gli occhi per poter parlare con te. Dovresti svegliarti e iniziare a mangiare, sei dimagrita parecchio e sei molto pallida.»

Provava a stimolarla per vedere se avrebbe sortito qualche effetto, ma invano. Avrebbe voluto parlarle dei fatti accaduti durante la liberazione delle ragazze, ma la memoria era ancora confusa, gli servivano altri giorni perché i ricordi acquisissero contorni più delineati.

Le ore scorrevano molto lentamente. Ogni tanto il nonno andava a portare degli spuntini al nipote e si fermava a giocare a scacchi con lui per fargli passare un po' il tempo. Durante le partite era solito dichiarare ad alta voce la posizione in cui avrebbe mosso i suoi pezzi, tuttavia era troppo più bravo di Ranieri, che non riusciva mai a batterlo. Spesso perdeva anche Virginia con lui.

Durante la notte il giovane si svegliò di soprassalto, qualcosa di insolito lo aveva destato. Controllò immediatamente, per un innato senso di protezione, la stanza dove dormiva la sorella e udì una voce debole e fioca sussurrare: «Ranieri, non hai ancora capito che muovere la Regina in E7, in quella situazione, non è una mossa vincente?»

«Virginia, finalmente!» urlò lui di rimando. Qualche istante dopo arrivarono anche il padre e la madre, che dormivano nella camera accanto.

«Virginia, ti sei ripresa!» esclamò la donna. «Hai avuto un forte trauma.»

La ragazza voleva alzarsi e si agitava nel letto, ma il padre fu perentorio: «Adesso non muoverti, ti portiamo qualcosa da mangiare e nei prossimi giorni vedremo i progressi.»

La madre tornò con del pane dolce fatto con zucchero, farina, liquore, noci, lamponi e more.

«Mangia questo, serve per rimetterti in forma.» la incoraggiò. «Nei giorni a venire proveremo con la carne.»

La donna chiuse la porta della stanza e iniziò a cambiare Virginia e a medicarle le ferite, infine le augurò la buonanotte e andò a letto.

A tarda notte, Ranieri non riuscì a trattenersi e, senza fare rumore, entrò nella camera della sorella e si sedette sul suo letto. Virginia aveva gli occhi aperti, e in essi era possibile notare vivacità ed espressività a differenza dei giorni precedenti quando si aprivano soltanto in virtù di un riflesso muscolare.

«È andata male, vero? Non siamo riusciti a salvarne neanche una?» le chiese in un sussurro.

«Che dici, Ranieri? Proprio non ricordi? Durante il tragitto per arrivare qui, prima di svenire ho visto le ragazze a cavallo. Ricordo persino che le stavi guardando anche tu. Probabilmente la tua memoria ha bisogno di qualche altro giorno.» rispose Virginia.

«Se lo dici tu! Comunque non è stato un successo, non sono contento di come sono andate le cose.» si lamentò lui.

«Che cosa pretendevi? Una scampagnata? Ranieri, devi renderti conto che quando ci esercitiamo, stiamo simulando la realtà. Così sarà sempre, anche in futuro con i precettori. Tu sai, a livello inconscio, che c'è sempre un limite a quel che possono farti e le variabili ambientali sono circoscritte. Ad esempio, non siamo mai stati attaccati dai lupi durante le nostre esercitazioni! La realtà è sempre più complessa, senza contare l'adrenalina e la tensione che non ti permette di essere obbiettivo. Per i banditi invece non è così. Tutti i giorni lottano per la sopravvivenza con persone come loro, quindi sono addestrati a condizioni e situazioni reali.»

«Allora possiamo gioire del nostro risultato?» domandò il giovane.

«No, devi gioire del fatto che siamo entrambi vivi e che possiamo recuperare.» disse Virginia con convinzione.

«Come va la spalla?» le chiese preoccupato.

«Meglio, lo stato vegetativo permette una guarigione più rapida.» replicò lei.

«Un'ultima domanda: come mai hai sempre detto che ero il tuo compagno e non tuo fratello?»

«Proprio non capisci, eh? Così facendo, cercheranno due compagni e non due fratelli. È la medesima tattica che ha usato nostro padre per tornare a casa: non è venuto direttamente qui, è andato prima verso nord-ovest e ha attraversato alcuni centri abitati, poi ha tagliato per il bosco. Quelli con cui ci siamo scontrati non sono dei nobili francesi cresciuti a Parigi, ma briganti a cui abbiamo mandato in fumo il lavoro di alcuni giorni e ucciso due compari. Credi che non cercheranno vendetta? E adesso se permetti...» lasciò cadere la frase Virginia.

«Sì, ti lascio dormire.» si scusò Ranieri con lo sguardo affranto.

«No, che hai capito? Se permetti, vorrei bere dell'acqua. Come procedono i ricordi? Ricordi tutto, persino i rudimenti di latino?»

«No! Virginia, ti prego, a quest'ora tutto ma non il latino! Non stavi male, piuttosto?»

«Ricordi queste due?» gli chiese. «*Silent leges...
inter arma. Si vis pacem, para bellum.*»

«Sì, le ricordo bene, talmente bene che ti rispondo: *Video meliora proboque, deteriora sequor.* Quindi cosa vuoi, i tuoi libri di latino? Vuoi dormire, oppure prendo la scacchiera?» la incalzò Ranieri.

«Va bene, ho capito, vada per la scacchiera.» si arrese Virginia.

Giocarono una lunga partita, ridendo e divertendosi come se non fosse successo niente, infine decisero che era ora di dormire.

Il mattino seguente furono entrambi svegliati dalla mamma e dalla nonna per il controllo delle ferite, poi fu il momento della colazione. Virginia riusciva a stare in piedi anche se aveva il braccio fasciato, Ranieri camminava piano ma riusciva a muovere la gamba. Tutto sommato, il peggio era alle spalle.

«Hai capito dove ci troviamo?» domandò Virginia al fratello. «Siamo nel vecchio magazzino che preparavano i nostri genitori, quello che ospiterà i precettori.»

Capitolo 3

I precettori

Erano giorni di pioggia intensa e continua, come si verificano spesso in Maremma. I fratelli erano rientrati nella loro abitazione e la residenza era stata approntata per gli ospiti, il cui arrivo era ormai imminente. I ricordi dei ragazzi erano tornati in tutta la loro chiarezza, tanto che Ranieri non riusciva più a dimenticare il volto del brigante Luciano. La sete di vendetta non lo abbandonava, tuttavia sapeva di non essere pronto, doveva ancora apprendere e crescere. Le ferite miglioravano di giorno in giorno e sia lui sia Virginia provavano a rinforzare l'arto dolorante con degli esercizi, ripetendoli più volte nell'arco della giornata.

I genitori in quei giorni avevano continuato a istruirli, soprattutto in inglese e latino, per la gioia di Ranieri, amante delle scienze e delle scienze naturali. Le ragazze salvate dai briganti al momento si trovavano nella residenza degli ospiti, ma né Ranieri né Virginia le avevano ancora viste.

Al tramonto, con la pioggia battente, il giovane udì un rumore proveniente dall'esterno dell'abitazione: affacciandosi alla finestra, vide un carro e due cavalli, e per un attimo fu colto dal terrore che fossero tornati i briganti. Tuttavia la fattura dei cappelli e degli impermeabili gli permise di capire che si trattava dei tanto attesi precettori. La sorpresa fu veder scendere dal carro, oltre ai tre uomini annunciati, una quarta persona, un'anziana signora dai lineamenti diversi rispetto a quelli europei.

Ranieri corse a chiamare suo padre Tiziano, che uscì dal proprio studio per andare a salutarli e accoglierli nella residenza degli ospiti assieme alla moglie, ai nonni e ai ragazzi. Questi ultimi rimasero sorpresi vedendo quanto fosse grande e accogliente la residenza, che credevano essere un fienile.

Il padre fece gli onori di casa e presentò i figli ai precettori: «Questi sono i miei discepoli: Virginia, la primogenita, e suo fratello Ranieri. Ragazzi, questi sono alcuni dei nostri ospiti, gli altri sono in arrivo. Iniziando da destra verso sinistra, Frate Francesco, Roberto e suo fratello Matteo, e Tsuki Sensei.»

Frate Francesco, notando le facce esterrefatte dei due giovani, per rompere il ghiaccio disse: «E così siete voi... adesso ho il piacere di conoscere coloro che sono stati soprannominati dalle cronache "i compagni maremmani" per aver sconfitto un'intera banda di briganti. La leggenda narra che ne avete eliminati ben venti senza riportare neanche un graffio. Che mi dite in proposito?»

«Ma quale leggenda...» minimizzò Virginia. «Sono solo quattro giorni che ci siamo battuti, e per giunta abbiamo avuto bisogno di un aiuto esterno. Ah, non credo a tutta questa popolarità, e comunque non è quello che volevamo.» precisò stampandosi un sorriso sulle labbra.

«Discorso interessante il vostro...» intervenne il padre. «Sono certo che non vediate l'ora di raccontare tutto, però lo faremo a tavola. Abbiamo altri ospiti, non facciamoli attendere! Prego, andiamo nella mensa comune. Frate Francesco, hai provveduto a sistemare il materiale che era sul carro secondo le istruzioni contenute nella nostra corrispondenza?»

L'uomo annuì, l'aveva messo al sicuro in un altro edificio della fattoria approntato per l'occasione.

Quella che i ragazzi credevano un'antica carraia era in realtà una sala da pranzo con dei grandi camini, un enorme tavolo e degli ampi lucernari. Giunti nella sala, tappezzata di arazzi e dipinti alle pareti, Virginia notò che la madre stava intrattenendo gli altri ospiti, Liù con la figlia e le ragazze salvate. Ranieri, invece, si era chiuso in se stesso, timido com'era e non abituato a socializzare con gli estranei; era terrorizzato, e seguiva suo padre in ogni suo movimento.

Virginia, che al contrario era molto spigliata, si avvicinò alla madre, la quale le presentò gli ospiti: «Questa è mia figlia Virginia; ecco la signora Liù, che hai avuto il piacere di conoscere, sua figlia Liliana e le altre ragazze: Roberta, Simona e Sandra.»

«Gentilissima Virginia, sono felice di ritrovarvi. Non so come ringraziarvi! Senza di voi non saremmo qui, io e mia figlia.» disse Liù.

La giovane, in preda a un forte rimorso per non aver potuto fare niente per il marito della donna, si scusò con le lacrime agli occhi: «Sono spiacente per suo marito, ma quando siamo arrivati sul posto, la situazione era già critica, era stato colpito in pieno dalle schegge della deflagrazione. Mi perdoni.»

«Donna Virginia, comunque siano andate le cose, devo ringraziarvi perché mi avete riportato ciò che ho di più caro al mondo: mia figlia. Inoltre, mi avete restituito il cadavere di mio marito, almeno saprò dove piangerlo.» la rassicurò la donna.

Liliana aveva la stessa età della ragazza, eppure era completamente diversa da lei: il suo era un fascino più lussurioso, come testimoniavano le sue evidenti curve.

«Donna Virginia, anch'io come mia madre vi ringrazio per quello che avete fatto per noi, siete stata impagabile. Ammiro il vostro enorme coraggio. Il mio promesso sposo, Leonetto Fiorenzi, prima di lasciarmi per un'altra sgualdrina non ebbe neanche il coraggio di proteggermi durante un borseggio.» raccontò.

«Innanzitutto voglio precisare che da adesso in poi sono semplicemente Virginia, non ci tengo affatto ai titoli. Inoltre vi informo che il merito va equamente distribuito tra me e Ranieri.» puntualizzò rivolta a entrambe.

«Era Ranieri quella specie di pantera che correva nel bosco e ha creato tutto quel disordine?» domandò Liliana.

Mentre Virginia parlava con Liù e sua figlia, la madre, Matteo e le altre ragazze si erano avvicinate al camino per discutere i termini per il loro rientro alle rispettive dimore.

«Sì, non si direbbe, vero?» rispose Virginia. «In effetti è un maestro nel creare scompiglio. Voi lo vedete così adesso perché è un solitario, preferisce gli animali e il bosco, con le persone ha delle grosse difficoltà. Credo che con gli anni riuscirà a superarle. Madonne, scusatemi se sono troppo insolente, ma vorrei chiedervi che ne sarà di voi ora. Avete parlato con mio padre?»

«Beh, Virginia, abbiamo goduto della vostra ospitalità anche troppo, domani toglieremo il disturbo e andremo a cercare lavoro nella città alla foce del fiume.» spiegò Liù.

«La foce del fiume?» ripeté la ragazza. «Ma ci siete mai state? Non sarebbe meglio l'area di lavorazione del ferro vicino al Fitto? C'è un villaggio che dovrebbe svilupparsi. Comunque chiedete a mio padre, lui saprà come aiutarvi. Per il resto, nessun disturbo, è sempre interessante avere ospiti così piacevoli.»

Nel frattempo Tiziano aveva raggiunto la moglie per conoscere i piani per il rientro delle fanciulle, lasciando solo Ranieri. Frate Francesco, che da anni si occupava di educazione infantile, capì subito quali fossero le problematiche del ragazzo. Avvicinandosi gli chiese: «Hai mai visto questo gioco?»

Mediante un'illusione ottica simulò il distacco del pollice dalla mano. Altro non era che un gioco di prestigio, una manipolazione della realtà. Il giovane realizzò quanto potesse essere importante possedere una tale destrezza, visto che persino lui aveva impiegato del tempo a cercare di capirne il trucco. Avrebbe potuto rivelarsi un ottimo espediente per salvarsi la pelle in situazioni complicate. Così si fece coraggio e domandò: «P-pos... Posso impararlo?»

Frate Francesco, chiamato "il maestro" dagli altri precettori, rispose: «Non sai quante cose dovrai imparare con noi! Raccontami degli effetti della polvere da sparo: avete provato le combinazioni con altri elementi, ad esempio i fuochi pirotecnici e le torce di luce?»

«Quando iniziamo?» ribatté Ranieri, ormai a suo agio.

«Nei prossimi giorni. Per adesso ricorda: la manipolazione della realtà è uno strumento potentissimo, dovrai saperlo usare.»

La madre presentò al figlio Liù, Liliana e le altre fanciulle, dopodiché tutti sedettero a tavola per la cena. Ranieri prese posto tra la sorella e Liliana. Osservò incuriosito quest'ultima, allo stesso tempo così simile e così diversa da

Virginia. Su di lui aveva un tremendo effetto magnetico, non riusciva a staccarle gli occhi di dosso.

Davanti al ragazzo sedette Frate Francesco, un uomo singolare sia nel fisico sia nell'abbigliamento: portava una tunica di colore nero lunga fino alle caviglie, cinta in vita da una corda con tre nodi, e un cappuccio sulle spalle; il mantello nero presentava una strana scritta cucita sopra il cuore, un piccolo scudo bianco con una croce rossa al centro con le iniziali del suo nome ricamate in celeste: F. M. (Francesco Magacci). Pur indossando la veste da frate, non esercitava più, avendo rinunciato a quella vita quando aveva iniziato a far parte dell'ordine dei precettori. Era completamente calvo, con la testa leggermente allungata sopra la fronte, e affetto da cifosi, molto accentuata sulla spalla destra, dove arrivava fino a un angolo di circa quaranta gradi. Nel linguaggio popolare tale curvatura fisiologica dorsale prende il nome di gobba. Persona molto riflessiva, amava ascoltare gli altri, ai quali rispondeva con frasi brevi e dirette, tenendo le dita della mano destra unite e appoggiate al naso. Inoltre gli piaceva bere alcuni bicchieri di vino durante e dopo i pasti. Dal carattere piuttosto difficile, non esprimeva mai le proprie emozioni; era molto permaloso e tendeva spesso a isolarsi per pensare ai suoi problemi; era indifferente alle lodi o alle critiche, e odiava le donne. Quest'ultima caratteristica era da imputare, così dicevano quelli che lo avevano conosciuto da giovane, alle numerose disavventure sentimentali che lo avevano visto rifiutato da diverse donne a causa del suo aspetto fisico. Proveniva da una famiglia ricca e aveva molti possedimenti nella città portuale. Alcune doti naturali gli avevano permesso di entrare a far parte dei precettori, come la bravura nell'insegnamento delle materie scientifiche, la capacità di entrare in armonia con qualsiasi animale e la disponibilità verso il prossimo e gli amici. Infine, amava raccontare barzellette dallo *humour* inglese e fare degli indovinelli.

Mentre Ranieri lo osservava per studiarne la personalità, il frate propose uno dei suoi indovinelli più gettonati: «Come si chiama il più grande freddoloso cinese?»

Tutti lo guardavano con grande attenzione e con il sorriso sulle labbra. Tiziano, conoscendolo, aveva già sentito parecchie volte quella battuta, perciò rideva più degli altri. Mentre gli ospiti attendevano ansiosi la risposta, Ranieri sbottò: «Dai, nessuno lo sa, non tenerci sulle spine!»

Frate Francesco, che era sempre accondiscendente e magnanimo con i ragazzi, non seppe resistere oltre e rispose: «Maglion Chin!»

Tutti i presenti sorrisero. Spesso le sue battute non erano così spiritose. Non soddisfatto, raccontò anche una barzelletta delle sue: «Un uomo si avvicina a una bellissima donna nel centro di Firenze e le dice: "Ho perso mia moglie. Posso parlare con lei per qualche minuto?" "Perché?", domanda la donna. "Perché tutte le volte che parlo con una bella donna, mia moglie riappare come per magia...", risponde lui.»

Purtroppo frate Francesco era convinto di essere un comico dal talento innato, e appena iniziava con le barzellette, non era facile fermarlo. Tiziano, conoscendolo molto bene, decise di spostare la conversazione su altri argomenti, nello specifico la vita di Liù.

Volendo indagare le intenzioni della donna per capirne la personalità, esordì dicendo: «Signora Liù, dato che siamo tutti qui riuniti assieme alla mia famiglia e ai miei amici, vorrei farle una richiesta. Spero di non essere troppo invadente o maleducato; se così fosse, premetto che non sarà mia intenzione. Che cosa ha deciso per il suo futuro? Tornerà a Firenze oppure ha in mente qualcos'altro?»

Nel frattempo la nonna e la mamma avevano iniziato a servire la zuppa di funghi e fagioli. In pieno stile toscano furono utilizzate delle cocotte monoporzione di terracotta, marroni all'esterno e rosso-arancio all'interno. Il piatto, oltre a essere molto buono, era anche bello a vedersi. Dal centro delle cocotte sporgevano due fette di pane precedentemente tostate e sfregate con l'aglio, sulle quali veniva versata la zuppa bollente.

Ranieri e Virginia impazzivano per quel piatto, probabilmente era stato preparato per premiarli per quanto avevano fatto. Il giovane annusava senza sosta gli aromi e il profumo che salivano dalla sua cocotta, poco alla volta però, come gli aveva insegnato il nonno, per non saturare le narici.

Frate Francesco, che ormai era in confidenza con i ragazzi, disse: «Ranieri, Virginia, Liliana, facciamo una prova: vediamo chi sarà il più veloce a capire com'è stato cucinato questo piatto senza assaggiarlo. Usate soltanto il vostro olfatto, d'accordo?»

Dopo qualche istante, notando che il padrone di casa lo guardava perplesso, aggiunse: «Scusate, dimenticavo... ho rubato la scena a Tiziano, che aveva chiesto alla signora cosa avesse deciso per il suo futuro, e mi sono intromesso con questa proposta insignificante. Scusatemi ancora.

Ragazzi, voi pensate comunque alla mia domanda; quando sarete giunti a una conclusione, iniziate pure a mangiare. Più tardi ci direte cosa avete scoperto. Con questo torno al silenzio e lascio la parola a vostro padre.»

«Grazie.» ribatté prontamente Tiziano. «Adesso che siamo tutti a tavola possiamo iniziare a mangiare. Buona cena a tutti! Ragazzi, voi seguite alla lettera le istruzioni di frate Francesco.» Poi, voltandosi verso la signora Liù, aggiunse: «Se non vi causa imbarazzo, vorrei sapere che intenzioni ha, signora Liù.»

«Nessun imbarazzo, anzi, sono sempre più felice del trattamento da signore che ci avete riservato. Tornando a noi, come dicevo prima a Virginia, non abbiamo in programma niente di speciale: pensavamo di tornarcene in prossimità del Fitto e cercare lavoro presso il forno fusorio o alle stalle della bandita. I nostri soldi sono stati rubati, non abbiamo nulla con cui cominciare.» rispose la donna.

«Beh, mi scusi ma... a questo c'è rimedio, sempre se questa è la vostra scelta.» ribatté Tiziano.

«Signori, non credo di averne altre, o almeno credo. Se ne esistono di migliori, sono tutt'orecchi.»

Nel frattempo i ragazzi annusavano con calma il piatto per cercare di indovinare tutti gli ingredienti della ricetta e possibilmente anche le fasi di preparazione. Liliana partecipava con piacere alla competizione, mentre tra Ranieri e Virginia era in corso come al solito un duello olfattivo e psicologico. Ciascuno cercava di tenere d'occhio l'altro e allo stesso tempo di indurlo in soggezione, facendogli credere di aver individuato qualche indizio risolutivo.

Il Frate osservava e valutava con apparente distacco, in realtà era entusiasta dell'ottima risposta dei ragazzi. *Se mettono tanto ardore in ciascuna cosa che fanno, impareranno in men che non si dica*, pensava tra sé. Poi sussurrò rivolto a Tsuki Sensei: «私の先生に失礼。私は、人は、彼らが行うすべてで自分のベストを尽くすと思います。» (Scusi, maestra, credo che i ragazzi diano il meglio di sé in ogni cosa che fanno).

La donna annuì in segno di approvazione, guardandoli soddisfatta. In verità la donna masticava un discreto italiano ma parlava pochissimo, preferiva essere un'attenta osservatrice. Uno degli insegnamenti che amava dare a ogni lezione era: «Abbiamo due orecchie per ascoltare, due occhi per guardare, due mani per toccare, ma una sola bocca per parlare.»

Nel frattempo il padre si rivolse di nuovo alla signora Liù: «Vede, signora, lei ha piacevolmente colpito la nostra famiglia. Abbiamo notato la dedizione che mette nel lavoro, la sua praticità nel fare le cose e via dicendo, perciò, senza dilungarmi troppo, la informo che abbiamo deciso di chiederle se vuole rimanere qui con noi. Ovviamente lei sarà la nostra collaboratrice familiare, coadiuverà mia moglie nelle faccende domestiche e aiuterà me nella preparazione del terreno, fornendo i suoi validi suggerimenti. Per quanto riguarda sua figlia, vorremmo che abbandonasse l'attività lavorativa e si dedicasse ad apprendere assieme ai miei figli. Dopo questi anni di oscurantismo napoleonico abbiamo un gran bisogno di nuove leve da addestrare. Inoltre, stiamo aspettando altri ospiti e due mani esperte torneranno sicuramente utili.»

La donna non rispose, non era necessario, le lacrime agli occhi e il sorriso sul volto parlavano da soli: la famiglia si sarebbe allargata. Virginia era contenta della novità, finalmente avrebbe avuto qualche ragazza della sua età con cui scambiare idee. Ranieri invece era perplesso, temeva avrebbe perso il rapporto esclusivo con la sorella. In realtà non sapeva quanto fosse importante avere una ragazza con cui fraternizzare a quella età. In ogni caso sarebbe stata solo questione di tempo, madre natura a breve avrebbe fatto il suo corso.

La madre, la suocera e la signora Liù tolsero le cocotte per passare al secondo. In quel frangente il frate disse: «Ora che abbiamo finito quest'ottimo piatto, vediamo cosa hanno dedotto i ragazzi. Illuminateci, quali sono gli ingredienti e qual è la sequenza che è stata utilizzata per prepararlo?»

«Secondo me sono stati rosolati cipolla, sedano e carote con olio d'oliva, poi sono stati aggiunti funghi, fagioli e pane.» rispose di getto Virginia.

«La mia ipotesi è identica a quella di mia sorella.» le fece eco Ranieri.

«Quindi concordate tutti? Questa è la vostra decisione?» chiese conferma Francesco.

«No, io credo che manchi un ingrediente fondamentale.» intervenne Liliana. «Penso sia stato usato uno spicchio d'aglio sul pane.»

Il frate sorrise in senso affermativo, imitato da Tsuki, la quale annuendo aggiunse: «Sì, *kore ko ko*.» (Questo va bene così.)

La portata successiva era una specialità della casa, cinghiale alla griglia con patate arrosto, per gentile concessione di Ranieri.

Virginia osservava Tsuki Sensei, una donna di circa settant'anni coi capelli neri truccata in stile giapponese con rossetto cremisi e ombretto celeste sugli occhi. Da subito le ragazze erano rimaste colpite dalla sua cordialità e capacità di entrare in contatto con gli altri in modo molto affettuoso. Virginia e Liliana avevano avuto la possibilità di parlare con lei di quello che era accaduto e dell'odio che provavano per i briganti, ma la maestra aveva obiettato che stavano sbagliando: «Nella vita non bisogna cercare lo scontro con le altre persone. Bisogna ascoltarsi, far scorrere le cose negative e lasciarle passare; accogliere e fare proprie le cose positive così da trovare un ruolo nella vita e una collocazione all'interno della società. Questa è una parte del Bushido.»

Persino il frate, che ormai la conosceva da molti anni, era incantato dalle sue parole e se ne stava silenzioso ad ascoltarla con le dita appoggiate sul naso.

«Nei prossimi giorni ci addestreremo e vorrei che questo fosse il vostro approccio durante gli allenamenti. Allo stile duro penseranno altri.» concluse Tsuki.

«Sì, Sensei.» risposero le ragazze quasi all'unisono.

Il nonno, desideroso di far interagire anche il nipote, intervenne dicendo: «Mentre attendiamo la cottura della prossima portata, Virginia, Liliana, aiutatemi a cucinarla; Ranieri, tu invece vai a prendere della legna e mettila nei rispettivi camini per ravvivare il fuoco.»

Dopodiché Tiziano cominciò a parlare con Roberto e Matteo riguardo al rientro di Roberta, Simona e Sandra, alle quali si rivolse poi direttamente: «Ragazze, se non sbaglio voi abitate tutte a sud della città portuale. Sareste così gentili da raccontarci le fasi del vostro rapimento?»

«Inizio io, e parlo anche per mia sorella Sandra.» esordì Simona. «Noi eravamo al lavoro nel piccolo villaggio dove si trova la stazione di posta in prossimità di "colle di mezzo". Quando è stata attaccata dai briganti, mio padre e altri hanno reagito, stanchi dei continui assalti, ma purtroppo non hanno avuto la meglio. Come rappresaglia, le nostre abitazioni sono state saccheggiate e io e mia sorella siamo state rapite. Infine hanno detto a nostro padre che ci avrebbero riconsegnato dopo dieci giorni, dietro pagamento di un lauto riscatto. Per intimorirlo hanno aggiunto che saremmo state le loro concubine nel frattempo; in realtà non ci hanno toccate per volontà di Luciano, il loro capo, il quale ripeteva spesso agli altri che non avrebbero dovuto sfiorarci nemmeno con un dito. La loro latitanza si basa sul consenso popolare, e loro non volevano perderlo commettendo azioni disdicevoli.»

«Luciano... non ne ho un buon ricordo, ma ho potuto appurare essere una persona molto scaltra.» interloquì Virginia.

«Sì, sicuramente lo è.» confermò suo padre. «E credo sia uno che porta anche rancore per i trascorsi. Non avrà di certo dimenticato quanto accaduto, ecco perché dovete sbrigarvi ad apprendere.»

«Probabilmente ci starà cercando, ma non penso che lo rivedremo per il momento.» opinò Ranieri. «Sono convinto che non ci saranno nemmeno attacchi alle stazioni di posta o alle carovane in transito.»

«Roberta, lei che ci dice invece del suo rapimento?» chiese Tiziano.

Roberta, a differenza delle altre, era una ragazza mora sui venticinque anni, con i capelli ricci e la pelle scura. Amava indossare abiti molto provocanti e sembrava avere molta esperienza di vita alle spalle; era espansiva e con uno sguardo molto sensuale che incuriosiva e impensieriva tutti i precettori. Tsuki, nello specifico, aveva la capacità di capire le persone pur mantenendo la cordialità e il sorriso sul volto anche quando si accorgeva che l'interlocutore stava mentendo. Roberta sapeva mascherare le proprie emozioni e fuorviare i sospetti. Era brava a estorcere informazioni agli uomini sfruttando il suo fascino femminile. Tuttavia, quando diceva delle bugie, anche il suo viso, come quello di tutti, tradiva qualche smorfia che, nonostante lei fosse ben allenata a dissimulare, non sfuggiva a un occhio attento come quello di una combattente qual era Tsuki, abituata a percepire e prevenire i movimenti dell'avversario anche solo dall'osservazione delle espressioni facciali.

«Io mi stavo recando a Roma, sono arrivata alla città portuale in nave da Genova.» rispose Roberta. «In seguito ho preso una carovana, ma all'altezza di "colle di mezzo" siamo stati derubati e io sono stata rapita.»

«Se non erro, lei è stata prelevata prima delle altre ragazze?» domandò l'uomo.

«Sì, sono stata la prima.» confermò lei. «Il giorno dopo sono arrivate le altre. Anch'io ho ricevuto un buon trattamento.»

«Quindi lei vorrebbe essere portata a Roma?» le chiese conferma.

«Sì, mia cugina ha un'attività teatrale e vorrei trasferirmi da lei.» spiegò la ragazza.

«Bene, adesso che ci siamo tutti, possiamo iniziare con la seconda portata.» cambiò argomento Tiziano. «Dopo cena farò una riunione nel mio studio assieme ai miei amici per decidere riguardo al rientro delle fanciulle alle proprie abitazioni. Intanto chiedo al nonno di andare a prendere il suo splendido vino perché si sposa bene con il cinghiale.»

«Certo, sono felice di farlo assaggiare ai nostri ospiti, così potranno dirmi se lo gradiscono.» replicò prontamente l'interpellato, il quale dopo un paio di minuti fu di ritorno con alcune bottiglie di vino che Ranieri e suo padre si premurarono di aprire versandone il contenuto a tutti gli ospiti, ragazzi compresi. Virginia e suo fratello furono sorpresi da quella decisione, dato che fino a quel momento non era mai stato loro concesso di bere in pubblico. Qualcosa era cambiato, ma preferirono non commentare rimanendo in silenzio.

«Visto il successo riportato dai miei figli, propongo un brindisi alla salute di ciascuno di loro!» esclamò Tiziano.

Tutti bevvero prima un bicchiere in onore di Virginia, poi uno in onore di Ranieri.

«Adesso propongo un ulteriore brindisi per i miei amici.» aggiunse il padrone di casa.

Bevvero di nuovo tutti, e i ragazzi capirono che qualcosa non andava nel comportamento del padre. Stava onorandoli in pubblico e faceva bere a chiunque il vino del nonno. Non dissero niente in proposito, ma sapevano che le bottiglie erano diverse tra loro: a quella cui attingevano i precettori e i loro parenti era stata aggiunta dell'acqua, mentre quella destinata alle altre donne conteneva vino ad alto grado alcolico.

«Facciamo un brindisi per ognuno dei nostri ospiti.» incalzò Tiziano.

Continuarono a bere, ma al quinto bicchiere Roberta protestò: «No, basta, vi ringrazio. Il vino è ottimo ma per me è troppo.»

Sandra e Simona erano completamente ubriache mentre Liù e sua figlia avevano le guance rubizze e gli occhi lucidi. Anche il viso di Roberta era quasi paonazzo per l'alcool, ma non era ubriaca, probabilmente era avvezza al consumo di potenti alcolici, cosa insolita per le letterate dell'epoca. Continuarono a parlare e a ridere attorno al tavolo in attesa che il vino facesse ulteriore effetto, mentre il frate non smetteva di raccontare barzellette.

A un certo punto Tiziano, cambiando bruscamente argomento, disse: «Roberta, lei vorrebbe partire il prima possibile? Domani mattina stessa?»

«Sì, certo, il prima possibile.» confermò lei prontamente.

Proprio la risposta che l'uomo cercava: la ragazza aveva pronunciato la "r" con un'inequivocabile inflessione francese che fino a quel momento era riuscita a camuffare. Proveniva dalla Francia, dunque.

Nessuno tuttavia vi fece caso, perciò Tiziano chiosò: «Va bene, perfetto, partirà domani mattina assieme ai fratelli, la scorteranno loro. Adesso andiamo tutti a letto. I miei amici, cortesemente, nel mio studio per organizzare il viaggio.»

Obbedirono tutti, avviandosi verso i propri alloggi per trascorrere la notte, tranne i precettori, che si riunirono nello studio del padrone di casa attorno al tavolo da riunione. Discussero a proposito del viaggio, quale fosse la strada migliore da seguire, i punti di ristoro, le aree a rischio briganti, le armi da portare, e via dicendo. Su un foglio i precettori scrivevano in latino le proprie considerazioni sia sul compito affidato loro dal Granduca sia su Roberta.

Riguardo a quest'ultima, erano tutti convinti avesse a che fare con i briganti e con i francesi che avevano governato quelle terre. Concordavano sul fatto che non dovesse assolutamente comunicare la loro posizione.

Terminata la riunione, i precettori andarono a dormire e il padre bruciò i fogli su cui avevano scritto le proprie osservazioni, in modo da non lasciare tracce. Poi uscì sul retro della casa a fare due passi; masticando la liquirizia per riflettere. Dal bosco sentì provenire un suono molto insolito per quell'orario, il verso di una tortora dal collare orientale (*Streptopelia decaocto*), e ne dedusse che il frate, il quale non aveva partecipato alla riunione, voleva conferire con lui.

Francesco era perfettamente camuffato con l'oscurità e teneva d'occhio il retro della casa appoggiato a un albero, il viso ricoperto da polvere di carbone e con indosso un lungo mantello nero con cappuccio per mimetizzarsi con l'ambiente.

«Ho fatto come mi avevi chiesto, sono stato qui a controllare la finestra che dà sullo studio.» spiegò a Tiziano. «Come pensavi, Roberta è uscita in silenzio dalla sua camera e si è arrampicata sulla parete esterna, seppur con qualche difficoltà; poi, raggiunta la finestra, ha utilizzato un bicchiere per origliare la vostra discussione. Infine è rientrata nella sua stanza e si è messa a preparare i bagagli. Non appena ti ritirerai per la notte, attenderà che tutto sia tranquillo, prenderà un cavallo e chiamerà i rinforzi. Entro un paio di giorni, la nostra copertura probabilmente andrà in fumo e saremo attaccati dai briganti. I francesi se ne servono ancora per destabilizzare il territorio. Napoleone II, forte dell'appoggio popolare dopo l'abdicazione di Carlo X, forse è interessato al governo del Granducato visto che non riuscirà a salire sul trono del Belgio o della Polonia. Che cosa avete deciso durante la riunione?»

«Confermi quello che sospettavamo, non ci resta che eliminare le prove. Credo convenga farlo questa notte, e lontano dalla nostra abitazione, anche se temo che la ragazza abbia lasciato dei segnali per i suoi amici e qualcuno la stia aspettando. Andate tu e Tsuki, domani mattina al vostro rientro faremo una riunione su quanto accaduto. Se avete bisogno di armi prendetele pure, sai dove sono. Io adesso faccio finta di andare a dormire. All'alba invierò i fratelli a cercare delle tracce o degli indizi nel bosco.» lo informò Tiziano.

«Comunque la pedineremo per qualche chilometro. Se ci sono delle tracce vedremo di seguirle, e se troviamo dei simpatizzanti, beh, hai già capito!» lasciò intendere il frate.

«Va bene, a domani. Buona caccia e in bocca al lupo.»

Un'ora dopo, Roberta decise di uscire dalla finestra con in spalla uno zainetto improvvisato. Si diresse alla stalla, prese uno dei cavalli e si diresse verso nord.

Tsuki e Francesco erano entrambi vestiti di nero, armati di spade, balestre e arco. Percorsero qualche chilometro come stabilito, ma degli amici della ragazza neanche l'ombra, tantomeno delle tracce.

Roberta si fermava ogni tanto per consultare una bussola al chiaro di luna. Sapeva orientarsi in un bosco che non conosceva, capacità che faceva di lei una donna molto esperta – e per questo temibile – e con le idee molto chiare sul da farsi.

Poco tempo dopo raggiunse un accampamento che ospitava quattro persone, a una delle quali disse: «Mario, finalmente vi ho trovati, per un attimo temevo di aver sbagliato strada. Come sta Luciano, si è rimesso? Sapete che è stato sconfitto da due giovani fratelli? Due ragazzini! Domani mattina mi scorterete fino al porto, devo spedire una lettera in Francia. I miei compatrioti mi attendono sulla nave Paris.»

Tsuki e frate Francesco non attesero oltre: scagliarono immediatamente una pioggia di frecce e dardi sui briganti, uccidendoli tutti tranne Roberta, che volevano interrogare. Tsuki la rincorse e fece cadere a terra il suo cavallo con uno strano oggetto, tre lacci fissati insieme per una delle estremità che terminavano in altrettante sfere metalliche. Lo lanciò con effetto rotatorio verso le zampe posteriori del cavallo, così da legarle assieme. L'animale crollò al suolo, seguito dalla ragazza, la quale non ebbe nemmeno il tempo di riprendersi dalla caduta che fu immobilizzata da Tsuki con delle corde. Dopodiché fu condotta verso l'accampamento, dove il frate aveva trovato un indizio, una lettera con una mappa contenente le indicazioni di quel luogo, che gli permise di capire che quei briganti erano in realtà dei mercenari.

Roberta non era un soggetto facile da interrogare. I due iniziarono a farle delle domande, ma lei rispondeva sempre in modo volgare e fuorviante, così la legarono a un albero e si allontanarono per decidere il da farsi. Il frate non era un sostenitore dell'uso della forza bruta, non apprezzava gli antichi metodi utilizzati per gli interrogatori, quelli che i loro predecessori insegnavano ai Templari. Lui e la giapponese optarono di comune accordo per un approccio molto più sopraffino, in linea con il loro ordine. Poiché la giovane aveva già bevuto molto a cena, decisero di prendere del vino che avevano i briganti presso l'accampamento e, tappandole il naso, la costrinsero a berne dell'altro fino a farla ubriacare. Anche da ubriaca, tuttavia, Roberta non rispondeva, probabilmente era abituata a bere ed era stata addestrata ad affrontare interrogatori sotto l'effetto dell'alcool.

Tsuki e Francesco si scambiavano occhiate perplesse, l'ammirazione che cominciavano a provare nei confronti della ragazza cresceva in proporzione al tempo trascorso assieme a lei. Roberta aveva un carattere di ferro, risultato evidentemente di un buon addestramento militare, motivo in più per sottoporla a una perquisizione, che Tsuki effettuò con esito negativo.

Non ottenendo nessuna risposta, i due decisero di ricorrere a qualcosa di molto più incisivo, una manipolazione mentale indotta con sostanze psicotrope, in quel caso l'oppio, capace di alterare l'attività cerebrale provocando effetti come sonnolenza, sbalzi di umore, nausea, vomito, aumento della sudorazione, stordimento e vertigini. Se assunta assieme all'alcool, gli effetti a livello emotivo risultano amplificati. L'oppio fu oggetto di studio tra la fine del '700 e i primi dell''800 in virtù della sua grande diffusione. Nel 1804 Armand Séguin riuscì a isolare il principio attivo di tale droga, a cui diede il nome di morfina. Nella seconda metà del secolo venne usata per dare sollievo fisico e psicologico ai soldati in battaglia. I precettori riuscirono a impossessarsi degli studi di Armand Séguin attorno alla metà del 1805, allo scopo di riprodurre la morfina nei loro laboratori.

Con la stessa tecnica utilizzata per il vino, Roberta venne costretta a ingerire anche la droga. Mentre ne attendevano gli effetti, i due maestri controllarono ancora una volta i vestiti dei briganti e le loro tende alla ricerca di eventuali indizi.

La ragazza pian piano cedeva all'azione dello stupefacente. Tsuki notò un aumento progressivo di sudorazione, nausea e vomito. Il frate le domandò ripetutamente cosa avesse intenzione di fare nella città portuale, cosa dovesse scrivere nella lettera e a chi dovesse inviarla. Roberta, in preda ai singhiozzi, continuava a tacere, perciò i due furono costretti a escogitare una sorta di trabocchetto.

«Bene, Roberta, ti crediamo. Non sai nulla e ti sei trovata in questa situazione per caso. Ci hai convinti, adesso togliamo il disturbo e ti lasciamo qui.» disse Francesco.

«Qui, qui da sola...» farfugliò lei con la voce alterata, senza più riuscire a controllarsi. La morfina aveva indotto un evidente stato depressivo.

«Sì, esatto. Arrivederci allora, noi andiamo via e ti lasciamo legata all'albero in pasto ai cinghiali, ai lupi e alle volpi. Ciao.» rincarò la dose la giapponese.

Appena montarono in sella ai propri cavalli, Roberta iniziò a urlare e piangere disperata: «No, non lasciatemi qui, vi dirò quello che volete!»

Il frate le lanciò dell'acqua fresca in faccia per cercare di svegliarla, ma i riflessi le stavano venendo meno. Riuscì soltanto a dire: «Devo incontrare Luciano nella città portuale al molo, dove è ormeggiata la nave Paris, in partenza per la Francia. Ho una lettera da consegnargli, contiene i miei appunti su di voi e le intenzioni del Granduca per sviluppare quest'area. I francesi sono molto interessati alle vostre ricerche minerarie nella terra dei diavoli. La lettera è infilata in uno dei sostegni del mio corpetto. Verranno altri dopo di me, non lasceremo che godiate di quelle ricchezze e le rendiate disponibili a tutti. Tutto dev'essere gestito da una guida.»

Dopodiché si addormentò e i due precettori recuperarono il documento dal suo corpetto.

La decisione più difficile da prendere fu quella riguardo al suo destino. Che fare? Ucciderla, farla morire legata a un albero lasciando che gli animali selvatici la divorassero, oppure portarla a casa? Lì però avrebbe avuto modo di riprendersi e con le sue capacità e conoscenze sarebbe stata un pericolo per tutti.

Frate Francesco ruppe gli indugi: «Maestra, a lei l'onore di farla morire come un guerriero, credo che lo meriti. Seguiamo la via del Bushido.»

Tsuki non se lo fece ripetere due volte, morire sul campo di battaglia era il massimo onore che si potesse concedere al nemico sconfitto. Estrasse la spada e decapitò Roberta, poi tornarono alla fattoria prima che albeggiasse. Da lontano videro che nello studio di Tiziano la luce era accesa, probabilmente era impegnato a istruire i fratelli nella ricerca delle tracce.

Tsuki andò a riposare, il frate invece entrò nello studio e disse: «Buonanotte, porto buone notizie. Roberta aveva degli amici che l'aspettavano accampati a circa cinque chilometri in direzione sud-ovest. Abbiamo risolto il problema alla radice, comunque, sia con i banditi sia con lei. Aveva una lettera con sé, e indovinate un po'? Doveva consegnarla al porto su una nave chiamata Paris in partenza per la Francia. Il suo contatto era Luciano. Ha confessato che sono interessati al sito dove vorremmo intensificare le ricerche minerarie per l'estrazione di quel prezioso elemento, e alle attività del Granduca per lo sviluppo della Toscana. Pensiamo che i francesi vogliano riprendersi questi territori. Dobbiamo informare il Granducato?»

«Bravo, Francesco. No, per adesso non informiamo nessuno, voglio prima vederci chiaro in questa faccenda. Immagino che Tsuki sia andata a riposare, sbaglio? Che ne è stato dei banditi e di Roberta?» chiese Tiziano.

«Sì, Tsuki è andata a letto. Come avevi richiesto, abbiamo cancellato ogni traccia. Prima di rientrare, abbiamo impilato i cadaveri uno sull'altro e abbiamo appiccato un incendio. In mattinata, appena la pioggia spegnerà il fuoco, sarà tutto svanito.» assicurò Francesco.

«Hai detto "sono interessati": chi intendevi?» domandò Tiziano.

«Non lo sappiamo. Far parlare Roberta non è stato facile, era addestrata molto bene. Addestramento militare, qualche generale francese suppongo. Ad ogni modo, per interrogarla abbiamo utilizzato una miscela di morfina e alcool; dopo aver confessato dove nascondeva la lettera, era completamente fuori di testa, e riportarla qui per sottoporla ad altri interrogatori sarebbe stato troppo rischioso. Ci ha detto che Luciano è più di un bandito, è il suo contatto, tutti gli altri invece sono dei mercenari. Credo che qualcuno impieghi i banditi per creare scompiglio nel riassetto di questi territori allo scopo di appropriarsi delle sue ricchezze.» spiegò il frate.

«Cambio di programma, allora. Domani partiamo per la città portuale e prepariamo una lettera imitando la calligrafia di Roberta. Voi, Roberto e Matteo, resterete qui alla fattoria a controllare la situazione. Ranieri e Virginia scorteranno Sandra e Simona a casa, poi ci raggiungeranno in città in uno dei tuoi alloggi, Francesco. Decidi tu qual è il più vicino al porto, e allo stesso tempo più riservato. Ci porteremo dietro anche Liliana, ben vestita potrebbe fingersi una ragazza dai facili costumi della locanda. Dirà a Luciano che una sua amica deve consegnargli una lettera in un appartamento. Quando abboccherà, beh, faremo parlare anche lui.» concluse Tiziano.

Tutti annuirono, il piano sembrava essere preciso e sensato.

I due precettori fratelli sarebbero rimasti alla fattoria, erano tecnici e combattenti eccellenti ma non erano adatti a quel tipo di missioni. Le loro capacità come meccanici erano fuori discussione, sapevano creare apparecchi in vetro per distillare, ingranaggi e carrucole per qualsiasi evenienza, ed erano anche ottimi forgiatori. Entrambi erano di corporatura robusta, alti e possenti, e dotati di notevole forza e resistenza. Inoltre erano preparati nel combattimento a mani nude e con le armi, tutte cose che avrebbero insegnato a suo tempo a Ranieri e Virginia.

Tiziano espresse tuttavia un dubbio: «Il piano è buono ma mi preoccupa il fatto di doverci affidare alle capacità di tre ragazzi alla loro prima esperienza sul campo. Un campo dove non possiamo permetterci di sbagliare.»

I due fratelli annuirono in silenzio, il frate invece replicò: «Capisco le tue perplessità, ma sono convinto saranno all'altezza della situazione: nel bosco hanno creato scompiglio da soli contro cinque briganti, di cui uno sicuramente era un militare francese. Io confido in loro: è vero, sono degli abili guastatori e non sono pronti per cose più impegnative, ma ci siamo noi a coprire eventuali lacune. Da qualche parte dovranno pur cominciare!»

«Va bene, domani mattina parlerò con Tsuki, dovrà preparare sia la missione sia i ragazzi. Ci aggiorniamo dopo pranzo. Buon riposo.» augurò Tiziano ai presenti.

La riunione era terminata, e tutti si alzarono per tornare ai propri alloggi. Notando una certa perplessità sul volto del padrone di casa, Francesco, seguito dagli altri, rientrò nello studio e gli chiese: «Tiziano, tutto bene?»

«Pensavo a quanto avete scritto nella nostra corrispondenza, riguardo al tipo che gestisce la locanda nella città alla foce del fiume: mi confermate quel che mi avete detto nelle vostre lettere?»

«Sì, siamo sicuri delle nostre affermazioni.» assicurò il frate anche a nome degli altri.

«Creare scompiglio nel territorio, pff! Abbiamo a che fare sia con il locandiere che coordina quel gruppo di giovani, sia con Luciano e i suoi mercenari. Due realtà distinte e opposte, oppure due anelli della stessa catena? Qualcosa non mi convince. Continuiamo a studiare il locandiere e quei ragazzi. Con lui vorrei parlare direttamente per capire le sue reali intenzioni, ma non voglio rischiare di essere scoperto.» disse Tiziano.

«Un approccio diretto è prematuro secondo me e Tsuki. Credo che adesso sia meglio procedere con Luciano e attendere eventuali sviluppi in futuro.» opinò Francesco.

«Concordo. Andiamo a riposarci, domani sarà una lunga giornata.»

Così dicendo, Tiziano spense le numerose candele dello studio e andò a coricarsi.

Capitolo 4

Fuori dalle mura domestiche

La mattina seguente, Tiziano si diresse in cucina per parlare con Liù.

«Signora, potrebbe concedermi un minuto?»

«Certo, mi dica.» rispose lei ossequiosa.

«Signora, abbiamo le prove che Roberta, la ragazza che ieri sera ha cenato con noi, fosse in combutta con i briganti che hanno assalito la vostra famiglia. Vorremmo che Liliana partecipasse assieme ai miei figli a una missione di qualche giorno nella città portuale, per capire quali siano le intenzioni di questi malfattori.» spiegò Tiziano.

«Che fine hanno fatto la ragazza e i briganti?» domandò la donna.

«Non mi preoccuperei di Roberta... sono certo non ci infastidirà più in alcun modo. Tuttavia è possibile che il capo dei banditi, Luciano, sia in realtà un militare francese che si trova da queste parti per controllare alcune aree ricche a livello minerario. Ecco, noi vorremmo impedire tutto ciò. Durante il dominio napoleonico, il nostro territorio è stato esplorato a fondo alla ricerca di risorse minerarie, risorse note da tempo ma mai sfruttate.»

«Sarà sicuramente una missione rischiosa, ma sapendo quanto hanno fatto i suoi figli per noi e che lei controllerà la situazione, ho poco da temere: ha il mio assenso. Del resto mia figlia deve imparare a difendersi e a vivere nella società, e non c'è niente di meglio di un'esperienza formativa come questa.» approvò la signora Liù.

«Grazie, non avevo dubbi che avrebbe accettato, contavo sul suo aiuto...» disse Tiziano. «Con il suo permesso vorrei convocare Liliana nel mio studio assieme ai miei figli per prepararli alla missione, dopodiché li affiderò alle abili mani dei miei amici. Roberto e Matteo resteranno qui con mio padre, per garantire la sua incolumità e quella di mia moglie.»

Quest'ultima, che si trovava lì in cucina, aveva sentito ogni parola ma preferì non immischiarsi nella faccenda. Il marito le aveva già spiegato tutto appena svegli.

Dopo colazione, Liliana, Virginia e Ranieri furono convocati nello studio, dove vennero accolti dal padre, Tsuki e Francesco.

«Prego, ragazzi, sedetevi. Volete una liquirizia?» chiese Tiziano.

Loro si sedettero senza rispondere.

«Qualcuno vuole una delle mie pastiglie con estratti di ribes negro? Sono ottime, prevengono le influenze e le infiammazioni del cavo orale.» intervenne il frate, che in convento aveva studiato a fondo i segreti delle erbe ed era diventato un sostenitore dei rimedi naturali.

Tutti, compresa Tsuki, le accettarono volentieri. Erano caramelle al ribes davvero deliziose e ricche di zucchero.

«Ragazzi,» – riprese Tiziano – «avete già conosciuto gli istruttori che vi aiuteranno a sviluppare le vostre capacità, quindi salterò le presentazioni ufficiali.»

Liliana alzò la mano per chiedere il permesso di parlare e il frate glielo concesse con un cenno del capo.

«A cena ieri sera ho avuto modo di osservare Roberta e non mi ha convinto del tutto, così come non mi convinceva il trattamento che le riservavano i briganti quando eravamo ancora nelle loro mani. Spesso le permettevano di uscire e ogni volta lei ritornava truccata e lavata; ciò significa che poteva ristorarsi da qualche parte. Le altre credevano che abusassero di lei, ma io sono sempre stata scettica e diffidente. La notte scorsa vi ho osservati dalla finestra mentre parlavate, poi ho visto Roberta darsi alla fuga, inseguita da due persone. Stamattina ho contato i cavalli nelle stalle e sono quattro in più rispetto a ieri, quindi... Beh, in ogni caso vi faccio i miei complimenti, padre Francesco: siete emerso dalle tenebre e ci siete tornato senza lasciare traccia. Come avete fatto?»

Ranieri e Virginia erano allibiti da tanta loquacità: Liliana era un'ottima osservatrice a cui non sfuggiva niente e dalla quale avrebbero avuto molto da imparare. Lui la guardava a bocca aperta, in stato di adorazione, ne era fortemente affascinato e non capiva cosa gli stesse succedendo. Nella sua mente, i pensieri si azzeravano ogni volta che lei parlava, cosa che non gli era mai accaduta con la sorella. Virginia notò il cambiamento nel modo di comportarsi del fratello e ne rimase profondamente delusa. Aveva ancora molto da imparare sugli uomini.

«Ottime osservazioni, Liliana, tutto quadra.» si complimentò Tiziano. «Sono più tranquillo adesso che le hai condivise con noi, il tuo contributo sarà determinante per la missione.»

«Per quanto riguarda il trucco dell'invisibilità, è semplice e avrete modo di apprenderlo.» interloquì il frate. «Per ora vi basti sapere che sono necessarie due cose: pazienza e immobilità.»

«Veniamo a noi, sarò breve.» tagliò corto il padrone di casa. «Domani partiremo per la città portuale, dove soggiorneremo alcuni giorni in uno degli appartamenti di Francesco nei pressi del porto. Ranieri e Virginia partiranno assieme a Simona e Sandra e le accompagneranno sino alla loro abitazione. Tu, Liliana, verrai con me, Tsuki e il frate. Ci ritroveremo tutti in questo punto.» disse indicandolo sulle carte topografiche. «Una volta arrivati sul posto, dovremo capire dove si nasconde Luciano, il brigante con cui vi siete battuti, e tendergli una trappola. Virginia, tu dovrai impersonare Roberta, mentre tu, Liliana, dovrai fingerti una cameriera della locanda, per giunta di facili costumi. Porterai Luciano nella camera di Virginia, che parlerà da dietro la porta del bagno, così il riverbero nella stanza e la parete distorceranno la sua voce. La locanda è di proprietà di Francesco, perciò non avremo problemi né per la copertura né per i vestiti. Tu invece, Ranieri, sarai il ragazzo di bottega e assieme a Tsuki dovrai sbarazzarti dei compari di Luciano, nell'eventualità che non si presenti da solo all'appuntamento. Io sarò nella soffitta sopra la stanza di Virginia, nel caso qualcosa andasse storto. Francesco si occuperà di gestire il personale della locanda. Se si dovesse arrivare all'uso delle armi da fuoco, non deve uscire nessuno e non deve crearsi il panico. Francesco, sai cosa fare.»

«Nessun problema.» rispose lui prontamente. «Metterò due persone a battere le pentole di rame con il martello e inviterò cinque ragazze del bordello a intrattenere i clienti con uno spogliarello al centro della sala. Col caos che si creerà, nessuno sentirà niente.»

«Ci sono domande?» chiese Tiziano.

«Come dobbiamo prepararci per la missione?» rispose Ranieri. «Mi spiego meglio: dobbiamo portare armi, polvere da sparo...?»

«Io come devo comportarmi?» intervenne Virginia. «Devo leggere prima qualcosa? Immagino che dovrò fare qualche domanda a Luciano. E in caso di pericolo come faccio a chiamarvi?»

«Domande lecite.» convenne il padre. «Alle armi e al necessario per la missione penseranno Tsuki e Francesco. Riguardo alle vesti ho da farvi una richiesta: dovrete essere molto eleganti, come foste dei nobili in visita in città. Le vostre madri hanno ricevuto indicazioni sugli abiti da prepararvi. In caso di pericolo non dovrai chiamare nessuno, interverrò io. Non potete prendere i vostri soliti cavalli, prenderemo quelli dei fratelli, Roberto e Matteo, e quello del nonno. Spiacente, Ranieri, Due resterà a casa stavolta. Partiremo da casa con gli abiti da città, così passeremo inosservati. Tsuki e Francesco invece, essendo immediatamente riconoscibili, taglieranno dal bosco sino a raggiungerci al punto d'incontro. Da lì in poi procederemo separati: voi tre e Francesco scenderete dal santuario, in modo da non destare sospetti; io e Tsuki arriveremo in carrozza, così che nessuno possa notarla.»

«Credo sia tutto chiaro. Cosa devo leggere adesso?» domandò Virginia.

«Tutti e tre dovete leggere la lettera in francese che Roberta avrebbe dovuto inviare, per capire di cosa stiamo parlando e i motivi della nostra missione.» spiegò suo padre.

I ragazzi iniziarono a leggere attentamente: già nelle prime righe, la ragazza rivelava la posizione della loro fattoria e poi aggiungeva che Tiziano e i suoi amici stavano per avviare un'attività estrattiva di un elemento molto particolare.

«Dobbiamo sviarli, è necessario scrivere un'altra lettera con indicazioni differenti.» suggerì Liliana. «Anche se temo ci troveranno comunque se la valle dei diavoli è così famosa, tanto più se loro hanno già informazioni pregresse in tal senso. Possiamo soltanto ritardarli.»

«Forse sbaglio, ma avrei una soluzione diversa.» intervenne Ranieri. «In base al contenuto della lettera, Virginia potrebbe chiedere a Luciano quando torneranno di nuovo qui per iniziare a estrarre le ricchezze di quest'area e domandargli dove li attendono gli altri, dove andranno una volta raggiunta la Francia e chi verrà a riceverli. E anche qual è la somma che spetta a ciascuno di loro al compimento della missione. Noi invece potremmo far saltare la nave di notte quando è ancora in porto e poi liquidare tutti i loro collegamenti in città. A mio avviso partiamo con due presupposti a nostro favore: nessuno ama i Francesi dopo il loro dominio, e frate Francesco ha così tante attività commerciali in città che non dovremmo avere difficoltà a reperire informazioni sulla loro rete.»

«Bella pensata, Ranieri, anche se un po' estrema.» commentò sua sorella.

«Io non vedo l'ora di far fuori chi ha ucciso mio padre per depistare i sospetti riguardo alle loro intenzioni.» si sfogò Liliana.

«Bene, questi scambi di opinioni sono sempre utili. Bravo, Ranieri, hai pensato allo stesso piano che abbiamo escogitato anche noi. Ottimo ragionamento.» si complimentò suo padre.

Tutti i presenti credettero che a quel punto la riunione fosse conclusa, invece Tiziano preparò la sua liquirizia e riprese a parlare con voce severa e decisa: «Adesso devo farvi un monito. Sia chiaro a ciascuno di voi che non andiamo a cercare vendetta, non è nei nostri scopi, non lo è mai. Non dimenticate mai il motivo per cui combattete: nel nostro caso è far sì che lo sfruttamento delle risorse della valle dei diavoli porti vantaggi economici a tutti. È far coincidere le esigenze di sviluppo con la salvaguardia del patrimonio naturalistico.»

I ragazzi annuirono in religioso silenzio, dopodiché l'uomo sciolse la riunione affidandoli ai due precettori.

«Che dire...» esordì Tsuki. «Vostro padre è stato molto chiaro. La lezione di oggi non sarà né tecnica né tantomeno teorica, bensì spirituale. Non abbiamo il tempo di insegnarvi cose nuove, possiamo solo prepararvi mentalmente per l'impresa da compiere. Allora, vedete quelle rocce scoperte sulla sommità del promontorio? Dovete arrivarci a piedi il prima possibile. Io e il frate vi raggiungeremo a cavallo con le armi e i bersagli.»

«Andiamo a cambiarci e partiamo subito.» disse Ranieri.

Lui e le due ragazze stavano già incamminandosi verso la fattoria quando furono bloccati dalla voce di frate Francesco: «Scusate! Temo abbiate frainteso le parole della maestra Sensei. Non avete tempo per cambiarvi, dovete riuscire a superare la prova con gli abiti che indossate in questo momento. Dovete entrare in questa mentalità: dare sempre il meglio di sé con le cose che si hanno a disposizione. E adesso basta con le chiacchiere, ci vediamo sulla sommità del versante!»

Spronati da quelle parole, i ragazzi si misero in cammino. Non avevano neanche avuto il tempo di finire la convalescenza per gli infortuni subiti. Tuttavia, uno degli scopi delle attività che svolgevano di pomeriggio in quel periodo era appunto preparare la mente a superare i propri limiti.

La pendenza era elevata e gli stivaletti con il tacco da città non erano certo il massimo della comodità per le ragazze. Dopo i primi chilometri, la fatica iniziò a farsi sentire, così come i postumi della ferita alla gamba di Ranieri, che iniziò a zoppicare. Non si diede per vinto, però, si fece coraggio e trovò due bastoni di fortuna con i quali aiutarsi per tenere il passo con Virginia e Liliana.

Il tratto finale era più complicato, alcuni ripiani rocciosi costringevano all'uso delle braccia. L'abbigliamento delle ragazze e il dolore alla spalla di Virginia le avrebbero messe in grossa difficoltà, così Ranieri decise di issarsi per primo su ciascun gradone, dal quale poi tirò su le compagne con l'ausilio di una corda che loro avevano preventivamente legato in vita.

Arrivarono esausti e doloranti alla sommità, dove ad attenderli trovarono i due precettori.

«Bene, visto che siete stremati, adesso tiro con l'arco e poi con la balestra!» ordinò Tsuki.

Le braccia erano pesanti e la fatica mista al dolore rendeva quasi impossibile concentrarsi. Molti tiri finivano di conseguenza fuori bersaglio.

«Dovete sforzarvi e resistere.» li spronò frate Francesco. «Cosa credete, che i problemi accadano soltanto quando siete in piena forma? Ascoltate me e continuate a tirare le frecce con il vostro arco, questo dovrebbe distogliere la vostra mente dal dolore e dalla fatica. Oggi dovete capire solo una cosa: in momenti come questi, è fondamentale sentire soltanto il proprio io, tutto il resto svanisce. Paura, fatica, dolore... tutta la vostra vita è concentrata nell'azione che state per compiere.»

Virginia era stremata, madida di sudore e con forti dolori alla spalla; non riusciva neanche a tirare la corda dell'arco per scoccare la freccia. Tsuki le arrivò alle spalle con passo felpato e le sussurrò in un orecchio: «Focalizza il tuo nemico. Pensa a Luciano che sta per sparare a Ranieri: tu hai solo questa freccia e nessun'altra possibilità. Non ti è concesso di sbagliare, dovrai imparare ad agire con questo fardello.»

Virginia si fece coraggio, chiuse gli occhi e trasse un profondo respiro, cercando di raccogliere tutte le energie che le erano rimaste. La freccia scattò fulminea dalle corde, riuscì persino ad avvertirne il sibilo. Per un attimo si sentì isolata dal mondo, il tempo le parve scorrere al rallentatore e tutta la sua concentrazione era rivolta alla traiettoria della freccia. Udì la punta penetrare nel legno e vide che aveva fatto centro.

Anche i tiri di Ranieri erano stati eccellenti. Quelli di Liliana non si potevano certo paragonare a quelli dei fratelli, ma erano pur sempre accettabili, considerando che aveva preso un arco in mano per la prima volta in vita sua.

Tutti e tre restituirono le armi al frate e iniziarono la meditazione con Tsuki.

«La meditazione è uno stile di vita e oggi pianterò il suo seme dentro di voi. Spero che germogli.» esordì la giapponese. «Vi insegnerò alcune tecniche che vi permetteranno di controllare voi stessi. Grazie a esse sarete capaci di mantenere la calma anche nei momenti di maggiore stress. Cominciamo con questi rudimenti: la respirazione dev'essere regolare e profonda, e non forzata o a scatti. Contrariamente a quel che pensiamo, la fase più importante della respirazione è l'espirazione, essendo fondamentale liberare i polmoni e ricaricarli con aria più fresca. È necessario mettersi seduti mantenendo la colonna vertebrale in posizione eretta. Durante l'espirazione bisogna contrarre la parete addominale per svuotare la gabbia toracica e il diaframma deve salire verso il torace. L'espirazione dura il doppio dell'inspirazione. Iniziamo a inspirare gonfiando lentamente l'addome e poi la gabbia toracica. Ripetete questo esercizio con calma più volte.» si raccomandò.

La meditazione durò alcune ore e alla fine Tsuki disse ai ragazzi: «Per oggi è sufficiente. Domattina prima di colazione verrò a svegliarvi per fare un'ora di respirazione, sarà importante per preparare la missione. Ricordate di controllare la respirazione nei momenti di stress, è fondamentale. Adesso tornate alla fattoria più in fretta possibile, lì vi attenderà un bagno caldo. Ci vediamo dopo.»

I ragazzi cominciarono a scendere affrontando la forte pendenza. Non erano abituati a correre a quella velocità e a turno caddero più volte.

Raggiunsero finalmente la fattoria: Liliana era stremata per la giornata, ma contenta di non aver mai mollato. Ognuno guadagnò la propria camera, dove i genitori avevano preparato un bagno caldo per farli rilassare. Un'ora più tardi, Tiziano si recò da Virginia.

«Mia cara, sono qui perché voglio essere sicuro delle tue azioni. Domani farai la cosa giusta? Oppure, accecata dalla rabbia, cercherai una facile vendetta?» le chiese preoccupato.

«La vendetta non può essermi di aiuto, mi renderebbe uguale a loro!» esclamò lei decisa.

Il padre sorrise, le diede una pacca sulla spalla e passò dal figlio, per accertarsi delle sue condizioni mentali.

«Come sta il mio piccolo lottatore? È pronto per combattere? Non è che domani *qualcuno* farà saltare i nostri piani per il timore che la sorella sia in pericolo?» gli domandò in tono allusivo.

«No, domani il nostro obiettivo è la missione! Arriverà da solo il tempo della vendetta.» rispose Ranieri.

Tiziano, soddisfatto, lo salutò e si diresse nel suo studio per parlare con gli amici.

Il giorno seguente, di buon'ora, Ranieri e Virginia accompagnarono Sandra e Simona presso la loro abitazione, alla stazione di posta. Il padre, quando le vide arrivare, scoppiò a piangere di gioia, mentre la madre uscì di corsa di casa per abbracciarle. Virginia notò un sorriso di appagamento sul volto del fratello.

«Finalmente siamo tornate a casa!» esclamò Sandra. «Non preoccupatevi, stiamo bene. I briganti ci hanno rapite, ma durante la notte un'altra squadra di banditi ha attaccato il nostro campo, probabilmente per accaparrarsi le ricchezze e mettere in chiaro il loro predominio sul territorio. Così abbiamo approfittato dell'oscurità per fuggire e cercare un rifugio nei pressi di una locanda. Stamattina abbiamo incontrato questi amici che ci hanno fornito dei cavalli per tornare a casa.»

«Grazie, siete stati molto gentili ad aiutare le nostre figlie. Chi siete e come potremo mai ringraziarvi?» chiesero i genitori.

«Non dovete ringraziarci, è stato un piacere.» ribatté Virginia. «Siamo una coppia di giovani sposi, io sono Roberta e lui si chiama Mario; ci trovavamo da queste parti per il nostro lavoro e così abbiamo deciso di aiutare le ragazze. Le vostre figlie sono molto intelligenti e sapranno esserci di aiuto in caso di bisogno. Adesso dobbiamo ripartire, abbiamo una nave che ci attende per la Francia.»

Si salutarono, ma mentre si voltavano per andarsene, Simona e Sandra corsero verso Virginia e le sussurrarono in un orecchio: «Non preoccuparti, nessuno saprà chi siete e dove abitate. Sarà nostra premura farvi pervenire le informazioni il prima possibile, se sentiamo qualcosa di importante alla stazione di posta. Grazie ancora.»

A passo lento, i due fratelli si diressero a nord per andare incontro ai loro genitori. Virginia aveva utilizzato astutamente i nomi Roberta e Mario per confondere le idee a chi in quel momento soggiornava alla stazione di posta. Se ci fosse stato qualcuno a origliare, avrebbe udito proprio quello che si aspettava di sentire, e cioè che Roberta era diretta verso Luciano, pronta per partire.

Ciascuno con il proprio binocolo, Tiziano e gli altri precettori vegliavano dall'alto sui ragazzi, i quali cavalcavano lentamente senza dare troppo nell'occhio. Erano vestiti eleganti, e se qualcuno li avesse incrociati, avrebbe potuto pensare che fossero due signori che stessero dirigendosi a un santuario. Proprio quello che loro volevano. Il santuario si trovava sul monte che dominava la città portuale.

Raggiunto il punto di ritrovo, Tiziano e Tsuki si avviarono in carrozza verso la locanda di proprietà del frate. La giapponese era vestita come un frate per non farsi notare: gli abiti ampi, il mantello e il cappuccio, tutto contribuiva a un travestimento perfetto. Tiziano aveva pensato di farsi passare per un nobile che camminava accanto a un frate, ostentando una postura elegante. Quell'accoppiamento era stata un'idea astuta: nessuno osserva un frate insignificante se al suo fianco passeggia un nobile.

I ragazzi partirono per la locanda qualche ora dopo, accompagnati da Francesco. Mentre scendevano lungo il promontorio a cavallo, non potevano fare a meno di osservare il mare e la città dinanzi a loro: era uno spettacolo bellissimo, non avevano mai visto una zona così popolata. La fresca e leggera brezza marina accarezzava la pelle del loro viso, depositandovi minuscole particelle di spray nebulizzato. I fratelli non riuscivano a resistere e assaggiavano quei residui salini inumidendosi le labbra con la lingua.

Arrivati alla locanda, il frate fece le ultime raccomandazioni: «Ragazzi, leghiamo qui i cavalli e proseguiamo a piedi. Se qualcuno vi provoca, non reagite, fate finta di niente. Una volta dentro, non fermatevi ad ascoltare nessuno, anche se doveste trovare molto strano il suo accento.»

Entrarono e videro degli uomini che giocavano a carte; spesso i giocatori tenevano i coltelli conficcati per la punta sul tavolo, pronti all'uso nel caso avessero colto qualcuno a barare. Altre persone erano dedite a contrattare il prezzo con donne dai facili costumi. Alcuni, invece, utilizzavano la locanda come borsa merci. Liliana, provenendo da una grande città, era la meno scossa da quelle scene, mentre Virginia e Ranieri apparivano perplessi, anche se riuscivano a mascherare bene la loro espressione. Nel locale regnava la confusione, tutti parlavano a voce alta e con un accento grottesco, completamente diverso da quello delle piccole città della valle.

Giunti nella stanza dove si erano accordati per ritrovarsi, Ranieri esclamò: «Santo cielo, sembra di leggere gli antichi scritti su Sodoma e Gomorra... è un girone dantesco!»

«E non avete visto ancora niente, ragazzi! Adesso cambiatevi, poi entreremo in azione. Francesco, le camere sono pronte?» chiese Tiziano.

«Sì. Mentre voi andate al porto, sarà mia premura trovare qualcuno che batta il rame; poi andrò al bordello a sentire se sono disponibili almeno dieci ragazze. Il locale sarà pieno zeppo e nel caos più totale.» assicurò il frate.

«Bene. Vai, Francesco, ci rivediamo qui. Liliana, indossa gli abiti che ti ha fatto tua madre. Virginia, Tsuki, preparate la camera, disponete gli abiti sulle sedie, riempite la vasca da bagno con sali e sapone, e spruzzate profumo in ogni angolo, così quando Luciano entrerà nella stanza, lo inebrierà fino a stordirlo. Ranieri, tu cambiati e vestiti da ragazzo di strada con una benda sull'occhio. Sarai irriconoscibile...» disse suo padre.

Tiziano, Ranieri e Liliana si recarono al porto per provare ad avvistare Luciano o al limite individuare la Paris, mentre Virginia e Tsuki si dedicarono ad allestire la camera da letto.

Il frate, che sapeva il fatto suo, pensò di chiedere alla Madama che gestiva il bordello di ricambiare alcuni favori che le aveva fatto in passato. Appena entrò nel locale, per un attimo nella sala scese il silenzio. Tutti si girarono a guardarlo, poi la Madama lo riconobbe e urlò: «Che succede qui? Un frate non può venire a cercare un po' di sollievo? Se qualcuno è contrario alla sua presenza, oppure è a disagio per la sua autorità spirituale, bene, quella è la porta!»

I clienti tornarono immediatamente alle loro attività. La Madama si avvicinò a Francesco per salutarlo: «Buongiorno frate, qual buon vento la porta nel mio locale? La sapevo in Turchia. Ha concluso il suo viaggio nell'Est? Ha trovato quello che stava cercando?»

Il frate era un uomo di poche parole e non amava raccontare i fatti propri. Detestava che qualcuno gli facesse domande sulla sua vita privata oltrepassando i limiti del buon senso e dell'educazione.

«Madama, è un piacere rivederla! Sono qui per chiederle una cortesia: dovrebbe ricambiarmi alcuni dei favori che le ho fatto a suo tempo. Vorrei dieci ragazze per tutto il giorno, notte compresa, a esibirsi al mio locale e a intrattenere i clienti, ovviamente a titolo gratuito. La mia locanda non procede molto bene, così vorrei insegnare al gestore qualche metodo per aumentare gli introiti.»

«Ma frate... dieci ragazze?» ribatté la donna visibilmente irritata dalla richiesta. «Come faccio con il bordello sguarnito per un intero giorno? È vero, le devo molto, ma anch'io ho da rendere conto.»

A Francesco quella risposta non piacque.

«Devo ricordarle quante volte in questi anni l'ho aiutata e sostenuta?» replicò in tono seccato. «Ricorda ancora il suo debito? Chi l'ha salvata pagando per lei? Ha dimenticato chi è la proprietaria del locale e i miei rapporti con lei? Se eviterà di appropriarsi indebitamente della metà degli introiti di questa settimana, nessuno noterà il mancato incasso, dico bene?»

«Frate, lei è sempre molto, molto convincente!» si affrettò a dire la Madama col sorriso sulle labbra e le orecchie basse come un cane che ha subito un rimprovero dal padrone. «Entro trenta minuti le ragazze saranno alla sua locanda. Con questo siamo pari, vero?»

Francesco non rispose, il suo sguardo tagliente come una lama pose fine alla discussione.

«Ovviamente scherzavo, quando vuole sono qui per lei.» corresse il tiro la donna.

Mentre il frate rientrava alla locanda, Liliana, Ranieri e suo padre giunsero in prossimità del porto. Gli abiti che la ragazza indossava erano molto sensuali e lasciavano intravedere le curve e il seno. Nel complesso un bel vedere, seppur piuttosto appariscente. Con il particolare profumo che utilizzava, sarebbe stato impossibile passare inosservata. Ranieri ne era sempre più affascinato.

«Allora, io inizio a corteggiare Liliana e cerco di fissare il prezzo per una notte con lei.» esordì Tiziano. «Ranieri, tu gira per il porto senza farti notare e cerca la nave; quando la trovi, corri verso di me e rubami il borsello. Io ti rincorro e scappiamo. Questo sarà il segnale per Liliana. Appena sarai sola davanti alla Paris, qualche marinaio ti farà sicuramente delle *avance*: a quel punto potrai chiedergli di Luciano.»

Si separarono. Ranieri camminava tra le persone senza dare nell'occhio, chiedendo monete ai ricchi passanti. Tutt'a un tratto vide Luciano sulla Paris e con calma si diresse verso suo padre per rubargli il borsello come stabilito. Dopodiché corsero via assieme. Con l'ausilio di una scala, salirono sul terrazzo di un piccolo negozio, dal quale poterono assistere a quanto accadeva a Liliana. Quando Luciano la notò, lei lo riconobbe immediatamente dalla ferita al viso.

Il brigante scese dalla nave con una corda e le si avvicinò.

«Bellissima, non ci siamo già incontrati da qualche parte? Mi ricordi qualcuno che conosco...»

Liliana si rivelò un'attrice impeccabile, non ebbe la minima esitazione e non tradì il minimo accenno di paura.

«Anche lei non mi è nuovo... forse ci siamo visti al bordello? Ne incontro molti di bei marinai come lei! Se vuole, possiamo vederci di nuovo non appena avrò finito il mio compito.» concluse guardandosi attorno, fingendo di cercare qualcosa o qualcuno.

Luciano non voleva perdere la sua occasione e ribatté prontamente: «Beh, posso aiutarti a sbrigare la faccenda e poi...»

«Sì, sarebbe un vero signore se lo facesse. Riguardo al resto, temo di essere troppo cara per un marinaio...»

Tiziano riferiva lo scambio di battute tra i due a Ranieri, che non era ancora in grado di leggere il labiale.

«Non sono un marinaio, sono molto di più!» tornò alla carica Luciano, convinto di riuscire nella sua impresa.

Liliana, calandosi nella parte della ragazza di facili costumi abituata a contrattare con nobili e ricchi borghesi, si passò una mano tra i capelli e gli scoccò uno sguardo molto sensuale.

«Allora è un capitano? Oppure un armatore? E di quale nave?» lo incalzò.

«Sì, hai indovinato. Sono Capitano, ma non della nave, bensì di un battaglione un tempo al servizio di Napoleone e ora della Francia!» esclamò il brigante.

«Bene, allora non le dispiacerà aiutarmi e poi accompagnarmi... Sto cercando la nave Paris: ho una lettera per un certo Luciano che devo consegnare da parte di un'amica.» spiegò Liliana con voce sensuale.

«Sono io Luciano e questa è la nave Paris. Chi è che mi invia la lettera?»

«Donna Roberta. Mi ha chiesto di riferirle che è stata seguita e non può raggiungerla, ma ha delle cose importanti da dirle. Alloggia alla locanda 'Ante Ignem' a sud della città. Allora, adesso mi accompagna?»

Luciano aveva cambiato espressione: era preoccupato per Roberta e avrebbe voluto più informazioni, ma Liliana rispondeva a monosillabi, decisamente più interessata all'incontro privato con lui.

«Dimmi, come sta?» chiese il brigante in tono secco, tralasciando le buone maniere.

«Bene, è solo preoccupata perché è stata seguita, così ha detto. Allora, passiamo assieme la notte?» insistette la giovane.

«Spiacente, sarà per la prossima volta, la mia nave parte domani mattina.» declinò l'invito Luciano, dopodiché le prese la lettera dalle mani e iniziò a leggerla. Liliana si incamminò da sola verso la locanda.

«Ranieri, quella nave non deve partire!» sentenziò Tiziano. «Dovrai coprire tu Virginia, ma non dirle nulla del cambio, altrimenti si agiterà inutilmente. Dobbiamo capire meglio quali sono i piani di Luciano, anche se Liliana è stata bravissima a estorcergli informazioni.

Adesso scortala fino alla locanda, sono sicuro che uno degli uomini di Luciano la seguirà per appurare se quanto ha detto corrisponde al vero. Io devo fare delle cose, spero di raggiungervi prima che arrivino da Virginia.»

Liliana, puntualmente, venne pedinata da un compare del capo dei briganti, il quale, senza farsi notare, non la perdeva mai d'occhio. Quando la giovane entrò nella locanda, lui fece ritorno alla nave.

Nel frattempo Tiziano decideva il da farsi, controllando con il binocolo i movimenti degli uomini a bordo. Luciano aveva convocato tutti i suoi otto compagni d'armi per dare loro le direttive necessarie al recupero di Roberta. Il resto degli uomini sulla nave, invece, erano semplici marinai, abituati alle risse ma non al combattimento. La nave era enorme, uno splendido veliero a quattro alberi con molte bocche di fuoco. Tiziano aveva intenzione di salire a bordo per frugare tra le carte di Luciano mentre lui era fuori. Tuttavia, era in pensiero per quello che sarebbe potuto accadere alla locanda, non tanto per l'incolumità dei suoi figli, quanto per la capacità di acquisire informazioni. Controllò la nave e vide molti marinai in continuo movimento, intenti a preparare la partenza. Decise di salire sul veliero accanto alla Paris, in quel momento vuoto perché i pescatori si stavano riposando dopo l'uscita notturna. Cercò una tavola in legno da usare come passerella, poi si accovacciò sotto una coperta accanto a delle botti e attese. Il legno, per essere stato a contatto con le esche ed essere perennemente esposto al sole, emanava un odore nauseabondo. Non appena Tiziano vide Luciano partire assieme ai compari verso la locanda, salì sulla Paris senza farsi notare dagli uomini dell'equipaggio. A prua trovò l'entrata per la Santa Barbara, il deposito in cui venivano generalmente stipate armi e munizioni, dove decise di rompere alcuni fusti di polvere da sparo, spargendone il contenuto sul pavimento. Negli alloggi del capitano trovò il diario di Luciano e alcune lettere, assieme a delle carte nautiche per Barcellona.

Ranieri intanto era arrivato alla locanda e aveva riferito il cambio di programma a Tsuki, la quale lo rassicurò sul fatto che nessuno sarebbe entrato nella stanza della sorella oltre al brigante. La donna, molto agile nonostante l'età, riuscì ad arrampicarsi su una delle travi in legno grazie a un paio di guanti muniti di arpioncini metallici atti ad assicurare una buona presa. Si piazzò in prossimità della stanza di Virginia, sopra le luci, postazione che le permetteva una buona visuale senza essere vista. Con sé aveva una serie di coltelli da lancio. Ranieri corse in soffitta e prese a battere sul pavimento per far capire a Virginia che chi doveva proteggerla era in posizione. La sorella rispose battendo tre volte sulla parete. Seguì un lungo silenzio d'attesa, durante il quale le loro menti vagliarono tutti i peggiori scenari possibili.

Circa trenta minuti dopo, Luciano dispose tre dei suoi uomini di pattuglia nel vicolo. Avvertendo che l'atmosfera nella locanda era quella tipica di un locale in festa, lui e gli altri cinque briganti si rilassarono. Frate Francesco era seduto con lo sguardo a terra come se stesse dormendo, con le braccia conserte, ben mimetizzato tra la folla; alcuni erano intenti ad applaudire le ragazze che ballavano, altri a giocare a carte. Luciano, dopo essersi guardato attorno con circospezione, proseguì verso le camere, lasciando tre uomini all'inizio delle scale che portavano al piano superiore. Giunto all'altezza della stanza di Virginia, ordinò agli altri due di attenderlo sulla porta e di non far entrare o uscire nessuno. Quando Virginia sentì bussare, un brivido le corse lungo la schiena. Era appena uscita dalla vasca da bagno e aveva addosso soltanto un asciugamano che lasciava scoperti la schiena e il fondoschiena, una visione che avrebbe dovuto indurre Luciano a concentrarsi su altri pensieri e rivelare le sue reali intenzioni.

«Luciano, sei tu, vero?»

«Sì, siamo venuti a prenderti!» rispose prontamente il brigante.

«Entra pure, ho appena finito di farmi un bagno.» disse Virginia. «Mi vesto e sono subito da te, mettiti pure comodo.»

L'uomo entrò e chiuse la porta. La camera era completamente in disordine: sul letto sfatto c'erano abiti disposti a casaccio e alcune armi che erano state sottratte a Roberta, e avanzi di cibo e una bottiglia di vino erano stati lasciati sul tavolo. La porta del bagno era leggermente aperta per permettere la fuoriuscita del vapore acqueo.

Nel frattempo Liliana entrò nella locanda e fece un cenno al frate. Entrambi puntarono da direzioni opposte sugli uomini di Luciano fermi sulle scale, alla destra dei quali due battitori di rame erano intenti a svolgere il proprio mestiere con i loro utensili, o almeno così sembrava. Liliana si avvicinò ai briganti e disse: «Salve, chi di voi mi accompagna in camera? Oggi mi sento così agitata... avrei bisogno di qualcuno che mi faccia rilassare!»

Gli uomini presero subito a dialogare con lei, mentre il loro livello di concentrazione calava gradualmente. Uno di loro voltò persino le spalle ai lavoratori di rame, un altro appoggiò la schiena al muro con le mani in tasca.

Il frate attese ancora qualche istante, poi con l'aiuto dei battitori di rame fece fuori i tre senza lasciar loro nemmeno il tempo di accorgersi di quanto stava accadendo. Non usarono lame né oggetti contundenti ma solo le mani, grazie al buon addestramento ricevuto e alla rapidità nei movimenti.

Liberate le scale, Liliana salì assieme a Francesco come se lui fosse un cliente da portare in camera. Quello era il segnale per Tsuki.

I due uomini di guardia alla stanza di Virginia non si erano accorti di quanto era avvenuto dabbasso e osservarono i due salire lentamente. Appena furono a tiro, il frate colpì il primo uomo alla gola con un destro fulmineo che gli schiacciò la trachea, poi lo afferrò per il collo e lo soffocò. Tsuki provvide a strangolare l'altro.

Luciano non si rese conto di niente e si sedette sul letto ad aspettare Roberta, o almeno così credeva.

«Luciano, come stai?» tornò a parlare Virginia. «Siamo pronti per la partenza? Quando salpiamo e dove andiamo?»

«Partiamo domattina all'alba per Barcellona. Là prenderemo dei cavalli per raggiungere la

Francia. Sei riuscita a ottenere informazioni sulla valle dei diavoli? Cosa sanno i precettori?»

«Non ho avuto molto tempo. Vogliono sviluppare l'area, cercheranno di costruire delle infrastrutture...» rimase sul vago la giovane.

«Roberta, ti sento strana... hai perso completamente il tuo accento? Come vogliono sviluppare l'area? Le lettere che ci hanno fornito indicavano altro! Dovrebbero essere pronti per testare tecniche di estrazione più evolute...»

Qualcosa nell'atteggiamento della ragazza turbò Luciano, che si irrigidì sul letto. Si alzò di scatto e si diresse verso il bagno, ma Virginia non perse la calma e si affrettò a ribattere: «So cosa dicono le lettere! Stavo solo rispondendo alle tue domande... Riguardo all'accento devo ancora abituarmi a parlare liberamente...»

Luciano spalancò la porta del bagno, ma non riconobbe Virginia, in quel momento girata di schiena e con in testa un asciugamano per frizionarsi i capelli. L'asciugamano che aveva in vita lasciava scoperto sia il busto dalle curve perfette e dalla carnagione rosea, sia parte del fondoschiena.

Il brigante non seppe resistere davanti a tanta bellezza.

«Beh, adesso basta con il lavoro. Non mi avrai fatto venire fin qui solo per questo, no?»

«Luciano, per adesso soltanto lavoro, niente di più!»

«No, non accetto questa risposta, abbiamo ancora tempo.»

Così dicendo, iniziò a spogliarsi depositando le armi a terra.

Virginia, impietrita, smise di asciugarsi i capelli. Era preoccupata, non aveva idea di come uscire da quella situazione.

Ranieri era nervoso, non sapeva che fare. Estrasse il coltello e si preparò a intervenire sfruttando la botola che dalla soffitta scendeva nel bagno.

Virginia rifletté qualche secondo e, ipotizzando che i rapporti tra Roberta e Luciano fossero molto intimi, decise di far finta di cedere alle sue insistenze.

«Va bene, mi hai convinta, sono subito da te. Nel frattempo dimmi quanto ci pagheranno alla fine di quest'impresa e quando partiremo con la seconda fase.»

Luciano si diresse di nuovo verso il letto e rispose: «Parecchio, Roberta, ci pagheranno parecchio. Torneremo qui tra quattro mesi, non appena avremo parlato con l'ambasciatore austriaco Bombelles. E adesso vieni qui da me, maledizione!» aggiunse con la voce incrinata dal nervosismo.

Virginia legò l'asciugamano all'altezza delle ascelle e recuperò da terra la pistola di Luciano.

«Eccomi subito da te.»

Alla vista della ragazza, l'uomo urlò: «Di nuovo tu! Ti ho riconosciuta, sai? Ti ucciderò!»

Cercò inutilmente di usare qualcuna delle armi di Roberta sul letto, ma si rese conto che erano state tutte preventivamente scaricate.

Mentre il frate e Tsuki entravano nella stanza dalla porta principale, Virginia sollevò con delicatezza il cane della pistola e con un ghigno sarcastico sul viso ribatté: «Io e mio fratello abbiamo un conto in sospeso con voi, adesso vediamo di regolarlo!»

Prese la mira e fece fuoco al petto.

«Napoleone, avevi ragione! Le donne sono da sempre il mio tallone d'Achille. Sappiate che i vostri sforzi sono inutili, entrambi perseguiamo lo stesso fine.» furono le ultime parole di Luciano.

«Probabile, ma noi non lo facciamo per soldi, ma per il popolo!» puntualizzò Virginia anche se ormai era morto. Non soddisfatta, lo colpì al torace con il secondo proiettile.

Gli uomini piazzati nel vicolo, insospettiti dagli spari provenienti dalla camera, presero a salire rapidamente le scale. A causa del trambusto nella locanda, il frate e Tsuki non li sentirono arrivare, ma per fortuna Ranieri, mentre scendeva le scale che portavano alla mansarda, li vide benissimo e riuscì a neutralizzarne uno con il coltello da lancio. Gli altri, spaventati, fecero fuoco su di lui con le loro pistole, ma senza successo, il ragazzo aveva già risalito i gradini e trovato un riparo.

Tiziano stava rientrando di corsa alla locanda, nella speranza di arrivare in tempo per poter ancora salvare la copertura. Appena entrato, vide un uomo sulle scale colpito al collo con un coltello e altri due uomini, di spalle rispetto a lui, che stavano ricaricando le loro armi. Estrasse il coltello e uccise quello più vicino. L'altro tirò fuori il pugnale e tentò di colpirlo, ma grazie a un fortunato tiro di Liliana con la balestra, il suo tentativo fu vano.

«Liliana, grazie! Tutto bene?» chiese Tiziano.

«È un piacere! Sì, tutto bene. Ho i brividi per quello che ho fatto, mi tremano ancora le mani. Come potrò convivere con questo peso?»

Tiziano vide Tsuki che apriva la porta della camera con un'espressione rilassata sul viso e capì che tutto era finito, almeno per il momento. Salì alcuni gradini per andare ad abbracciare Liliana, in preda a una crisi di nervi per l'azione cui era stata costretta, poi la affidò alla maestra e corse dai figli.

«Tutto bene anche voi?»

I ragazzi stavano bene, erano soltanto provati mentalmente per essere stati sotto pressione per un lungo periodo di tempo. Nessuno dei due rispose, entrambi si limitarono ad annuire. Virginia indossava ancora l'asciugamano e non aveva scaricato la pistola, anche se aveva tolto il dito dal grilletto.

«Francesco, potresti aiutarmi a disfarmi di questi cadaveri?» domandò Tiziano. «Tsuki penserà ai ragazzi.»

Il frate contribuì alle operazioni di trasporto delle salme su un carro fermo nel giardino dietro la locanda, dove i cadaveri degli uomini, dopo essere stati ispezionati alla ricerca di possibili indizi, furono coperti con un telo.

«Francesco, questa è una faccenda delicata, stanotte te ne occuperai tu?» chiese Tiziano.

«Sì, nessun problema, stasera un incendio provvederà a eliminare tutte le prove.» promise il frate. «Magari anticipato da una forte deflagrazione. Ma... cos'è questo odore nauseabondo? Sembra pesce in decomposizione... Sei forse tu?»

«Sì, probabilmente è pesce marcio! Lasciamo perdere per il momento, adesso faccio un bagno e butto queste vesti. Ad ogni modo, l'idea della deflagrazione è buona, non sarà sicuramente l'unica della serata. Più tardi facciamo una riunione per decidere il luogo dell'esplosione. Dovrà attirare le persone verso un punto preciso, così avremo campo aperto nelle altre direzioni.» suggerì Tiziano.

Tsuki entrò nella stanza assieme a Liliana, che non riusciva a darsi pace per quello che aveva fatto. Ranieri era disteso sul letto, Virginia aveva scaricato la pistola e si era seduta vicino al fratello, senza aver ancora provveduto a rivestirsi.

«Liliana, è difficile per te, possiamo capirlo.» disse Virginia. «Noi sin da piccoli andavamo a caccia, anche se cacciare e uccidere un essere umano non sono ovviamente la stessa cosa. Tu, invece, dal nulla ti sei trovata costretta a uccidere un uomo; per fortuna hai avuto sangue freddo, soltanto adesso stai accusando la tensione. Credo che il rimedio migliore sia un bagno caldo. Qui accanto c'è un'altra camera, facciamola preparare a tale scopo e più tardi ceniamo, ne avrai bisogno.»

Detto ciò, accompagnò Liliana e Tsuki nella stanza adiacente, poi fece ritorno dal fratello e aggiunse: «Ranieri, che fai ancora sdraiato su quel letto? Non è ora di cambiare aria? Vorrei rivestirmi, sai?»

«Sì sì, vado subito... È che... ecco...» balbettò suo fratello.

«Che c'è?»

«Ripensavo a prima, quando Luciano ti ha chiesto di andare da lui.» spiegò Ranieri. «Io non sapevo che fare, volevo intervenire, ma non volevo compromettere la missione. Però pensavo anche: e se le fa del male?»

«Se lo avesse fatto, tu saresti intervenuto, non ho dubbi! Adesso alzati e vai in camera di nostro padre e fatti un bagno caldo, devi rilassarti anche tu. Nostro padre vorrà parlarci, credo che la cosa non sia ancora finita.» disse Virginia.

Si ritrovarono tutti a cena, in una sala della locanda lontana da orecchie indiscrete, dove pianificarono le operazioni da eseguire durante la notte.

Virginia riferì quanto appreso da Luciano. Tiziano prese le sue decisioni in base ai fatti accaduti e al contenuto delle lettere che aveva prelevato dalla Paris. Mentre gli altri finivano di cenare, chiamò Tsuki e il frate in una stanza appartata.

«Questa sera concludiamo quello per cui siamo venuti.» esordì. «Francesco farà saltare in aria il carro coi cadaveri in prossimità del molo, a sud del porto. Eccedi con la polvere da sparo e con l'alcool, mi raccomando, voglio una grossa deflagrazione seguita da un forte incendio. Tutti saranno impegnati a spegnere il fuoco e alcuni abbandoneranno persino le proprie navi. Nel frattempo io e Ranieri provvederemo a far saltare la Paris. Procederemo via mare con una piccola imbarcazione, l'incendio ci fornirà una copertura adeguata per poter agire indisturbati. Tsuki, tu resterai qui con le ragazze. Domani mattina io partirò per Firenze, devo andare dal Granduca a riferire quanto sappiamo sull'ambasciatore austriaco Bombelles. Forse siamo ancora in tempo per procedere con la valle dei diavoli. Concordate con me?»

Francesco e la giapponese annuirono senza fiatare. Quando si voltarono per tornare a cena, Tiziano aggiunse: «Dimenticavo, domattina tu corri alla fattoria, Francesco. Roberto e Matteo si recheranno nella valle per vedere se abbiamo ancora campo libero per proseguire con i nostri esperimenti.»

«Va bene, mi sembra molto saggio.» convenne il frate. «Io mi assento, vado a preparare il carro. Tu prepara tuo figlio.»

«Sì, adesso vado da Ranieri. Tsuki, porta le ragazze in camera e passa la notte con loro, non si sa mai...» si raccomandò Tiziano, il quale si recò dal figlio solo dopo aver finito di cenare.

«Figlio mio, sei pronto? Mi sembri pensieroso...»

«No, sono a metà tra lo stanco per la giornata e l'agitato per quanto accaduto.» confessò il ragazzo. «Credo che non sia ancora finita.»

«Stasera invece ci divertiremo, ti piacciono i fuochi d'artificio?» gli domandò suo padre in tono allusivo.

Ranieri capì immediatamente a cosa si riferiva e annuì con un sorriso.

«Vestiti.» ordinò Tiziano. «Usa gli abiti da frate e i sandali come farò io, anche se fuori non è troppo caldo.»

Il giovane però non si sentiva sicuro. Prima di uscire corse dalla sorella, entrò nella sua stanza e le confidò: «Devo andare via con nostro padre, ma voglio essere prudente, prendo i coltelli da lancio.»

«Eccoli, ne sono rimasti tre, prendi anche questo pugnale, non si sa mai!» esclamò Virginia. Poi fece per baciarlo sulla guancia in segno di augurio, ma Ranieri l'afferrò per le spalle dicendo: «No, grazie, niente baci, non è un addio!»

Virginia rimase piuttosto amareggiata da quel gesto, il fratello non era mai stato così scontroso con lei. Lo accompagnò alla porta e, un attimo prima di richiudere, vide Liliana richiamare l'attenzione di Ranieri.

«Buona fortuna!» gli augurò, riuscendo in quello in cui lei aveva fallito. Ranieri arrossì e la giovane rientrò nella propria stanza, mentre Virginia sentiva ribollire il sangue dalla rabbia.

Dopo essersi vestiti da frati, padre e figlio uscirono dalla locanda dalla porta sul retro. Ranieri fu colto immediatamente da brividi di freddo, ma Tiziano cercò di rassicurarlo.

«Non preoccuparti, a forza di camminare tra poco ci riscalderemo.»

Qualche attimo dopo li raggiunse anche il frate.

«Io sono pronto, spero lo siate anche voi!» esordì allegro. «Tra quanto lo scoppio?»

«Trenta minuti sarebbe l'ideale!» rispose Tiziano. «Per il tragitto verso la Paris, questo pomeriggio ho avvistato una piccola imbarcazione che fa al caso nostro.»

«Allora ci vediamo al rientro, poi domani procederemo come da programma.»

«Francesco, non so come ringraziarti! Il tuo aiuto è stato provvidenziale!»

«Aspetta a ringraziarmi, non abbiamo ancora finito.» si schermì il frate.

Tiziano sorrise e annuì, poi assieme a Ranieri si diresse verso l'uscita laterale del vicolo, mentre Francesco proseguiva in direzione sud con il carro. Camminarono fino al lato nord del porto, dopodiché attesero il diversivo del frate.

«Babbo, una curiosità: non trovi anche tu che Francesco sia un frate un po' bizzarro?» domandò Ranieri.

«Sì, è sempre stato una persona molto singolare. Adesso però non esercita più, è stato scomunicato quando è diventato precettore. Comunque lui continua a indossare quegli abiti perché – dice – la vocazione è divina, e non un permesso papale. Inutile discutere con lui al riguardo: quando è convinto di una cosa, è irremovibile.»

Ranieri sorrise, figurandosi nella mente Francesco mentre pronunciava quella frase.

«Torniamo alla nostra missione.» tagliò corto Tiziano. «Vedi questa piccola barca ormeggiata? Appena tutti correranno a spegnere il fuoco, noi la useremo per avvicinarci alla Paris. Cercherò di far saltare la Santa Barbara, tu mi attenderai a prua. Se dovessero catturarmi, voglio che tu non prenda nessuna iniziativa per conto tuo, ma che corra a chiamare Tsuki. Capito?»

«Sì, tutto chiaro.» rispose il giovane.

«Ti piace osservare le stelle? Sono belle, vero? Madre natura a suo modo ci parla e dobbiamo prestare attenzione a ciò che dice. Ascoltare è sempre importante, potrebbe parlarci con i numeri ad esempio, come in chimica o in fisica.» spiegò suo padre prendendo al contempo la mano del figlio, nella quale depositò altri cinque coltelli da lancio.

Ranieri stava per replicare quando in lontananza si udirono i rintocchi di un campanile battere la mezzanotte. Qualche istante dopo, una potente deflagrazione con fiamme altissime proiettò oggetti e detriti in tutte le direzioni a una velocità pazzesca. L'onda d'urto prodotta dall'esplosione arrivò fino ai due, distruggendo i vetri degli edifici circostanti. Francesco aveva evidentemente preso le istruzioni di Tiziano alla lettera. Tutta la città venne svegliata dal boato e pochi secondi dopo, un forte incendio divampò al molo sud. Le fiamme erano talmente alte che illuminavano la strada in prossimità del porto come fosse pieno giorno. Tutt'attorno, ogni cosa si colorò di uno splendido color rosso arancio. Gli abitanti iniziarono a correre verso il molo sud, persino alcuni marinai della Paris scesero per prestare soccorso.

«Ragazzo, questo è il momento, andiamo!» esclamò Tiziano.

Raggiunsero indisturbati la prua della Paris, sulla quale il padre riuscì a issarsi abbastanza agevolmente utilizzando una corda. Ranieri restò in attesa, vigile e attento a tutti i rumori che sentiva, tranne quelli di allarme che provenivano dal molo sud. Ogni tanto si udivano altri boati in lontananza – probabilmente l'incendio lambiva depositi di polvere da sparo situati vicino alle altre navi.

Tutt'a un tratto una sentinella gridò: «Allarme! Siamo sotto attacco! Qualcuno si è infiltrato sulla nave ed è arrivato alla Santa Barbara passando dalla stiva. Chiudiamo lo sportello che porta al ponte di prua!»

Ranieri pensò che, se veniva chiuso lo sportello, il padre sarebbe stato in trappola. Decise quindi di non seguire gli ordini che gli erano stati impartiti e salì rapidamente sull'albero di una barca vicina alla Paris, dove attese che qualcuno dell'equipaggio si avvicinasse allo sportello. I primi tre uomini caddero sul ponte senza neanche rendersi conto di quello che stava accadendo. Il quarto invece si accorse della presenza di Ranieri e afferrò la pistola per sparargli. Il giovane non ebbe la possibilità di lanciare un coltello, ma finse di essere stato colpito e si lasciò cadere in mare a corpo morto. I bagliori del fuoco illuminavano le acque cristalline del porto, tuttavia la visibilità non era delle migliori. La sentinella si diresse immediatamente a prua e continuò a sparare in acqua. Ranieri afferrò un sottile tronco di legno, lo fece passare tra le maniche della tonaca che si era sfilato di dosso e lo spinse verso l'uscita del porto. Il tronco, appesantito dalla stoffa bagnata, venne trasportato dalla corrente appena sotto il pelo dell'acqua: era come osservare un uomo che stesse nuotando in apnea. Sopraggiunsero altre sentinelle, che dalla prua iniziarono a sparare all'indirizzo della tonaca. Il trucco era riuscito, le guardie credevano che Ranieri si stesse allontanando, invece era in immersione sotto la prua. L'acqua era fredda e non gli era rimasto molto ossigeno a disposizione, così decise di spingersi in apnea fino alla nave accanto alla Paris. Senza fare rumore, emerse in superficie e salì a bordo. Vide Tiziano tuffarsi in mare e poi nuotare verso di lui. Era riuscito ad approfittare del caos creato dal figlio.

Quando la Paris esplose, Ranieri fu sbalzato in acqua e fu colpito a una spalla da una scheggia di legno. Si risvegliò tra le braccia del padre sul molo. Entrambi erano bagnati fradici e tremavano per il freddo. Il ragazzo si stringeva la spalla con la mano, il padre lo aiutò a sedersi su una cassa di legno e poi buttò la tonaca in mare. Stava arrivando la forza pubblica, una forza voluta personalmente dal Re, simile alla gendarmeria francese, composta di persone oneste e integerrime. Avrebbero cercato sicuramente due persone con indosso una tonaca, ma il fatto di essere bagnati avrebbe potuto comunque far cadere i sospetti su di loro. Mentre tutti correvano alla Paris ormai in fiamme, padre e figlio riuscirono a infilarsi in un vicolo.

«Ranieri, presto, corri! Il nostro passaggio per la locanda!» gridò Tiziano qualche istante dopo.

Frate Francesco aveva visto la seconda esplosione e aveva deciso di fare un giro al molo prendendo in prestito un carro che qualche sbadato aveva lasciato incustodito. La sua fu una decisione provvidenziale, un carro avrebbe proprio fatto al caso loro. Guardandosi attorno, vide Ranieri e suo padre affacciarsi da un vicolo e lentamente si diresse verso di loro. Entrambi salirono sul carro e si coprirono con un telo.

«Ranieri, appena saremo alla locanda voglio delle spiegazioni.» disse perentorio Tiziano. «Anche tu, Francesco, dovrai rendere conto: doveva esplodere un carro, tutt'al più una nave, non un intero molo!»

Il tono non ammetteva repliche e Ranieri, consapevole di non aver rispettato gli ordini, ne fu intimorito.

Rientrarono alla locanda infreddoliti, si concessero un bagno per riscaldarsi e si rivestirono. Persino il frate decise di cambiarsi e indossare gli abiti civili. Alla fine si ritrovarono nella stanza di Tsuki assieme alle ragazze. Mentre la giapponese applicava le ultime medicazioni alla spalla di Ranieri, Tiziano chiese al frate:

«Francesco, che cosa è successo? Un molo intero! Avranno visto il fuoco anche dalla Corsica... Con un caos del genere è arrivata anche la forza pubblica! Hai fatto male i conti della polvere da sparo?»

Le ragazze e Tsuki ascoltavano in silenzio. Ranieri era leggermente intontito dal dolore che gli provocava la maestra nell'estrarre tutte le schegge di legno dalla ferita.

«Scusatemi tutti, ho commesso un errore, ma non ho saputo resistere. Vi spiegherò tutto, partendo dall'inizio. Non immaginate quanto mi costi dire quello che sentirete.»

Francesco era una persona molto introversa che odiava raccontare la propria storia personale. Tutti avvertirono chiaramente una punta di acidità nella sua voce mentre raccontava.

«Riassumo brevemente: sapete bene che, appena finito il seminario, sono partito per la mia prima missione spirituale in Turchia, dove dovevo diffondere la parola di Dio in un villaggio vicino al Mar Morto, noto per i suoi giacimenti minerari e per l'arte dei maestri circensi. Non fraintendetemi, ho dei bellissimi ricordi di quei posti e delle persone che li abitano, ma, come al solito, esistono anche uomini orribili al mondo. Ricordo che un giorno stavo insegnando aritmetica a un gruppo di ragazzi e ragazze, quando comparvero dei circensi arroganti, probabilmente ubriachi, che sottrassero i libri agli studenti. Dissero che quello era un avvertimento, in futuro sarebbero stati più incisivi: dovevo smettere di insegnare e di predicare. Io risposi che per nessun motivo avrei interrotto gli insegnamenti, così loro iniziarono a picchiarmi. Venne in mio soccorso un pugile turco, che nei giorni successivi mi pregò di insegnargli il latino. Perseverai, ma lo fecero anche loro; spesso mi aiutava il pugile, altre volte la popolazione. Quella gente stava cercando di chiudermi la bocca, ero un frate scomodo per quel posto. Nonostante ciò, io non mi facevo intimorire, porgevo sempre l'altra guancia e continuavo con la mia missione spirituale. Una notte pestarono il pugile mentre io fui trascinato via dal villaggio con un sacco in testa e fui riempito di botte; qualche giorno dopo mi risvegliai in un luogo dove estraevano un minerale molto importante di cui non avevo mai sentito parlare. Ero diventato lo zimbello del paese, legato a un tronco alla mercé degli abitanti, che mi gettavano addosso di tutto. Io continuavo imperterrito a porgere l'altra guancia. Decisero di uccidermi chiudendomi in un recinto con un rinoceronte, ma non ci riuscirono perché instaurai un rapporto con l'animale. Non contenti, provarono a mettermi con gli scimpanzé, ma fortuna volle che la mia flemma non agitasse il gruppo dei primati, così fui accettato abbastanza in fretta. Nel vedere i loro tentativi andare a vuoto, optarono per la tigre. Io sapevo che il Signore mi avrebbe accolto al suo cospetto, perciò ero tranquillo e sereno, ma il felino, non percependo la mia paura, non mi attaccò. Non soddisfatti, da persone veramente crudeli quali erano, vollero infierire su di me con sputi e calci. Ero colpevole di diffondere il sapere e la pace nella popolazione. Quella stessa notte fui salvato da un giovane che era alla ricerca di quei minerali cui accennavo poco fa. La stessa persona, qualche tempo dopo, mi chiese di far parte della loro istituzione: i precettori! Questa persona è vostro padre Tiziano, ragazzi. Tornando a oggi, ho visto di nuovo quei *simpatici* circensi giù al porto: avevano attraccato con due navi e andavano in cerca di persone, o meglio, di schiavi, conoscendo bene i soggetti. Quando mi sono avvicinato alle imbarcazioni, non ho avuto problemi a riconoscere i loro volti, anche se segnati dal tempo. Erano ubriachi, alcuni già tra le braccia di Morfeo, così ho deciso di ripagarli con gli interessi, facendo saltare le due navi. Avevano un grosso deposito di polvere da sparo sul molo pronto per essere spedito a Barcellona assieme a questi minerali che tu, Tiziano, riconoscerai sicuramente! Provengono dalla Turchia, vero? O meglio, provenivano dalla Turchia, adesso si trovano sul fondale del porto.» ironizzò Francesco, appoggiandone alcuni sul tavolo.

I ragazzi erano sbalorditi, non avrebbero mai immaginato che il frate avesse dei segreti. Aveva girato l'Europa e l'Europa dell'Est in missioni spirituali. Anche se all'apparenza non sembrava, era un uomo di mondo.

«Francesco, grazie e scusami per prima.» disse Tiziano. «Ottimo lavoro, hai recuperato delle prove importantissime e hai fatto saltare molo, carico e trasportatori. Probabilmente erano missioni che procedevano di pari passo, entrambe coordinate dal medesimo burattinaio. A questo punto sono sempre più convinto di andare a Firenze domani. Ranieri, veniamo a te: hai disubbidito agli ordini e ti sei imbarcato in uno scontro corpo a corpo. Cosa ti è passato per la testa?»

«Quando ho visto che eri nei guai, ho tentato un diversivo per concederti il tempo di uscire dalla Santa Barbara.» spiegò il giovane. «Tsuki era troppo lontana, avevo paura di perderti, così con i coltelli da lancio ho eliminato chi si avvicinava allo sportello. Quando mi hanno scoperto, ho fatto finta di essere stato colpito e mi sono lasciato cadere in acqua. Ho visto che cercavano il mio corpo e ho pensato: costoro sono abituati a sparare prima di riflettere, sono mercenari o militari; se riesco a fornir loro un facile bersaglio, si concentreranno su quello e io avrò il tempo di fuggire nella direzione opposta. Anche tu hai beneficiato di questo stratagemma. La corrente, il legno e la tonaca sono stati un ottimo diversivo.»

Tiziano avrebbe voluto rimproverarlo ma in realtà era fiero di lui. Alla fine optò per rivolgergli un sorriso e i complimenti per quella mossa astuta.

«Tutti a letto ora, domani procederemo come da programma. Tsuki, rientra con i ragazzi; Francesco tornerà alla fattoria e io andrò con le prove a Firenze.» concluse.

Mentre tutti si ritiravano nelle loro stanze, Virginia si avvicinò al fratello per congratularsi.

«Sei stato grande, non avrei saputo fare di meglio!»

«Ho avuto te come esempio per tutti questi anni, qualcosa avrò pur appreso...» si schermì Ranieri. «Quando saremo rientrati, ti sfiderò agli scacchi.»

Lei sorrise, accettando la sfida, poi gli prese la testa tra le braccia e cercò di dargli il bacio della buonanotte sulla fronte, ma lui si scostò di nuovo.

Ormai era cresciuto per i baci della sorella, non abbastanza, invece, per quelli delle ragazze.

Mentre Virginia si avviava verso il bagno, Liliana si fece incontro a Ranieri con fare sensuale: «Mi stupisci ogni volta di più, sei una sorpresa continua.» ammise.

Il giovane, da tempo affascinato da lei, diventò tutto rosso in viso senza sapere cosa rispondere. Liliana lo afferrò come poco prima aveva fatto sua sorella e lo baciò sulle labbra. Per Ranieri fu una sensazione diversa da tutte le altre che aveva provato in vita sua: all'inizio era teso e rigido, poi si sentì avvampare di calore e si lasciò andare, assecondando i movimenti delle labbra della ragazza. Virginia, in preda alla gelosia, osservò la scena dalla porta del bagno senza farsi notare. Era furiosa per lo scenario che si andava prospettando.

L'adrenalina per le vicissitudini alla Paris, l'infatuazione per Liliana e i complimenti del padre furono un'iniezione di autostima notevole per Ranieri. Troppa tutta in una volta, però, tanto che quella sera non riuscì a prender sonno. Si convinse di essere pronto ad affrontare il mondo da solo. Il padre dormiva e la locanda pullulava ancora di persone che bevevano, fumavano, si appartavano con le ragazze e giocavano d'azzardo. Facendosi coraggio, aprì la finestra, si issò sul cornicione che correva tutt'attorno all'edificio e arrivò fino al balcone della camera di Virginia e Liliana. Tsuki, per sua fortuna, riposava in un'altra stanza.

Iniziò a fare il richiamo della tortora dal collare orientale. Virginia capì subito che si trattava del fratello, tuttavia non aprì la finestra, voleva prima una conferma: era venuto per lei, come succedeva spesso alla fattoria, oppure per Liliana? Qualche istante dopo, quest'ultima aprì gli occhi e con passo felpato lo raggiunse sul balcone.

«Sei matto, che sei venuto a fare a quest'ora?» gli chiese fingendosi scandalizzata. «Saltando da un terrazzo all'altro, per giunta!»

«Beh...» rispose imbarazzato Ranieri dopo un attimo di esitazione, dopodiché prese Liliana per le braccia, le diede un bacio appassionato e aggiunse: «Mi mancava questo.» Poi la baciò di nuovo. «E non è ancora tutto: la notte è giovane, vestiti che andiamo a goderci la città!»

«Sei impazzito? Hai presente il caos che hai combinato stasera? La città sarà invasa dalla forza pubblica in allerta e noi siamo troppo giovani per uscire a quest'ora da soli. Daremmo troppo nell'occhio. Calmati, domani parleremo di quello che è successo.» cercò di farlo ragionare Liliana.

«Domani? Ti ho detto di vestirti! Scendiamo giù nella locanda e andiamo a spassarcela.» insistette Ranieri.

«Va bene, però rientriamo subito. Fai piano che svegli tua sorella.» si raccomandò lei.

«Se la conosco bene, è già sveglia e ha sentito tutto.»

«Esatto, e ho soltanto due parole per il vostro piano: pessima idea.» commentò l'interpellata.

«Virginia, sei invitata anche tu!» esclamò il fratello.

«Non voglio rompere nessun idillio.» mise in chiaro Virginia.

«Ma quale idillio, cosa dici? Tra noi non c'è niente, è solo un rapporto tra amici.» puntualizzò Liliana.

«Lasciala stare. Quando fa così, si comporta come una palla al piede!» ironizzò Ranieri.

Virginia lasciò perdere, era stanca e voleva soltanto riposare. I ragazzi uscirono dalla finestra e scesero nella locanda passando dalle scale. Alla vista di un tavolo da gioco il giovane non seppe resistere.

«Proviamo?»

«Non abbiamo soldi!» cercò di dissuaderlo Liliana. «È un gioco difficile tra l'altro: ho provato spesso a Firenze, ma non ho mai vinto.»

«Per i soldi nessun problema, ho il borsello di mio padre. Per quanto riguarda le regole, mio nonno mi ha insegnato tutto.» la rassicurò Ranieri.

Il nonno gli aveva insegnato come applicare la matematica e la statistica ai giochi di carte. Il nipote era più portato per il gioco con le carte che per gli scacchi. Ranieri chiese ad alcuni signori seduti attorno a un tavolo di poter partecipare alla partita di poker in corso, poi fece sedere Liliana sulle sue gambe. Era molto sicuro di sé e la ragazza ne era sempre più affascinata. Le tecniche apprese dal nonno gli permisero di vincere ogni mano, cosa che indispettì non poco gli altri giocatori, che all'inizio credevano di aver trovato il pollo da spennare. Dopo aver vinto tutto il denaro disponibile, Ranieri decise di chiudere la sua esperienza come giocatore e dedicarsi interamente a Liliana. Gli uomini al tavolo, tuttavia, non ne vollero sapere e uno di loro estrasse addirittura un coltello per minacciare i due giovani. Per sua sfortuna, il tizio non sapeva chi aveva di fronte. Più veloce di una mangusta, Ranieri riuscì a disarmarlo con una rotazione della mano e del polso, una delle tecniche apprese dalla sua insegnante.

«Ragazzo, io dico che hai fegato, troppo per uno della tua età.» intervenne uno dei giocatori.

«Dove presti servizio militare? Sei francese, forse? Non sarai mica uno di quelli che stanotte hanno mandato a fuoco il porto? Adesso dacci la tua vincita, altrimenti non potrai divertirti con la tua damigella...» lo minacciò estraendo la pistola.

Ranieri aveva notato che Liliana stava armeggiando con il busto, probabilmente era uscita armata dalla sua camera. Lui estrasse un coltello dalla cintura, ma non ebbe il tempo di utilizzarlo: frate Francesco, che li stava sorvegliando da parecchi minuti, intervenne calmando gli animi di alcuni e affrontando a muso duro altri. Due giocatori ebbero la peggio: da quel giorno in avanti avrebbero mangiato soltanto semolino, avendo perso tutti i denti sul pavimento della locanda. Il frate era diretto e letale, anche se non molto veloce.

«Beh, Ranieri, questa sera ti sei divertito anche troppo. Credo sia ora di rientrare in camera a riposare, la locanda sta per chiudere i battenti.» sentenziò.

Liliana e Ranieri si guardarono negli occhi, lo sguardo tipico di due persone innamorate. Francesco, al quale dispiaceva che quel momento romantico dovesse interrompersi, aggiunse: «Se prima di ritirarvi nelle vostre stanze volete passare ancora qualche minuto assieme, vi mostrerò il posto che fa per voi. Venite, è tanto tempo che non lo frequento più nemmeno io.»

I ragazzi lo seguirono per le scale che portavano alle camere dove alloggiavano gli altri. Il frate si diresse verso una porta che evidentemente non veniva aperta da molti anni, viste le condizioni della serratura, ed estrasse una chiave da una tasca. Furono necessari alcuni minuti per far scattare il lucchetto ormai ossidato. La porta dava su un lungo corridoio arredato su entrambi i lati con diversi mobili coperti da lenzuola bianche, ormai coperte di polvere. Francesco continuò a camminare dritto verso il fondo del corridoio dove c'era una seconda porta, riuscendo infine ad aprirla pur con qualche difficoltà. Si ritrovarono dentro una bellissima casa con mobili antichi e oggetti di valore affissi alle pareti: quadri, spade, fioretti, fucili, pistole, armature medievali, strani manufatti provenienti dalla Cina e un vecchio aquilone a forma di pipistrello con il telaio in legno. I ragazzi credevano di essere stati proiettati in una nuova realtà, fuori dal tempo e dallo spazio. Attorno a loro si alternavano oggetti antichi e moderni, tutti di una rara bellezza. Appena furono accese le candele agli angoli della stanza, notarono anche dei bellissimi mobili color rosso mogano.

«Frate Francesco, scusatemi, dove siamo? È questo il luogo che volevate mostrarci?» chiese Ranieri.

«Questa è casa mia, nessuno c'è più entrato da molti anni.» rispose lui. «È qui che io e mia sorella siamo cresciuti, era la casa dei miei genitori. Tuttavia non è questo il motivo per cui vi ho portati qui, ci sono ancora delle sorprese. Venite con me.»

Ranieri, tenendo per mano Liliana ma con lo sguardo rivolto al telaio in legno a forma di pipistrello, balbettò: «M-ma... scusate di nuovo, un'ultima cosa: è forse quello originale? Ho letto i manoscritti di Leonardo...»

«Probabilmente sì!» confermò il frate senza scomporsi. «Mio padre era un collezionista di opere d'arte. Persino l'armatura è appartenuta a un cavaliere Ospedaliero che ha partecipato alle crociate, così come la spada.»

Nel frattempo sentirono aprirsi una porta, ma Francesco li tranquillizzò subito.

«Non preoccupatevi, sono i governanti.»

Dalla soglia si affacciò una signora anziana.

«Francesco, siete voi? Dopo la nostra conversazione di oggi pensavo sareste rientrato al sud per le vostre attività...»

«Ragazzi, vi presento Rossella, la responsabile della gestione della mia casa. È lei che mantiene tutto così splendidamente in ordine. Notizie di mia sorella?» le chiese il frate.

«Verrà qui per qualche mese assieme a suo marito e ai figli.» rispose la donna. «Spero che verrete a salutare i vostri nipoti... Salve, ragazzi! E così siete voi... Che piacere vedervi! I precettori sono tutti così entusiasti dei vostri progressi, persino Francesco! State andando al giardino coperto, vero?»

«Non parlate del giardino, è una sorpresa.» la rimproverò bonariamente Francesco. «Per il resto, verrò da mia sorella perché me lo chiedete voi, ma non mi fa affatto piacere. Vedete, ragazzi, questa signora è stata la mia tata e poi la mia educatrice. Non avrei concluso niente nella vita se non fosse stato per lei.»

«Beh grazie, signora, è un onore essere riconosciuti...» interloquì Ranieri. «In realtà la squadra non è al completo, manca mia sorella. Questa invece è Liliana, una nuova recluta del nostro ordine. È molto brava e...»

«Ah, figliolo!» lo interruppe Rossella. «Adesso è tutto chiaro, non dite altro, ho capito tutto! Il giardino coperto vi attende. Buonanotte, spero di rivedervi presto.»

«Anche per noi è stato un piacere. Buonanotte.» le augurò Liliana.

Il frate continuò a camminare verso una rampa di scale che conducevano al tetto, completamente ricoperto da una serra in vetro dove crescevano diverse piante esotiche piuttosto rare, alcune mai viste prima. Al centro troneggiava un enorme telescopio che poggiava su due tappeti per poter sdraiarsi a osservare il cielo, e su una parete era appesa una carta che riportava le costellazioni principali. Il frate era un appassionato di astronomia.

«Possiamo...» iniziò a dire Ranieri.

«Sì, potete, passate pure la notte qui.» disse Francesco. «I tappeti e le coperte sono puliti, dovevano essere per me, ma ho deciso di cedere a voi questo piacere. Da giovane amavo molto osservare il cielo. Questo giardino era il passatempo preferito di mia sorella, alla quale sono serviti anni per scoprire così tante specie rare. Adesso tutto è affidato a Rossella e ai governanti, ma quando la nostra missione sarà finita, tornerò qui. Ora, però, basta parlare! Ci vediamo domani per la colazione. Ricordate che il sole sorge presto la mattina.»

Lasciò i ragazzi immersi in quell'atmosfera romantica, con la volta celeste sopra di loro e la flebile luce di una candela a creare una penombra suggestiva. Aveva deciso di insegnare loro la cosa più importante nella vita di un essere umano:

scegliere cosa fare della propria libertà e convivere con le scelte fatte, qualunque esse fossero.

La mattina seguente, Ranieri e Liliana si svegliarono di buon'ora, appena i primi raggi di sole filtrarono attraverso i vetri della serra. Con calma, ognuno rientrò nella propria camera.

Prima di colazione, Tiziano fece visita al figlio nella sua stanza.

«Vorrei delle spiegazioni in merito alla notte appena trascorsa. Non mi è piaciuto il comportamento che hai tenuto nei confronti di Liliana. Dimmi che cosa è accaduto.»

Ranieri, a metà tra imbarazzo e sincerità, guardando il padre dritto negli occhi rispose: «Niente di cui preoccuparti, se ti riferisci alla notte che ho passato con lei.» Lo sguardo severo di suo padre pretendeva un resoconto più dettagliato dei fatti, perciò aggiunse: «Ieri sera ero euforico, probabilmente a causa di quello che abbiamo combinato al porto. Non riuscivo a chiudere occhio, così ho chiesto a Liliana di uscire con me per una partita a carte nella locanda. La partita è andata bene, ho applicato i metodi numerici che mi avete insegnato tu e il nonno, poi però i giocatori si sono agitati, Francesco è intervenuto e ha risolto la faccenda in un lampo. Dopo, ci ha mostrato la serra sul tetto e io e Liliana abbiamo deciso di dormire lì assieme. Prima abbiamo osservato la volta celeste con il telescopio e poi ci siamo addormentati.»

«Va bene, adesso verifico anche con lei. Tu preparati, ci vediamo a colazione.» concluse Tiziano, avvertendo la sincerità nelle parole del figlio.

Mentre erano tutti a tavola, Tiziano comunicò il programma della giornata: «Francesco rientrerà alla fattoria per portare un messaggio che permetterà di sviluppare alcune attività. Voi rientrerete a casa con Tsuki, vi godrete il panorama e la splendida vista sul mare dalla strada litoranea. Io invece andrò a Firenze, ci rivedremo tra qualche giorno. Nel frattempo inizierete i duri allenamenti con la maestra.»

Capitolo 5

Rientro alla fattoria

Il frate salutò tutti, raccolse velocemente i suoi effetti personali e poi partì alla volta della fattoria. Tiziano prese Ranieri in disparte e tornò sull'argomento della loro ultima conversazione.

«I fatti di questi giorni ti hanno cambiato: non sei più un bambino, sei un uomo adesso, perciò comportati come tale. Ti dico questo perché tu capisca che spesso è necessario saper tenere a freno i propri istinti nel rispetto degli altri.»

Diede una pacca sulle spalle al figlio, gli regalò un nuovo cappello e se ne andò.

Durante il viaggio di ritorno alla fattoria, i ragazzi rimasero in silenzio, quasi risentissero ancora delle fatiche degli ultimi giorni e volessero riposarsi. I due fratelli apparivano stranamente distanti tra loro, come se qualcosa avesse incrinato i loro equilibri. Ognuno di loro ammirava il panorama e rifletteva.

Giunti in prossimità di un'insenatura, Tsuki decise di smontare e far riposare i cavalli. Quella zona era nota per alcune sorgenti e piccoli torrenti circondati da prati verdi, il luogo ideale per una sosta. Tra l'altro era vicina al mare, il posto perfetto per esercitarsi. La maestra sapeva che i ragazzi erano degli abili nuotatori, ma non fino a che punto, così decise di metterli alla prova.

«Il frate vi ha fornito dei costumi per il mare, sono nei vostri zaini. Indossateli e fatemi vedere cosa sapete fare.» ordinò.

Li fece nuotare per circa un'ora alternando prove di resistenza e scatto, finché a suo avviso non fu ora di mangiare.

«Prima di asciugarvi, catturate del pesce per pranzo.» disse dando a ciascuno di loro una piccola lancia in ferro con un'estremità acuminata.

Dopo alcune immersioni su un fondale di circa dieci metri, ai ragazzi cominciò a mancare un po' il fiato. Non erano allenati per quel tipo di prove.

Liliana si dimostrò più saggia degli altri nel realizzare che quella era una sfida persa in partenza. I pesci sono troppo veloci in acqua e si muovono appena notano qualcosa di strano. Effettuare continue discese in apnea per localizzare la preda era stancante e controproducente per l'intralcio del carniere. Individuò allora uno scoglio dove potersi mettere seduta, con l'acqua che le arrivava all'altezza del petto. Da lì, immergendo adagio la testa, poteva facilmente scrutare i pesci sul fondale. Tsuki da lontano osservava, valutava e attendeva paziente in posizione yoga. Liliana provò a rilassarsi utilizzando le tecniche di respirazione apprese dalla maestra prima della partenza, cercando di entrare in equilibrio con l'ambiente circostante. In una situazione di calma apparente, i pesci considerarono normale quella presenza immobile e ripresero tranquillamente la loro routine. Quando un grande dentice (*Dentex dentex*) arrivò abbastanza vicino, Liliana lo trafisse con la lancia, dopodiché nuotò fino a riva per consegnarlo a Tsuki. Nei minuti successivi catturò anche quattro seppie (*Sepiidae*) e un polpo (*Octopus vulgaris*). A quel punto la precettrice richiamò Virginia e Ranieri, e accese il fuoco per cuocere i pesci. I ragazzi si asciugavano ai caldi raggi del sole mentre lei cucinava.

«Cosa avete appreso dalla lezione odierna?» domandò rompendo il silenzio.

Nessuno rispose. I fratelli erano irritati per la sconfitta, mentre Liliana non voleva darsi delle arie.

«Ecco l'insegnamento che dovete trarne: in certe situazioni non conta la forza fisica, ma occorre quello che il frate definirebbe *granum salis* – traducete per Liliana, per favore.» chiese Tsuki rivolta a Ranieri e Virginia. «Insomma, la caccia e la pesca sono dei veri e propri combattimenti: quando il nemico è più abile nel proprio ambiente, dobbiamo fargli credere di aver vinto, così si rilasserà e mostrerà il suo lato più debole. Liliana è stata brava, ha capito che cercare di rincorrere i pesci era inutile. Sono troppo veloci, e sott'acqua loro respirano, voi no. Dovete imparare a vincere col minimo sforzo. Lasciate che vi racconti questo episodio mentre attendiamo la cottura del pesce. *Durante il Medioevo, un monaco cinese venne in Europa, dove fece amicizia con un principe. Durante una festa, il principe sfidò un amico in leal tenzone – in pratica sono tre combattimenti fra tre dei migliori cavalieri. Il monaco suggerì all'amico di perdere il primo incontro facendo combattere il proprio terzo campione con il loro primo, poi avrebbe dovuto far combattere il suo primo con il loro secondo, e il suo secondo con il loro terzo, così le sue probabilità di vittoria sarebbero aumentate.* Sicuramente avete capito a cosa mi riferisco. Adesso mangiate e riflettete, poi riprenderemo il viaggio.»

Più tardi ripartirono in direzione sud fino ad arrivare al fiume. Tsuki era soddisfatta, la lezione di quel giorno era stata proficua. I ragazzi non parlavano granché e non scherzavano nemmeno; ogni tanto Ranieri lanciava qualche sguardo appassionato a Liliana, ma niente di più.

Raggiunsero in serata la stazione di posta, dove trovarono Sandra e Simona. Si fermarono a cena in una taverna e trascorsero alcune ore parlando con le sorelle, le quali tuttavia non avevano novità da riferire. Non si era presentato nessuno a chiedere informazioni su Luciano e i suoi compari, i quali probabilmente erano stati mandati lì al solo scopo di creare i contatti sul territorio e studiare le attività del Granduca.

Alla fine i tre ragazzi e la maestra ripartirono alla volta della fattoria, promettendo di tornare a trovare le sorelle nei giorni successivi per trascorrere qualche ora assieme.

Tsuki appariva turbata, aveva notato qualcosa che era sfuggito agli altri: durante la cena, alcuni avventori della taverna non avevano tolto loro gli occhi di dosso. Probabilmente erano ricercati e li avevano riconosciuti. Giunti in prossimità del fiume che apriva le porte alla Maremma, la maestra, voltandosi e fermando il cavallo, mise i ragazzi a parte delle sue preoccupazioni.

«Qualcosa non va, qualcuno ci sta seguendo. Potrebbero essere amici di Luciano, la forza pubblica oppure semplici briganti. Non voglio condurli alla fattoria, però. Monitoriamo le loro azioni, dirigiamoci verso il mare e vediamo se ci attaccano. Così vestiti sembriamo dei facoltosi borghesi che hanno smarrito la strada, quindi è probabile che siano briganti.»

Qualche minuto più tardi furono circondati da cinque uomini che impugnavano armi rudimentali e un vecchio trombone. I ragazzi, pronti ad affrontare i nemici, avevano messo mano alle pistole senza tuttavia estrarle. L'atteggiamento di Tsuki li aveva stranamente tranquillizzati.

Con una flemma invidiabile e un sorriso disteso e rassicurante, la giapponese accolse il brigante che si era fatto avanti.

«Buonasera, signore, come possiamo aiutarvi?»

«Aiutarci? Non avete capito, signora, questa è una rapina! Dateci i vostri soldi e i cavalli, e vi lasceremo andare.» rispose secco l'uomo, non riuscendo comunque a mascherare la sua perplessità. Paradossalmente, la donna voleva offrirgli il suo aiuto e i tre giovani apparivano rilassati e tutt'altro che spaventati. Senza dubbio una scena insolita rispetto alle reazioni cui assisteva di solito.

Tsuki smontò dal proprio cavallo e parlò con un tono di voce particolarmente allegro, come quello di chi incontra un amico che non vede da molto tempo: «Sì, dicevo, come posso aiutarvi? Venite qui, facciamo due chiacchiere. Che avete in quella fiaschetta, del vino? Avete anche del formaggio? Noi abbiamo ottimo vino, formaggio e anche molti quattrini nella nostra borsa.»

I briganti erano visibilmente spiazzati, ma non avevano l'aria di chi fosse intenzionato a fare fuoco.

«Che diavolo volete da noi, vecchia signora? Non avete capito la domanda?» chiese l'uomo irritato.

«Ho capito benissimo.» assicurò la giapponese. «Anche noi amiamo mangiare godendoci il panorama assieme ai nostri amici e familiari.»

Così dicendo, prese una forma di formaggio, la suddivise in due parti e la distribuì ai briganti, continuando ad avvicinarsi. I ragazzi ipotizzarono che la maestra volesse ridurre la distanza per attaccare con la velocità di un giaguaro e strappare via il trombone dalle loro mani. Con loro grossa sorpresa, invece, Tsuki estrasse del vino dalla borsa e aggiunse: «Venite qui con me, beviamo qualcosa. Tratteremo più tardi.»

Il capo dei briganti, completamente disorientato da quel comportamento e non riuscendo a credere ai suoi occhi, si sedette su una roccia accanto all'anziana e cominciò a bere assieme a lei.

«Anch'io, quando ero ancora in Giappone con mio marito, amavo bere un bicchiere di sakè scrutando la volta celeste sopra di noi.» raccontò Tsuki. «Ditemi, cosa vi porta a rischiare la vostra vita? Non avete moglie e figli che vi attendono?»

«Come fate a sapere che abbiamo famiglia?» ribatté l'uomo.

I ragazzi erano sempre più increduli: la maestra era tranquilla, i briganti tenevano le armi abbassate e il loro capo aveva il volto completamente rilassato.

«I vostri non sono abiti da briganti, come non lo sono la vostra voce e il vostro atteggiamento.» spiegò la giapponese. «Non vi siete calati molto bene nella parte. Probabilmente siete dei contadini che non hanno la possibilità di acquistare terreni e siete tartassati dalle scorribande dei briganti. Questo vi impedisce di vivere una vita tranquilla e di sfamare i vostri figli. I vostri occhi vi tradiscono.»

Il finto brigante non rispose e scoppiò a piangere. Raccontò in dettaglio tutto quello che la donna aveva descritto per sommi capi, adagiandole la testa in grembo e singhiozzando come un bambino. Tsuki, dopo averlo aiutato a risedersi e avergli promesso il loro aiuto, si voltò verso i ragazzi e ordinò: «Datemi le vostre provviste e i vostri soldi, queste persone ne hanno veramente bisogno. Adesso indicateci le vostre abitazioni, faremo il possibile per aiutarvi.» concluse rivolta di nuovo all'uomo.

Anche gli altri contadini iniziarono a piangere e ringraziarono l'anziana e i ragazzi per il loro gesto. Si resero conto del rischio che avevano corso – avrebbero potuto lasciarci la pelle – e tornarono alle loro abitazioni felici di essere sopravvissuti.

«Qual è il senso di questa lezione?» chiese la maestra ai ragazzi, rimontando in sella al suo cavallo.

Virginia, commossa da quell'esperienza di vita, rispose per prima con le lacrime agli occhi: «Insegnarci a conoscere il nostro avversario, mantenendo sempre la calma e visualizzando tutte le opportunità. L'insegnamento più importante di tutti, però, è vincere senza combattere.»

«Non pensate al combattimento come unica soluzione quando avete di fronte degli avversari. Pensate piuttosto quale possa essere la tecnica più efficace per evitarlo, se possibile. Questa sarà sempre la vittoria più grande, questo è il vero segreto delle arti marziali.» spiegò Tsuki.

Lentamente, ripresero a cavalcare alla volta della fattoria.

Quando le luci della casa erano già visibili da lontano, videro una figura aggirarsi nei boschi vicini. Si trattava di frate Francesco, facilmente riconoscibile dalla cifosi. I ragazzi salutarono le rispettive madri e si sedettero a tavola per la cena, durante la quale raccontarono ai nonni le esperienze vissute, confessando di essere in pensiero per il rientro del padre. Il nonno riferì che i fratelli, Roberto e Matteo, e gli altri ospiti, persino il nobile amico di Tiziano proveniente dalla grande città, si erano trasferiti nella valle dei diavoli per riprendere i lavori e testare le nuove tecniche di estrazione.

Le ragazze si defilarono con le madri per concedersi un bagno ristoratore. Ranieri invece scese in cantina assieme al nonno, il quale gli fece assaggiare del vino misto ad acqua per insegnargli la degustazione.

«Pensi ancora a lei?» chiese a un certo punto al nipote, rompendo il silenzio. «Ho parlato con il frate questo pomeriggio.»

«Sì, mi capita spesso.» ammise Ranieri. «È accaduto qualcosa nella grande città. Non riesco a spiegare cosa, so solo che sono tornato cambiato. Mi sento più pacato e razionale.»

«Non ti è accaduto nulla. Lavoriamo la terra, seminiamo e irrighiamo i campi, poi improvvisamente germoglia qualcosa, non saprei spiegartelo in maniera diversa. Comunque un consiglio sulle donne posso dartelo: trattale sempre con il massimo rispetto. Detto questo, non aggiungo altro al riguardo. Andrai a trovarla prima che faccia notte? Sai che adesso ha la camera comunicante con Virginia?»

«Sì, ma la cosa non mi preoccupa, i muri esterni della casa sono pieni di sporgenze...» ironizzò Ranieri.

Nel frattempo sopraggiunse anche frate Francesco. Il suo mantello, svolazzando, creava degli strani giochi di luce dentro la cantina.

«Tutto sotto controllo, almeno per il momento. Sono tutti a letto. Stanotte farò qualche sortita per controllare il perimetro. Avete gentilmente un fiasco di vino da abbinare al formaggio per mantenermi sveglio durante la notte?» chiese al nonno.

«Sì, certo, eccolo, usalo pure. Quando vuoi, non fare complimenti.» rispose l'anziano in tono affabile.

Mentre il frate rientrava nel suo alloggio, Ranieri notò un sorriso ironico sulle labbra del nonno, il quale conosceva bene Francesco e il suo vizio di bere prima di coricarsi.

Si ritirarono nelle rispettive camere, dopodiché Ranieri, come anticipato, bussò alla finestra di Liliana, che lo fece entrare subito. Dopo un iniziale scambio di effusioni, sentirono Virginia bussare alla porta comunicante, entrare nella stanza senza attendere il permesso e dichiarare in tono deciso: «Signori miei, sono spiacente, ma la vostra luna di miele termina qui. Mia madre mi ha chiesto di non lasciarvi troppo tempo da soli, per cui eccomi qui... Appena rientri in camera tua, Ranieri, noi torniamo a letto, altrimenti domani non avrete la mente lucida per studiare e applicarvi con gli esercizi. Intanto vi andrebbe una partita a carte?»

«Sì, giochiamo a carte, almeno possiamo stare insieme.» fu d'accordo lui.

Giocarono a carte e si divertirono, finché Virginia non decise fosse il momento di lasciare i due da soli per qualche minuto. Alla fine ognuno rientrò nella propria stanza, visto che il mattino seguente avrebbero iniziato l'allenamento con i due precettori.

Il giorno successivo, dopo colazione, i ragazzi si ritrovarono con Tsuki e il frate nel fienile. La giapponese si presentò a piedi scalzi con il suo kimono bianco e si rivolse così agli allievi:

«Prego, toglietevi le scarpe e venite sul *tatami*. Cercherò di esprimere alcuni concetti che avete avuto modo di esperire nei giorni scorsi. So di ripetermi, ma *repetita iuvant*: nella vita non bisogna cercare lo scontro con le altre persone. Bisogna ascoltarsi, far scorrere le cose negative e lasciarle passare; accogliere e fare proprie le cose positive in modo da trovare un ruolo nella vita e una collocazione all'interno della società. Alla stessa stregua, nelle arti marziali non dovete mai reagire alla forza con la forza, mai contrastare l'avversario, bensì lasciarlo passare. L'apprendimento avviene grazie a una continua ripetizione delle tecniche in modo da farle proprie con il tempo fino a quando non diventano movimenti naturali.» Poi improvvisamente aggiunse: «*Seza*! Cioè, mettetevi in ginocchio.» Dopodiché si diresse verso di loro e scrisse il loro nome in giapponese sul kimono che indossavano. I ragazzi non si sentivano a loro agio con quelle vesti.

Nel frattempo, a Firenze, Tiziano aveva richiesto un incontro col suo amico Vittorio Fossombronesi, ministro del Granducato e consigliere del giovane Granduca Leopoldo II. Viste le continue intrusioni nella vita politica del Granducato da parte dell'ambasciatore austriaco Bombelles, Vittorio aveva organizzato l'incontro all'insaputa di tutti e lontano dai palazzi ufficiali per non destare sospetti.

Il luogo deputato era un palazzo rinascimentale nel centro della città. Appena il Granduca fece il suo ingresso, Tiziano si inginocchiò in segno di rispetto, poi salutò l'amico. Leopoldo II, nonostante la giovane età, gli parve subito un uomo molto intelligente e in grado di governare autonomamente.

Il consigliere gli spiegò brevemente il motivo della visita di Tiziano, il Granduca lo ascoltò con attenzione e infine disse: «Ebbene, vediamo queste lettere. Attenda pure qui con noi, così possiamo commentarle. Sono molto interessanti le informazioni che è riuscito a ricavare sul territorio, assieme alle lettere forniscono un quadro completo della situazione, a mio avviso. Poi dovrà togliermi una curiosità.»

«Nessun problema, come desidera.» rispose prontamente Tiziano.

Il Granduca lesse tutti i documenti e gli chiese di spiegare in dettaglio le vicende che avevano portato a quei risultati; dopodiché, con lo sguardo perso nel vuoto, rifletté alcuni minuti in silenzio.

Vittorio guardò l'amico e sorrise. Conoscendo il giovane, sapeva che gli era riconoscente per quelle preziose informazioni.

«Caro signore,» – riprese improvvisamente Leopoldo II – «esclusa qualche lettera che ci siamo scambiati sugli sviluppi minerari della Toscana centro-meridionale, vorrei affidarle un compito per noi molto più importante e ben remunerato. Avrei una decisione da concertare con lei, non vorrei sovrastimare alcune problematiche e sottovalutarne altre, non conoscendo questo territorio bene quanto lei.»

«Dica pure, speriamo di essere all'altezza delle sue aspettative.» ribatté Tiziano.

«Ebbene, queste lettere mi sono state di grande aiuto.» continuò il Granduca. «Confermerò tutti i miei ministri e inizierò una serie di opere per sviluppare il territorio, cui lei e i suoi amici precettori dovrete collaborare attivamente. Abbiamo aspettato troppo a lungo: più volte abbiamo discusso di rivalutare il Granducato, e adesso Bombelles ci ha dato la spinta necessaria per agire. Il piano è di rilanciare il Granducato: proviamo a trasformarlo nella culla letteraria e scientifica dell'Europa e a migliorare le condizioni di vita dei territori a sud della città portuale, che al momento è un anello debole. Ma andiamo per gradi: per quanto concerne l'industria mineraria, i precettori avranno il compito di perfezionare le tecniche di estrazione dei fluidi per la produzione di boro; per le opere di bonifica, noi selezioneremo gli ingegneri, mentre lei e i suoi amici vigilerete sullo svolgimento dei lavori, ragguagliandomi con rendiconti mensili. Decida se inviarli per posta o se venire qui a Firenze di persona, sarà ospite gradito.» assicurò a Tiziano. «Lei invece, Vittorio, si dedicherà ad ampliare la città portuale. Quando il minerale sarà pronto, dovrà pur essere distribuito, no? Io nel frattempo nominerò un ministro per migliorare le infrastrutture: ponti, strade e porti del Granducato. Ai precettori andrà l'arduo compito di valorizzare l'industria del forestiero: abbiamo molte aree termali in grado di generare redditi per la popolazione locale, vediamo di sfruttarle! Dal canto mio, ridurrò la tassa sulla carne, questi poveri abitanti sono così tartassati... Infine, per quanto riguarda la cultura e la scienza, non vi è crescita e vera ricchezza quando esse scarseggiano. Nominerò il dotto e mite Padre Mauro Bernardini da Cutigliano come responsabile della censura. Sono certo che molti scrittori troveranno terreno fertile per le loro opere. Se non erro, è stato suo insegnante e anche maestro del suo amico, padre o ex-padre Francesco, dico bene?» chiese rivolto a Tiziano.

«Sì, ricorda perfettamente.» rispose lui. «È stato il nostro precettore, anche se in periodi differenti.» Tra i due correvano circa dieci anni di differenza.

«Ho sentito parlare molto di lui e della signora Sensei.» riprese Leopoldo II. «Voi uomini di scienza dovete aiutarmi nello sviluppo del territorio, così, se tutto procede come dovrebbe, tra qualche anno inaugureremo i congressi italiani della scienza, che porteranno lustro al Granducato e ricchezze all'industria del forestiero. Che ne dice, Tiziano? Mi aiuterà?»

«Granduca, come sempre la sua lungimiranza supera ogni aspettativa.» interloquì Vittorio.

«Signore, sarà un piacere aiutarla. Io e i precettori siamo al suo servizio, faremo tutto ciò che ci chiederà.» promise Tiziano.

«Nei prossimi giorni pubblicherò il piano delle opere pubbliche. Riceverà un pacco con tutte le informazioni dettagliate da Vittorio.» disse il Granduca.

Tiziano si inginocchiò per ringraziarlo e salutarlo, credendo che con quella frase lo avesse congedato, ma il giovane non aveva ancora finito: «Aspetti, ho una curiosità: è vero quello che si dice di Ranieri e Virginia? Le guardie che ho qui al seguito mi hanno riferito aneddoti lusinghieri. Non ne dubito, ora che ho conosciuto il loro padre.»

«Beh, essendo miei figli non posso essere imparziale, vedo soltanto i loro lati positivi.» ribatté Tiziano con un sorriso fiero e deciso. «Ad ogni modo, riguardo alla sua domanda, posso dirle che...» e iniziò a raccontare le imprese dei ragazzi.

Alla fine del resoconto, il Granduca sorrise divertito.

«Bene, a lavori ultimati avrò l'occasione di conoscerli, non vedo l'ora.»

Detto ciò, consegnò a Tiziano un nuovo sigillo per ceralacca, gli chiese di distruggere quello che anni prima gli era stato dato da Vittorio, lo ringraziò e lo congedò.

Vittorio, appena il Granduca si fu allontanato, accompagnò Tiziano alla porta.

«Non saprò mai come ringraziarti, il tuo aiuto è stato decisivo. Le riforme saranno promulgate nei prossimi giorni. Questa chiave permette di aprire la porta sul retro del mio palazzo, ovviamente nessuno dovrà vederti. Come sempre, massima discrezione: scrivi rapporti dettagliati e consegnali di persona, non fidarti delle poste. Non anticipare per lettera il tuo arrivo, qui sarai sempre il benvenuto. Puoi portare anche degli ospiti se vuoi, penserò io agli alloggi. Un'ultima cosa, Tiziano: il Granduca ha iniziato a combattere i briganti nei vostri territori con l'aiuto della forza pubblica, ma senza risultati finora. Se tu riuscissi a darci informazioni in merito al loro numero, alla loro posizione... Stai attento, però, sono temibili e pericolosi. Non vorrei che la forza pubblica vi scambiasse per loro.»

I due si abbracciarono e si salutarono. Tiziano, prima di rientrare alla sua locanda, fece un giro per Firenze per ammirarne le bellezze, in particolare piazza della Signoria e piazza del Duomo.

Nel frattempo alla fattoria tutto procedeva come stabilito. I ragazzi continuavano la preparazione, approfondendo le tecniche di meditazione con il frate e quelle di combattimento con Tsuki.

Francesco cercava di aiutarli a conoscere meglio se stessi, conoscenza che li avrebbe messi nella condizione di agire razionalmente e senza esitazioni davanti a qualsiasi pericolo. Insegnò loro una grande varietà di esercizi mentali, affinché acquisissero un livello di addestramento e consapevolezza di sé in cui pensiero e azione sono una cosa sola.

«Ragazzi, sedetevi con le gambe incrociate in una posizione comoda, schiena dritta e testa leggermente inclinata; chiudete gli occhi e concentratevi sulla mia voce. La meditazione insegna al corpo la pazienza quando è richiesta l'attesa, e calma la mente quando è necessario riflettere con lucidità. Durante la meditazione dovete focalizzare una parola chiave, ad esempio 'calma', e ripeterla continuamente a bassa voce. Così allenerete il corpo e la mente ad associare il rilassamento a una parola. Quando la pronuncerete, sarà come accendere un interruttore. Al contrario, davanti a una situazione estrema di vita o di morte, potrete invocare un'altra parola, ad esempio 'fuggi' o 'combatti', facendo scattare la risposta biologica e l'adrenalina, e sfruttando al massimo la vostra forza. Questi metodi auto-ipnotici vi aiuteranno a scacciare le paure, oppure a rilassarvi fisicamente e mentalmente in vista di una missione. Riflettete, più tardi inizieremo gli esercizi. Il simile cura il simile: fissate un'idea nella vostra testa e concentratevi su di essa intensamente. Pian piano quell'idea abbandonerà la vostra mente spostandosi altrove. Questo è un effetto paradossale concreto: annullare una cosa accrescendola fino al punto di rottura; alimentare per ridurre e provocare per inibire. Questa tecnica potrà essere utilizzata anche nel combattimento corpo a corpo: dovrete far credere all'avversario di avere un punto scoperto, così lui, cercando di individuare quella zona apparentemente esposta, effettuerà un attacco che voi potrete anticipare.

Penso di avervi detto tutto sulla teoria, adesso mettiamola in pratica.» concluse Francesco.

I ragazzi erano visibilmente incuriositi da quel tipo di esercizi, e più effetti visibili e risultati concreti notavano, più spesso li mettevano in pratica. Ogni giorno prendevano coscienza di una forza sempre maggiore.

Tsuki, invece, focalizzava i suoi insegnamenti sulle tecniche di base, come respirazione, bilanciamento del peso sui piedi e la possibilità di utilizzare questi ultimi per mantenere un equilibrio stabile. Insegnò ai ragazzi che non conta l'altezza o la forza fisica, ma il modo in cui si sfrutta il baricentro in funzione di quello dell'avversario. Insegnò anche a usare tre dita anziché cinque, e soprattutto cosa si intende per forza interiore.

I giorni trascorsero fino al rientro di Tiziano, che chiamò subito la maestra e il frate nel suo studio per fare il punto della situazione.

«Ho parlato con il Granduca, finalmente i lavori subiranno un'accelerazione.» li informò. «Dobbiamo recarci nella valle dei diavoli per studiare nuove tecniche estrattive. Sono anni ormai che Francesco Giacomo è direttore dell'industria per l'estrazione, e credo sia giunto il momento di tentare tecniche più moderne. All'epoca dei nostri ultimi sopralluoghi, venivano utilizzati ancora bollitori e legna, me lo confermate?»

«Sì, esatto, le pratiche sono ancora quelle cui assistemmo qualche decennio or sono, quando decidemmo di far nominare Francesco Giacomo a capo di quel settore.» rispose il frate.

«E ditemi; come procedono i ragazzi, stanno imparando?» chiese Tiziano cambiando argomento. «Se nei prossimi giorni dovremo raggiungere la valle dei diavoli, è ora che imparino a utilizzare la chimica sul campo. Tra l'altro, Francesco Giacomo è uno dei migliori precettori in materia. Infine, mi confermate i miei timori riguardo a Ranieri e Liliana?»

Tsuki annuì sorridendo, il padre capì e poi sorrise a sua volta mentre afferrava un bicchiere d'acqua e lo portava con delicatezza alle labbra. Dopo averne bevuto un sorso, riprese: «Mi sento ancora giovane per essere nonno! Sarà meglio parlarne con il ragazzo, è necessario che capisca alcune cose.»

La sera cenarono tutti assieme. Tiziano informò i figli che avrebbero iniziato a fare pratica direttamente sul campo e che nei giorni seguenti sarebbero partiti per la valle dei diavoli, un territorio inospitale ma con un panorama mozzafiato come non avevano ancora mai visto.

Dopo cena, i ragazzi si ritrovarono vicino al pozzo e si soffermarono a parlare della nuova esperienza che li attendeva e dei siti industriali che avrebbero visitato. Erano molto entusiasti, tuttavia c'era qualcosa che turbava Virginia. Liliana se n'era accorta, a differenza di Ranieri.

«Ranieri, potresti prenderci un bicchiere d'acqua e succo di limone?» gli chiese per farlo allontanare.

«Certo, vado subito.»

«Virginia, adesso che siamo sole puoi dirmelo: che ti succede?» le domandò Liliana. «Sono passati alcuni mesi da quando sono qui con voi. Sono stati molto intensi e gratificanti, ma ora sei turbata nei miei confronti, lo sento: ho fatto forse qualcosa di sbagliato?»

«No, niente, onestamente sei sempre stata molto corretta nei nostri riguardi, perciò ti dirò quello che penso: per oltre sedici anni sono stata un'ombra per Ranieri, ho cercato di seguirlo come una seconda madre e adesso...»

«E adesso hai paura che qualcuno rovini quello che hai costruito, e allo stesso tempo sei dispiaciuta di non essere più tu quella che si occuperà di lui. *Tempus fugit*, oserei dire, se ho imparato un po' di latino stando con voi. Ti rammarica che si sia concluso un periodo felice della tua vita.» osservò Liliana.

«Esattamente, e tutto ciò mi rende triste. Tra l'altro, Ranieri cresce ogni giorno un po' di più, è sempre più scaltro. Appena troverò l'anima gemella, io mi ritirerò, costruirò una famiglia tutta mia e mi dedicherò al disegno, come gli ho confidato spesso. Lui invece avrà il duro compito di conservare e tramandare il pensiero e i valori del nostro ordine, così come sta facendo nostro padre. Non sarà semplice per le persone che avrà accanto. Spesso mia madre si sente sola perché mio padre è fuori in missione, l'ho sentita piangere più di una volta...» confessò Virginia.

«Adesso su col morale, sta arrivando Ranieri, parliamo d'altro.» si affrettò a dire Liliana.

«Sì, Liliana, domani ti insegnerò tutto quello che vuoi sapere.» mentì Virginia sorridendole come non aveva mai fatto negli ultimi mesi.

«Ecco qui, ho spremuto dei limoni, bevete pure.» disse Ranieri porgendo loro i bicchieri.

Tiziano comparve improvvisamente in cortile e ordinò: «Tutti a letto, domani sarà una lunga giornata.»

Una volta rientrati in casa, attese il tempo necessario perché i ragazzi si preparassero per la notte, poi entrò nella stanza del figlio, chiuse la porta e si sedette su una sedia. Fece sedere Ranieri sul letto e trasse un profondo respiro.

«Figlio mio, non immagini quanto mi pesi quello che devo dirti.»

Il giovane assunse un'espressione strana, non capiva cosa stesse succedendo. Suo padre, nel cercare le parole giuste, tergiversò per un momento, prese le liquirizie e ne offrì una al figlio. Infine riprese il discorso: «Vedi, Ranieri, siamo tutti felici per te e Liliana, ma siamo anche preoccupati, ecco... Beh, non sono questioni facili da affrontare, anche se noi siamo in confidenza e abbiamo un bel rapporto. Forse nel XX secolo i genitori riusciranno a parlare liberamente di questo con i figli, chissà? Ad ogni modo non voglio menare il can per l'aia. Non vorrei che le cose tra voi si complicassero, o meglio, si evolvessero, non so se capisci cosa voglio dire.»

«Sta' tranquillo, è tutto chiaro, nessun problema.» lo rassicurò Ranieri, sorridendo e guardandolo negli occhi. «La prima cosa nei rapporti è rispettare le altre persone. Agiremo con saggezza. Siamo soltanto agli inizi e devo ancora capire quali sono le nostre reali intenzioni.»

A Tiziano non piacque quella risposta, ma fece buon viso a cattivo gioco e riferì la conversazione alla moglie. Quest'ultima avrebbe dovuto fare rapporto a Liù, affinché parlasse a sua volta con Liliana.

Ranieri si recò in camera della sorella e di Liliana per giocare con loro. Passarono la serata sfidandosi a scacchi e tirandosi addosso i guanciali.

Capitolo 6

La Valle dei Diavoli

Il mattino successivo presero ciascuno il proprio cavallo e si diressero verso la valle dei diavoli. Risalirono lungo il letto principale del fiume fino a raggiungere il secondo affluente di sinistra, da cui era possibile osservare l'intensa attività geotermica. I ragazzi erano incuriositi: tutto quel verde e quei boschi rigogliosi accompagnavano la risalita dei vapori bianchi verso il cielo azzurro. Mentre seguivano il secondo affluente all'interno della valle, notarono sul versante di sinistra una rocca abbandonata. Il frate faceva da apripista e ogni tanto si fermava per far riposare i cavalli e spiegare qualcosa ai ragazzi.

Infine arrivarono a destinazione. Da lontano si intravedevano colonne di vapori bianchi che si alzavano dal terreno, acqua che ribolliva e un panorama suggestivo che ricordava la superficie lunare. Si susseguivano emissioni più o meno rumorose e violente di vapore acqueo e gas che si liberavano naturalmente da diverse spaccature nel terreno. Sopra ogni cosa dominava il forte e nauseabondo odore di acido solfidrico, un odore simile a quello delle uova marce ma molto più concentrato e pungente. Virginia e Ranieri si soffermarono a guardare una particolare manifestazione naturale detta "lagone". Tali emissioni di acqua calda normalmente raggiungono grandi dimensioni e sono caratterizzate dalla presenza di elevate quantità di sali minerali, in particolare l'acido borico. In quel momento il fruscio delle emissioni era accompagnato in sottofondo dalla voce del frate, che stava recitando l'Inferno di Dante.

«Osservatele bene!» esclamò Tiziano avvicinandosi ai figli. «Sono ricche in acido borico ed è lì che concentreremo le nostre energie per migliorare le tecniche estrattive. Per ora l'estrazione è poco redditizia perché vengono usati dei grandi contenitori metallici e molta legna dei boschi vicini per far evaporare l'acqua ed estrarre i minerali di boro.» spiegò.

«Sì, è evidente che questi boschi sono ridotti male, il ricambio naturale non riesce a controbilanciare lo sfruttamento. Dovremmo trovare una soluzione.» suggerì Ranieri.

«Ranieri, non siamo qui per salvare o riqualificare il bosco, ma per migliorare le estrazioni!» puntualizzò Virginia. «Lasciamo che al bosco pensi madre natura.»

«Babbo, se mi permetti, ogni tanto vorrei partecipare alle attività di ripopolamento dei boschi ormai decimati qui attorno.» annunciò il giovane.

«Ranieri, come ha già detto tua sorella, siamo qui per altri scopi. Comunque, appena troviamo un metodo di estrazione alternativo, avrai tempo anche per piantare nuovi alberi.» promise suo padre.

Virginia scosse la testa, in netto disaccordo con quell'approccio del fratello, e si rivolse di nuovo a lui: «Ranieri, ricordi la nostra conversazione prima di arrivare alla spiaggia? Credevo di averti chiarito le idee!»

«Sì, concordo ancora con te, ma il mio istinto mi suggerisce qualcos'altro, e io non posso che fidarmi di lui.» ribatté il giovane con convinzione.

Tsuki sorrise, strizzandogli un occhio in segno di complicità.

Continuarono a cavalcare in direzione della piccola chiesa, dove ad attenderli c'erano gli altri precettori.

Giunti sul luogo dell'incontro videro Francesco Giacomo tutto indaffarato a studiare una nuova forma per un bollitore. L'obiettivo, tuttavia, appariva ancora molto lontano. Appena scorse i suoi ospiti, si tolse in tutta fretta i grandi occhiali in pelle, che gli servivano per evitare danni agli occhi, e corse verso di loro a braccia spalancate. Abbracciò Tiziano e subito dopo il frate.

«Amici miei, finalmente!» esclamò festoso. «Dopo le tue lettere attendevo con ansia il vostro arrivo. Finalmente qualcuno a darmi una mano in questo caos! Tu devi essere Virginia, astuta e acuta a quanto mi dicono, e tu Ranieri... Il mio amico Alessandro ti definirebbe con il verso di una sua recente poesia: '*di quel securo il fulmine tenea dietro al baleno*'. Infine, tu devi essere Liliana: bella, audace e fatale. Però scusatemi, ragazzi, qui siamo al cospetto di una vera e propria leggenda: Tsuki Sensei. Dovete essere fieri e orgogliosi di avere lei come precettrice, nessuno potrebbe desiderare di meglio.» disse Francesco Giacomo. Dopodiché salutò il frate con una stretta di mano vigorosa, un gesto freddo a testimonianza che i due non erano nemici ma nemmeno amici, e tolleravano la presenza reciproca solo in nome dell'amicizia verso Tiziano. In passato avevano avuto diversi scontri nella città portuale, il più duro dei quali quando Francesco Giacomo aveva interrotto la sua relazione con la sorella del frate, una donna di esotica bellezza e dai lineamenti mozzafiato, anche se dal carattere orribile.

«Venite, vi porto ai vostri alloggi.» riprese dopo qualche secondo di silenzio. «A cena vi presenterò mia moglie e i miei figli. Domani mattina inizieremo con la teoria e con il giro panoramico. Di pomeriggio potrete studiare e allenarvi con Tsuki.»

Ranieri stava diventando sempre più scontroso e irrequieto quando si trattava di osservare il protocollo delle cene formali. La maestra lo aveva intuito e cercò di calmarlo prendendo posto accanto a lui. Quell'insofferenza era una manifestazione del suo carattere introverso. Durante la cena, Francesco Giacomo presentò i suoi figli, uno dei quali, Federigo, non smetteva un attimo di parlare e teneva testa ai commensali su qualsiasi argomento. Sia Liliana sia Virginia erano molto attratte da lui, un giovane molto sicuro di sé e di quello che voleva dalla vita. Più grande delle ragazze di alcuni anni, amava conversare, era molto colto e passava il proprio tempo libero con prelati, aristocratici e possidenti.

Ranieri, nel frattempo, osservava tutto quello che accadeva e si concentrava più sul contesto che sulle singole persone. Tsuki riuscì ad avvertire in tempo la tensione palpabile e per placarlo provò a distoglierlo dai suoi pensieri. Una delle figlie di Francesco Giacomo non gli staccava gli occhi di dosso: aveva sentito il padre parlare spesso di lui ed era ammaliata dalle sue gesta, prima ancora che dal suo aspetto fisico. Ranieri, però, era troppo distratto per accorgersene.

Passarono rapidamente alcuni anni, che videro i ragazzi impegnati tra esercizi e studio per cinque giorni alla settimana. Il venerdì sera rientravano poi alla fattoria. I due fratelli finirono per diventare sempre più distanti, i loro rapporti si erano quasi del tutto logorati. Tsuki lo aveva capito, ma come sempre si limitava a osservare in un rigoroso silenzio.

Federigo non era un uomo di scienza come suo padre, anzi, esattamente l'opposto. Non studiava con i ragazzi e non si dedicava alle attività di estrazione, ma pensava soltanto alle relazioni con persone influenti.

In un impeto di rabbia, Francesco Giacomo si sfogò con Tiziano, perdendo per alcuni momenti la sua proverbiale flemma.

«Sono preoccupato per mio figlio Federigo: a differenza dei tuoi ragazzi non potrà mai far parte dei precettori, si dedica ad altri interessi, pensa soltanto a se stesso. È un egoista! Credo che non meriti tutto questo. Sono irritato anche perché, nonostante abbiamo raggiunto buoni risultati, dobbiamo ancora fare molto. Dipendiamo troppo dal legname delle vicine foreste.»

Resosi conto di aver messo in imbarazzo l'ospite, bevve un bicchiere d'acqua e aggiunse: «Tiziano, scusami per questo sfogo.»

«Giacomo, ognuno ha le sue croci, non ti scusare.» lo tranquillizzò lui. «Comunque credo sia importante come si percepisce la vita e non come è percepita dagli altri. Tuo figlio dedicherà la sua esistenza ad altro. I precettori non sono tutto, anzi, penso che dovremmo insegnare ai nostri figli quante più conoscenze possibili, poi saranno loro a scegliere la propria via.»

«Già, è come dici tu. Ti ringrazio, i tuoi consigli sono sempre utili.»

«Ho un'idea in proposito: perché non interrompiamo i lavori per qualche settimana e non vieni alla fattoria? Secondo me cambiare abitudini di vita e rilassarsi un po' non può che giovare.» suggerì Tiziano.

«Non credo sia una buona idea.» rifiutò garbatamente l'invito Francesco Giacomo. «Facciamo passare ancora qualche settimana e vediamo gli sviluppi prima di interrompere.»

Negli ultimi mesi, le notti erano diventate piuttosto lunghe e Ranieri non riusciva a riposare come un tempo. Era sempre agitato, probabilmente per lo stress dello studio e del lavoro. Una notte decise di uscire per andare a ululare ai lupi e ascoltare i loro ululati di risposta, una tecnica insegnatagli dal frate. Per non destare sospetti e svegliare gli altri, sgattaiolò dalla finestra e cominciò a calarsi lungo la parete dell'edificio. In corrispondenza della finestra della sorella udì delle voci e decise di fermarsi un attimo per origliare. Gli furono sufficienti solo pochi secondi per capire: Federigo era in camera di Virginia. Non era geloso, sperava soltanto il meglio per lei, e in base ai suoi canoni quel ragazzo non era all'altezza della sorella. Era troppo espansivo e borioso, tanto da odiare persino il suo tono di voce.

Decise di non parlarne con nessuno e limitarsi a seguire gli sviluppi. Continuò a scendere, arrivò alle stalle, prese Due e cavalcò fino al bosco vicino. Salì su un albero e iniziò a ululare, seguito a breve dai lupi lì attorno. Tutt'a un tratto udì un rumore di passi umani, poi più niente. Afferrò rapidamente uno dei coltelli da lancio e qualche secondo dopo sentì di nuovo il medesimo scalpiccio, in direzione opposta stavolta. Non era spaventato, incredulo più che altro. Gli venne in mente di chiudere gli occhi e concentrarsi sulla direzione di quei rumori. Si rese conto che i passi erano alternati, prodotti verosimilmente da due persone diverse. Quando nella penombra intravide un abito nero, decise di rompere il silenzio e gridare: «Chi sei? Fatti avanti! Non voglio combattere con te. Ti propongo due soluzioni: sparire o farti vedere, a te la scelta.»

Comparvero Tsuki e frate Francesco dalla parte opposta rispetto alla sua posizione. Ranieri rinfoderò il coltello e si rivolse alla maestra: «Sensei, quale onore! Cosa vi porta qui?»

«Sono giorni che ti osservo. Il tuo cuore è agitato, non ha pace, che ti succede?» chiese la giapponese in tono sincero.

«Niente, è solo che non condivido le scelte dei precettori. Dobbiamo vivere in equilibrio con la natura, non dovremmo né dominarla né competere con essa. Sfruttiamo molto legname per i nostri esperimenti, ma distruggiamo anche molte nicchie ecologiche. Forse il segreto di questo strano posto non è da ricercare nel sottosuolo o nei suoi prodotti, ma nella varietà promossa da madre natura. Probabilmente non hanno tutti i torti quei giovani, i Maremmani Antagonisti, di cui ho letto nella corrispondenza di Frate Francesco con mio padre. Al momento mi sento più vicino a loro che al nostro ordine...» confessò Ranieri.

«Capisco, si tratta solo di questo?» insistette Tsuki. «Oppure hai visto o sentito quello che temevi e a cui non volevi credere?»

«Sono certo di non avere ancora visto tutto ciò che temo. Attendo e osservo in assoluto silenzio.» rispose lui.

«Ricorda, devi saper discernere i pensieri amari dalla vita, altrimenti le tue attività ne saranno influenzate e la tua mente ne sarà offuscata. Quando sarai in grado di farlo, sarai un ottimo precettore. Un ultimo consiglio, poi noi continuiamo il nostro giro serale: nel tempo libero cerca di meditare molto, aiuta a chiarirsi le idee ed è salutare, al contrario del vino.» gli suggerì la maestra. Poi, rivolgendosi anche al frate aggiunse: «Qualcuno ci osserva, ve ne siete accorti anche voi? Sento il suo sguardo e il suo respiro.»

Francesco e Ranieri erano sorpresi, non si erano resi conto di nulla. Improvvisamente la loro attenzione fu attratta da una figura femminile che correva nel bosco a una velocità sorprendente. Era allo stesso tempo leggera e aggraziata come una farfalla, eppure fulminea come una gazzella. Era scortata da due lupi bianchi e indossava una lunga mantella di seta nera che rifletteva i bagliori della luna. Ranieri avrebbe voluto rincorrerla, era affascinato dai suoi movimenti e incuriosito dalla sua personalità.

«Lasciatela andare. Se avesse voluto colpirci, lo avrebbe fatto alcuni minuti fa.» osservò Tsuki.

I giorni passarono rapidamente. Ranieri teneva d'occhio i comportamenti di Federigo, Liliana e Virginia, senza accorgersi di essere a sua volta studiato dalla sorella minore di Federigo, Chantal.

Prima di sospendere i lavori per una pausa, Francesco Giacomo e Tiziano vollero assistere a un combattimento tra i ragazzi, per valutarne i progressi. Liliana e Virginia combattevano tra loro e contro Tsuki, Ranieri invece doveva vedersela con i fratelli, Roberto e Matteo.

Federigo commentava assieme a Tiziano e a suo padre. I suoi giudizi su Ranieri erano ovviamente *tranchant*. Il ragazzo non poté fare a meno di sentirli, perse la concentrazione e venne sconfitto in maniera netta da entrambi i precettori.

Durante la cena, tutti parlavano tra loro e si divertivano, eccetto Ranieri, che se ne stava in disparte. Era irritato per l'accaduto e nutriva un acceso desiderio di rivalsa nei confronti di Federigo.

Finito di mangiare, Federigo, Virginia e Liliana si sedettero a parlare su una panchina all'esterno della casa. Virginia chiese al fratello di intrattenersi con loro e lui accettò volentieri. Federigo non faceva che parlare di se stesso e in particolare delle sue doti canore che gli erano valse le attenzioni del vescovo della città portuale. In realtà, più del talento canoro di cui era dotato, al prelato era piaciuta la sua dedizione alle attività parrocchiali. In effetti Federigo era sempre disponibile a partecipare ai programmi promossi dalla curia. Il vescovo lo aveva iscritto a una confraternita volta, a suo dire, a fare del bene agli altri. Durante le riunioni, i membri indossavano un saio di colore nero.

Le ragazze trovavano Federigo attraente solo perché erano convinte che con lui avrebbero vissuto nella città portuale assieme a nobili e ricchi borghesi. Dopo un'ora circa a sorbirsi quel suo sproloquio, Ranieri decise che ne aveva avuto abbastanza e si alzò in piedi di scatto.

«Signori, adesso basta, io vado a letto!» sbottò. «Vi ringrazio per l'interessante disquisizione monotematica, nonché molto democratica se si considera che parla soltanto uno e gli altri non possono far altro che ascoltare.»

Federigo si sentì punto sul vivo da quelle parole e perse la calma.

«Se non sei in grado di replicare perché la tua piatta vita non è stimolata dalle persone di alto rango, sarebbe opportuno che tu stessi in silenzio.»

«Sì, hai perfettamente ragione, motivo in più per andarmene a letto. Credimi, Federigo, preferisco passare una notte nel bosco a combattere con i banditi assieme a mia sorella, piuttosto che sprecare il mio tempo tra le sottane dei preti, a sorbirmi le prediche di persone che vivono nel lusso sfrenato senza sapere quali siano i veri problemi del popolo. Infine, credo sia fantastico cantare nel coro della parrocchia! È una cosa per cui gli effeminati vanno matti, probabilmente!» ironizzò Ranieri senza mai perdere la calma.

«Ranieri, che diavolo stai facendo?» intervenne Virginia irritata. «Non si aggrediscono verbalmente le persone! Coloro che Federigo frequenta servono il popolo e cercano di aiutarlo.»

«Signori, come detto tolgo il disturbo e vado a letto. Ah, sorella mia, costoro farebbero il bene del popolo?» chiese in tono sarcastico. Poi, ridendo a crepapelle concluse: «Non fanno altro che spartirsi potere e ricchezze. Ahimè, lo capirete troppo tardi.»

«Adesso basta, Ranieri, vai a letto!» gridò Liliana, a sua volta ferita da quelle frasi. «Hai superato il limite, questa è blasfemia.»

«No, non è blasfemia, è la pura verità!» ribatté lui infervorato. «Le mie parole vi irritano così tanto perché colpiscono nel segno. Federigo, ricorda, prima o poi arriverà il momento in cui dovrai comportarti da uomo. Sarai in grado di farlo? Rifletti bene perché in quell'occasione i preti non ti aiuteranno, anzi, dovrai difenderti da solo. Non cerco gloria né fama nella mia vita, ma soltanto pace ed equilibrio.»

«I tuoi sono discorsi di un fallito, di chi decide di vivere la propria vita in disparte lasciando che il mondo vada avanti senza di lui.» lo insultò Federigo.

Tutti avevano sentito la discussione dalle proprie finestre, ma le parole di Ranieri fecero breccia in particolare nel cuore di Chantal.

Qualche ora dopo, il ragazzo interruppe la propria meditazione e decise di uscire a fare due passi per rilassarsi; come spesso accadeva, trovò il frate che parlava con i fratelli, Roberto e Matteo.

«Ranieri, sapevo che ci avresti raggiunti. Ci sono alcuni briganti che vogliono impossessarsi dell'ultimo carico di boro diretto alla città portuale. Poiché Tsuki e tuo padre hanno deciso di posticiparne la partenza facendola coincidere con il nostro rientro alla fattoria, loro attaccheranno questa notte oppure domani durante il viaggio. Negli ultimi giorni Francesco Giacomo ha sparso in giro la voce della nostra partenza e sicuramente sarà arrivata alle orecchie dei briganti.» lo informò Francesco.

«Concordo con la strategia di mio padre, ma sono perplesso...» ammise il giovane. «Quale brigante avrebbe interesse per questo carico? Anche se il materiale vale molto, se venduto nel mercato europeo, è chiaro che questi sono dei semplici mercenari. Guidati da chi?, mi chiedo. Dev'essere qualcuno che sa come piazzare la merce, non credete?»

«Niente da eccepire sul tuo ragionamento, è quello che ipotizziamo anche noi.» convenne Francesco. «Per questo motivo dobbiamo stare all'erta. Affronteremo persone addestrate che hanno avuto modo di studiare le nostre abilità. Stai in guardia, Ranieri. Un'ultima cosa: sei armato?»

«No, però posso correre a prendere le armi e la Katana regalatami da Tsuki.»

«Sì, vai a prendere Katana, fucile, arco e coltelli da lancio con fondina alla coscia.» ordinò il frate.

Ranieri corse immediatamente verso gli alloggi, ma mentre varcava il grande portone di legno, sentì un forte boato proveniente da nord-est: uno dei ponti era stato distrutto. Il paese era morfologicamente isolato sia perché costruito su un crinale dalle forti pendenze, sia per la presenza di un torrente, un affluente di sinistra idrografica del fiume che dominava la valle. Nel paese sorgevano tre ponti di legno che agevolavano i trasporti verso la direttrice principale per la città portuale.

Ranieri salì rapidamente le scale fino agli alloggi per recuperare quanto richiesto dal frate. Vide la sorella e Liliana nel corridoio, entrambe armate di spada e con delle piccole candele in mano.

«Ragazze, siamo sotto attacco. Restate qui accanto alle scale e non fate passare nessuno, io vado fuori a difendere l'entrata. Proteggete moglie e figli di Francesco Giacomo. A dopo, spero! State all'erta, non sono semplici briganti, bensì mercenari ben addestrati.»

Non appena scese in cortile e si fermò davanti al lagone principale, sentì da sud-ovest una nuova deflagrazione ancora più potente della precedente, dopodiché vide saltare uno dei lagoni coperti che Francesco Giacomo stava studiando nei suoi ultimi esperimenti. L'aria divenne immediatamente satura di idrogeno solforato, un odore nauseabondo molto pungente, e la visibilità fu irrimediabilmente compromessa dai vapori liberati dal lagone. Ciononostante, la luna garantiva qualche tiepido bagliore. Ranieri decise di posizionarsi dietro alcune rocce. In lontananza scorse il frate che combatteva assieme ad altri amici, ma optò per restare vicino al carico e all'entrata del palazzo, convinto che quei banditi fossero soltanto un diversivo.

La sua ipotesi si rivelò fondata: qualche minuto dopo notò alcuni uomini avvicinarsi in silenzio ai carri, così decise di nascondersi in uno di essi per scoprire dov'erano diretti e dove si trovava il loro campo base. Virginia lo seguiva dalla finestra, ma non era la sola. Ranieri sentì i briganti parlare tra loro mentre legavano ai cavalli i carri con le scorte di minerale, poi udì degli spari: dalle finestre, le ragazze cercavano di ritardare la fuga dei banditi, qualcuno dei quali cadde a terra ferito, chi alle gambe, chi alle braccia. Uno di loro fece saltare con dell'esplosivo il portone di legno che consentiva l'accesso agli alloggi. Per il giovane fu una preoccupazione in meno: ora nessuno poteva più entrare o uscire dall'edificio, e le ragazze avevano armi e munizioni a sufficienza per sentirsi al sicuro.

Sbirciando tra gli strappi presenti nel telo che ricopriva il carico, Ranieri capì di trovarsi sull'ultimo carro. Estrasse uno dei coltelli da lancio, ringraziando tra sé il frate per avergli suggerito di andare a prenderli, e tagliò di netto la gola al mercenario alla guida, rallentando in questo modo il mezzo. L'uomo, che indossava un lungo mantello nero con delle iniziali ricamate e sottovesti di colore nero, non ebbe nemmeno il tempo di capire cosa stesse succedendo. Ranieri indossò in fretta i suoi abiti e isolò il carro dai cavalli, dopodiché proseguì all'inseguimento della carovana. Fermare tutti i mercenari sarebbe stato impossibile, l'importante era non perderne le tracce. Quando in lontananza scorse uno dei carri, prendendo bene la mira con il proprio arco cercò di uccidere il conducente, anche se sapeva che era un'impresa al di là delle sue possibilità. La freccia si fermò su un lato del carro senza fortunatamente destare i sospetti dell'uomo, a causa del frastuono provocato dalle ruote sulla strada sterrata. Ranieri decise di non sprecare altre frecce e tentò di recuperare terreno tagliando attraverso il bosco. In questo modo avrebbe guadagnato alcuni minuti utili per sbarrare la strada alla carovana. Mentre cavalcava tra gli alberi e la folta vegetazione, ebbe una visione: alla sua destra comparvero due lupi bianchi e una ragazza con un lungo mantello bianco. Fu una visione estemporanea, fulminea: appena il tempo di un battito di ciglia e le tre figure erano sparite. Ranieri si convinse di aver avuto un'allucinazione.

Arrivato in prossimità della confluenza del secondo affluente di sinistra con il fiume che dominava la valle, sbarrò la strada usando dei grossi tronchi. In lontananza vide i mercenari che procedevano lentamente. Aveva a disposizione ancora qualche minuto per depositare delle pietre sulla strada nei pressi del piccolo ponte che avrebbe condotto i briganti sulla direttrice principale. Le pietre e i tronchi avrebbero fatto rompere qualche ruota rallentando la carovana, o almeno così sperava.

Cercò riparo dietro un argine in pietra, con arco e Katana pronti all'uso. Il nascondiglio non era dei migliori per un agguato, lo avrebbero sicuramente visto. Decise allora di gettarsi in acqua: avrebbe infilato un bastone tra i raggi delle ruote posteriori del primo carro, dopodiché avrebbe tentato un disperato corpo a corpo con sei uomini. Quello per lui sarebbe stato il punto di non ritorno. Aveva cambiato di sua iniziativa i parametri della missione: non seguire o rallentare la carovana, ma arrestarla del tutto.

I carri passarono uno per volta dal ponte quasi a passo d'uomo, cosa che diede a Ranieri tutto il tempo di utilizzare il bastone. Qualche istante dopo, il primo carro si bloccò, si erano rotti i raggi delle ruote posteriori. La stessa cosa accadde alle ruote per il peso eccessivo del carico.

Il ponte era finalmente bloccato, l'ultimo carro dovette fermarsi bruscamente per non tamponare gli altri due che lo precedevano. I mercenari, sicuri di aver fatto perdere le proprie tracce grazie all'altra squadra che stava impegnando i precettori in un combattimento corpo a corpo, smontarono da cavallo e si affrettarono a caricare tutta la merce sull'unico carro ancora in grado di viaggiare. Tentarono di riparare almeno uno degli altri due sfuttando le ruote dell'altro.

Ranieri, immerso nell'acqua del torrente, tremava per il freddo e non poteva attendere ancora molto: era il momento di agire. I vestiti bagnati lo appesantivano rallentandone i movimenti, senza contare che era a corto di fiato per l'acqua che gli arrivava all'altezza della bocca. Decise di farsi trasportare verso valle dalla corrente del fiume senza fare rumore.

Appena riuscì a risalire sulla strada, corse verso i mercenari e uccise i primi tre trafiggendoli con la Katana. L'effetto sorpresa anche quella volta gli assicurò un vantaggio considerevole.

«Ecco chi ci ha creato tanti problemi!» esclamò uno dei briganti ancora in piedi. «Ragazzo, da solo contro tre? Sei morto. Non lo senti? Il diavolo ti sta cercando con la forca...»

Ranieri decise di rompere gli indugi: con entrambe le mani sollevò il manico della spada vicino all'orecchio destro, poi si mosse lentamente verso il primo nemico senza aspettare di essere attaccato. Sputò in faccia al brigante, prendendolo alla sprovvista, diversivo che gli permise di infilzarlo con la lama. Ne restavano altri due. Quei briganti erano tutti vestiti allo stesso modo, ma per fortuna non erano abili combattenti. Con la spada sollevata, attese le loro mosse. Quando il primo uomo si avvicinò, con il piede gli gettò della sabbia negli occhi, poi gli tagliò di netto la testa. Il combattimento con l'ultimo brigante rimasto si concluse al secondo scontro, quando la Katana spezzò in due la spada dell'avversario. Persino Ranieri rimase sorpreso da tanta resistenza. Tuttavia, invece di ucciderlo, legò il mercenario immobilizzandogli mani e piedi, dopodiché iniziò a interrogarlo. Da lontano si udì un forte sparo e la testa del brigante si aprì come una zucca. Con uno scatto, Ranieri si gettò astutamente nel fiume e da lì vide un uomo a cavallo completamente vestito di nero darsi alla fuga. Non perse tempo, salì sul primo cavallo e si lanciò all'inseguimento: l'uomo sembrava sapere il fatto suo, sia per quanto riguardava la conoscenza del territorio, sia per l'abilità nel cavalcare. Nei pressi di un vecchio ponte etrusco sull'asta principale del fiume che dominava la valle, Ranieri riuscì con un lazo a far cadere l'avversario. Ne nacque un violento scontro ad armi impari: il brigante indossava una piccola armatura di maglia che impediva al giovane di assestare colpi definitivi. Riusciva a penetrare ma non ad affondare a sufficienza, complice anche la stanchezza che iniziava a farsi sentire. L'altro non era abile e svelto quanto lui, ma riuscì comunque a mettere a segno alcuni colpi che lacerarono la pelle sulle gambe e sulle braccia di Ranieri, il quale improvvisamente avvertì un forte bruciore agli occhi e si rese conto che le gambe non riuscivano più a sostenerlo. I colpi dell'avversario divennero troppo potenti, la vista gli si andava progressivamente annebbiando. Cadde a terra e capì che il brigante stava per ucciderlo. Era pronto a morire, non aveva né rimorsi né paure, ma proprio in quell'istante anche l'uomo cadde in ginocchio.

«Maledizione!» imprecò. «La tua lama ha trapassato la mia maglia, così ha avvelenato anche me... Moriremo assieme...»

Ranieri lo raggiunse trascinandosi sulle braccia e lo trafisse alla gola con il pugnale. Attese inerme la morte lì a terra, ripensando a tutto quello che era successo negli ultimi anni e a quanto aveva appreso dalla maestra, cercando di rimanere sveglio in attesa di improbabili soccorsi. L'ultima cosa che vide furono due lupi bianchi e una ragazza dai capelli rossi vestita di lino bianco. Poi tutto si fece nero.

Il giorno seguente, Tiziano e gli altri precettori trovarono i carri con il minerale e i cadaveri dei briganti, tra cui quello dell'uomo con il pugnale in gola, ma di Ranieri nemmeno l'ombra. Tsuki e il frate setacciarono l'intera area senza giungere a nessuna conclusione. Se il ragazzo fosse stato sbranato dai lupi, avrebbero trovato la spada lì vicino.

Furono giorni orribili alla fattoria: la madre e la nonna erano disperate, il tempo passava senza che di Ranieri si avessero più notizie.

Trascorsi alcuni mesi, i precettori abbandonarono le ricerche del ragazzo e si dedicarono alla produzione nella valle dei diavoli. Federigo considerava quella situazione un inaspettato colpo di fortuna: Ranieri fino a quel momento era stato l'unico ostacolo alla conquista di Virginia e Liliana. Continuava a comportarsi e a parlare con le ragazze in modo molto diretto, e loro, con il passare del tempo, cominciavano ad avvertire sempre meno la mancanza di Ranieri. Tutti lo davano ormai per morto e sepolto, tranne Tsuki, che andava ancora a cercarlo nei boschi quando non insegnava alle ragazze. Al gruppo si era unita anche la sorella minore di Federigo, Chantal, che nei mesi precedenti aveva osservato a lungo Ranieri.

Ogni sera Virginia si rifugiava in camera di Federigo per sfogarsi un po' con lui.

«Meno male che in questo periodo complicato della mia vita ho te, che mi aiuti e mi comprendi. Ero molto vicina a mio fratello, sono cresciuta praticamente con lui e adesso mi sento sola...»

«Mia cara, mi dispiace molto per te, ma era un'eventualità che avresti dovuto mettere in conto.» ribatté Federigo abbracciandola e stringendola al petto. «Tuo fratello inseguiva continuamente i propri miti e alla fine si è trovato in una situazione più grande di lui. Per fortuna hai incontrato me, che non vorrei mai farti rimanere da sola inseguendo falsi miti.»

«Mah, Ranieri non era uno che inseguisse miti, non so che cosa possa essere accaduto quel giorno...» commentò Virginia perplessa.

«Ricordo ancora alcuni anni fa quando combattemmo assieme contro i briganti e rischiò la vita per me.»

«No, non per te, ma per fomentare la propria leggenda. Credimi, io conosco le persone, riesco a inquadrarle. Con me non ti accadrà mai nulla, saranno gli altri a doversi preoccupare se si metteranno contro di noi.»

Così dicendo, abbracciò Virginia e la baciò, e passarono tutta la notte insieme.

Nel frattempo Tsuki continuava a osservare e a prendere nota. Da tempo ormai sapeva che stava arrivando la sua ora, e per questo motivo avrebbe voluto lasciare degli scritti a Ranieri. Era convinta fosse ancora vivo, riusciva a percepire la sua energia anche se non era in grado di localizzarla. Girovagare tra i boschi alla ricerca del ragazzo sembrava essere diventata la sua ultima missione.

Trascorsero altri tre anni nella valle dei diavoli, e tutto scorreva con la medesima monotonia, tra studio e allenamento.

Durante una serata afosa, Federigo uscì fuori con Liliana, Chantal e Virginia, con le quali aveva formato un nuovo gruppo. Improvvisamente si udì un forte boato: uno dei lagoni coperti era saltato in aria a causa dell'elevata pressione. Federigo sobbalzò per lo spavento e si nascose dietro il primo riparo vicino, mentre le ragazze si erano disposte a ventaglio per coprirsi le spalle a vicenda in caso di attacco.

«Federigo, che fai? Ti nascondi? Non ci aiuti a combattere?» chiese Virginia.

«No, non mi nascondo per paura ma per sicurezza.» rispose lui. «Se saltasse un altro lagone qui vicino, potremmo essere colpiti da qualche detrito.»

«Federigo, ti conosco, codesta è soltanto paura!» lo punzecchiò sua sorella Chantal. «Non hai idea di cosa sia accaduto e cerchi qualcuno che ti difenda. Quando arriverà il giorno in cui dovrai combattere per qualcosa, ti bloccherai.»

«Chantal, fa' silenzio! Io non dovrò combattere di persona, ci saranno altri che lo faranno per me.»

Qualche istante dopo, Francesco Giacomo incrociò i ragazzi di ritorno dalla visita al lagone coperto.

«Niente briganti, soltanto una cattiva progettazione.» li rassicurò. «Andate a letto ora, domani sarà una dura giornata.»

I ragazzi seguirono il consiglio e andarono a dormire. La mattina seguente, appena svegli, videro il frate dirigersi con alcuni documenti in mano verso Francesco Giacomo e Tiziano. Incuriositi, si misero a origliare.

«È appena arrivata questa lettera del Granduca.» esordì frate Francesco. «Ci sono delle forti sacche di resistenza in prossimità della città alla foce del fiume, dove è iniziata la costruzione della ferrovia litoranea nei pressi delle bonifiche. Ci chiedono di intervenire.»

«Avrei voluto inviare Ranieri a tal fine, ma non è più possibile adesso, devo pensarci io. Porterò con me le ragazze e Federigo, dobbiamo creare i contatti nella città e combattere la resistenza. Immagino che il Granduca invierà delle truppe in nostro aiuto. Francesco, tu e Tsuki restate qui con Francesco Giacomo e difendete la produzione.» si raccomandò Tiziano.

«Sì, sono in arrivo delle truppe.» confermò il frate.

Federigo si sentì d'un tratto importante: avrebbe gestito i rapporti con la nuova città e sarebbe riuscito a risolvere il problema grazie alle sue conoscenze. Sarebbe potuto diventare un precettore con il supporto morale di Tiziano.

I giorni seguenti ripresero le lezioni con Francesco Giacomo, alle quali partecipavano tutti tranne Federigo. In tarda mattinata, Tsuki raggiunse Tiziano con in mano delle strane vesti e la spada di uno dei mercenari che aveva affrontato Ranieri.

«Dopo quasi tre anni sono riuscita a trovare un indizio nel bosco.» annunciò. «Spero sia una buona traccia. Queste vesti nere appartenevano a un uomo che ci stava spiando. Osserva: sono simili a quelle dei briganti che Ranieri era riuscito a bloccare. Gli abiti sono rivestiti di una maglia metallica e sulla lama di questa spada è stato applicato un veleno, anche se non so ancora di quale tipo si tratti. Ad ogni modo, la cosa più interessante è questa: le vesti presentano un ricamo identico a quello del soprabito di frate Francesco. Quindi, o il frate è un doppiogiochista, oppure tra di noi c'è un infiltrato che informa i loro capi delle nostre attività.» concluse la giapponese convinta.

«Conosco Francesco da troppo tempo.» ribatté Tiziano. «Credo che ormai abbia abbandonato quella confraternita. Tuttavia non ci si può fidare di nessuno, ci sono troppi soldi in ballo in questa attività. Anche se potrei giurare che Francesco ne possiede già molti e non è minimamente interessato al denaro. In ogni caso, segui questi indizi e tienimi informato.»

Detto ciò, radunò i ragazzi e spiegò loro cosa stava accadendo e che nel pomeriggio sarebbero partiti per la città alla foce del fiume. Per sicurezza decise di portare con sé anche i fratelli, Roberto e Matteo.

All'udire quelle parole, Virginia fu assalita dai ricordi delle giornate trascorse con il fratello alla foce del fiume, che le tornarono in mente in tutta la loro vividezza; ebbe la sensazione di rivivere per alcuni istanti episodi d'infanzia ormai sepolti nell'oblio. Per lei quel luogo era il punto zero, dove tutto era iniziato.

Capitolo 7

Maremmani Antagonisti

Arrivarono alla città alla foce del fiume in tarda serata e soggiornarono in centro, presso una locanda che fungeva anche da stazione di posta, gestita da un omone burbero e taciturno con una folta barba nera. Grazie alle sue doti comunicative, Tiziano riuscì subito a instaurare con lui un rapporto cordiale, spianandosi la strada per ottenere informazioni.

«Abbiamo avuto notizia di disordini in queste zone, dobbiamo temere per la nostra incolumità?»

«Dipende da cosa cercate.» rispose l'uomo. «Ci sono due tipologie di briganti, quelli odiati dalla popolazione perché tormentano i passanti rubando loro ogni bene, e quelli benvoluti perché si oppongono alle pesanti modifiche e ai tributi che Firenze impone ai nostri territori. I primi sono capeggiati dai noti Stoppa e Tiburzi, ricercati anche dalla forza pubblica, gli altri invece sono giovani tra i sedici e i venticinque anni. Visto che, per vostra stessa ammissione, siete dei naturalisti, vi suggerisco di non girovagare per i boschi perché i suddetti Stoppa e Tiburzi sono molto pericolosi e non esitano a uccidere. Per giunta, voi siete indifesi e con donne al seguito. Io mi asterrei dal rischiare. Gli altri briganti, invece, vi controlleranno senza farsi vedere e in casi estremi vi difenderanno pure, se siete davvero dei naturalisti. Adesso spetta a me fare una domanda: che cosa cercate da queste parti che meriti un approccio naturalistico?»

«Nulla di particolare, vogliamo studiare sia il ragno che dicono viva da queste parti, sia le geo-risorse della valle.» spiegò Tiziano.

«In merito al ragno posso dirvi che si tratta della *Malmignatta* scoperta in queste aree nel 1790 circa da Rossi. Ho anche un breve manoscritto al riguardo, lasciatomi dal mio predecessore qui alla locanda, se non erro...»

«Sì, proprio il *Latrodectus Tredecimguttatus*, volgarmente detto *Malmignatta*. Si dice che chi viene punto non abbia scampo...»

«Ascoltate bene i miei consigli.» tagliò corto il locandiere. «State attenti sia ai briganti sia alla *Malmignatta*, entrambi possono essere mortali. Temete invece i Maremmani Antagonisti, che a differenza degli altri sono letali al cento percento. Usate con cautela il termine "geo-risorse", da queste parti potrebbe suonare compromettente ed esservi potenzialmente fatale. Altri che sfruttano i nostri territori e le nostre risorse... una pazzia...» concluse scuotendo la testa. Dopodiché si alzò, spense la pipa e rientrò nella locanda.

Dopo l'ora di pranzo, quest'ultima era frequentata da viaggiatori e alcuni residenti che andavano a concedersi un bicchiere di vino. Quel pomeriggio si presentarono degli amici del locandiere con un ferro di cavallo in mano, sfidandolo a raddrizzarlo. L'uomo accettò e dichiarò aperte le scommesse sull'esito finale, un espediente folcloristico per racimolare qualche soldo extra nei periodi di maggior afflusso. Tiziano osservava interessato in disparte, e non poté credere ai suoi occhi quando quel gigante dotato di una forza bruta e dall'aspetto temibile riuscì nell'impresa.

Più tardi si diresse verso la piccola parrocchia al centro del villaggio e vide Federigo che usciva dalla canonica.

«Ci sono novità?» gli chiese.

«All'inizio il parroco era restio a parlare,» – rispose il giovane – «ma poi gli ho mostrato il nulla osta del Vescovo, a quel punto ha capito che sono un confratello e mi ha raccontato tutto quello che sapeva su questa città. Dobbiamo temere in particolare i Maremmani Antagonisti, giovani ragazzi che vogliono preservare il loro territorio. A mio parere, personaggi anacronistici. A ogni modo, il prete dice che negli ultimi mesi si è unito a loro un giovane mercenario proveniente dalla Corsica che combatte con tecniche mai viste e da solo vale per cento uomini. Non si vede molto in giro, lo si riconosce durante gli attacchi per i capelli completamente rasati a zero e le vesti di pelle marrone. Spesso ama dipingersi la faccia come fosse un mostro, cambiando figura in continuazione. Insomma, un forsennato...»

«Probabilmente lo è, ma in ogni caso resta un forsennato colto: veste come gli indigeni americani e utilizza pure le loro maschere di battaglia. Decisamente temibile. Domani arriveremo fino al mare per vedere come procedono i lavori di bonifica e di piantumazione della pineta.» lo informò Tiziano.

Il giorno seguente, di buon'ora, si recarono in prossimità della costa a controllare le opere di bonifica. Era un'occasione particolare, il Granduca aveva inviato uno strana macchina a vapore per testare le rotaie della ferrovia e accelerare le procedure. Era presente persino uno dei primi fotografi dell'epoca per immortalare il momento. Il mezzo emetteva un denso fumo nero dalla ciminiera a causa della combustione del carbone, che ricopriva chiunque fosse nei paraggi di una polvere color antrace. Federigo ne era disgustato, Virginia invece era affascinata dalla meccanica. Tiziano, dal canto suo, temeva che potesse accadere qualcosa di grave.

Qualche minuto più tardi, una serie di esplosioni crearono il panico: i Maremmani Antagonisti stavano dimostrando apertamente il loro dissenso. La forza pubblica iniziò a sparare, ma quelli rispondevano colpo su colpo. Un ragazzo e una ragazza, che indossavano maschere con degli strani triangoli neri sul viso, si avvicinarono al locomotore con in mano delle sacche di pelle, che poi depositarono a terra lì accanto. Pochi secondi dopo si udì un forte boato, che tuttavia non provocò danni evidenti, trattandosi di piccole bombe artigianali. Dopodiché il giovane salì sulla macchina a vapore e in poco tempo riuscì a sabotarla. Tiziano capì che non era un semplice esaltato, ma uno che sapeva il fatto suo. Vide il fotografo scattare alcune foto a intervalli regolari, in funzione del tempo necessario a quegli oggetti per ricaricarsi. Decise di provare un attacco assieme ai due precettori fratelli, e con un colpo di pistola riuscì a ferire la ragazza, che immediatamente batté in ritirata su ordine del compagno. Roberto e Matteo impugnarono le spade e affrontarono il ragazzo, ma questi sembrava essere di gomma oltre che veloce come una mangusta. Per un attimo credettero di averlo sopraffatto avendolo accerchiato, ma lui, con un balzo felino e un avvitamento in aria, riuscì a scendere dal locomotore e con un'abile rotazione del polso disarmò prima uno e poi l'altro. Alla fine li colpì con un potente calcio allo stomaco che li fece svenire, dopodiché si diresse verso Federigo e le ragazze.

Tiziano intanto stava lottando con la ragazza mascherata da nativa americana, già tornata sul campo di battaglia dopo essersi velocemente fatta medicare. Anche se ferita di striscio, la sua superiorità era palese e sembrava divertirsi con il suo avversario. In più di un'occasione, Tiziano si rese conto che la Maremmana avrebbe potuto trafiggerlo con la spada, eppure non lo fece nemmeno una volta: si limitava a schivare i suoi colpi senza contrattaccare. Avrebbe voluto acquisire le foto scattate dal fotografo non solo per inviarle al Granduca, ma anche per poter studiare quello stile di combattimento.

Le ragazze videro arrivare verso di loro il Maremmano. La prima ad attaccare fu Chantal, la quale tuttavia non ebbe nemmeno il tempo di realizzare cosa stesse succedendo che si ritrovò a terra priva di sensi; Liliana invece fu liquidata con una gomitata alla bocca dello stomaco. Con la spada in mano, Virginia decise di mettersi in posizione di difesa, agitando la Katana per guadagnare spazio e tempo, anche se sapeva che erano energie sprecate. Il ragazzo non estrasse la propria arma e quando le fu abbastanza vicino, le afferrò il polso destro e con un gesto fulmineo lo ruotò in direzione della spalla destra. Virginia provò a saltare per evitare la rottura dell'avambraccio, ma la potente spazzata dell'avversario le fece perdere l'equilibrio. Il giovane la disarmò e poi la colpì con un pugno allo stomaco allo scopo di tramortirla momentaneamente, senza farla svenire. Infine si avvicinò a Federigo, che aveva iniziato a piangere come un bambino e tremava come una foglia. Virginia seguiva la scena da terra e non sapendo come sarebbe andata a finire, ebbe paura. Avrebbe voluto sollevarsi e continuare a combattere, ma faticava ancora a respirare a causa del pugno subito.

La forza pubblica era alle prese con gli altri Maremmani Antagonisti e non si preoccupava di cosa combinava il ragazzo, il quale afferrò Federigo, lo guardò negli occhi e con le braccia gli fece segno di combattere; lui provò a tirare qualche pugno sempre piangendo disperato, ma in cambio ne ricevette il doppio fino a fargli perdere conoscenza.

Dopodiché il ragazzo corse verso la sua amica, che stava ancora impegnando duramente Tiziano. Con un rapido pugno assestato in salto mise fuori combattimento anche quest'ultimo. Con l'aiuto della ragazza lo spostò con delicatezza dal locomotore e poi piazzò altri due ordigni artigianali per comprometterne definitivamente le funzioni.

Qualche istante dopo, Tiziano si risvegliò con accanto a sé il responsabile della forza pubblica, che in quel momento aveva uno sguardo poco rassicurante sul viso.

«Chi siete, cosa state facendo e perché stavate combattendo con quegli uomini?» gli domandò a bruciapelo. «Voglio delle spiegazioni! Ci sono feriti tra di voi?»

«No, nessuno è ferito, siamo soltanto tramortiti dai colpi che abbiamo subito. Mai così tanti tutti assieme...» ammise Tiziano.

«Credo di aver capito chi siete e cosa ci fate qui.»

«Siamo dei naturalisti venuti a studiare la *Malmignatta*. Alla locanda dove alloggiamo, ci hanno detto che oggi sarebbe stata presentata questa nuova macchina per costruire il primo tratto di ferrovia, così ne abbiamo approfittato per dare un'occhiata. Io sono Tiziano e loro sono i miei figli: Liliana, Virginia, Chantal e Federigo. Mi aiutano nelle ricerche.»

«Bene, signori, sappiate che questa storia non mi piace e non mi piacete neanche voi.» sentenziò l'uomo. «Per stavolta vi concedo il beneficio del dubbio, ma la prossima passerete la notte al fresco. Un'ultima cosa: come mai vi siete intromessi? E dove avete imparato a combattere in quel modo?»

«Sono stato addestrato in Corsica durante l'occupazione francese.» spiegò Tiziano. «Ho insegnato la tecnica anche ai miei figli, potrebbero averne bisogno per difendersi. Infine abbiamo deciso di intervenire perché ci siamo sentiti attaccati. Sentite, capo, potrei avvicinarmi al locomotore per favore? Sono affascinato dalla tecnologia che lo alimenta.».

«Va bene, fate pure. I vostri amici si stanno riprendendo adesso dai calci di quel ragazzo, devono essere stati tremendi. Mai visto nessuno combattere in quel modo, potrebbe mettere fuori combattimento un intero battaglione senza che nessuno riesca a fermarlo. Chi mai lo avrà addestrato? Domanda che al momento resta senza risposta. In ogni caso informerò il Granduca di quanto accaduto.»

«Grazie, signore!»

Dopo essersi congedati, ancora traumatizzati dai colpi subiti, tutti assieme si incamminarono verso Roberto e Matteo.

«State bene, ragazzi?» chiese Tiziano. «Avrebbe potuto annientarci tutti in qualsiasi momento. La cosa eccezionale erano i movimenti del pennato, lo utilizzava con estrema naturalezza. Osserviamo bene la meccanica alla base di questo locomotore e annotiamola nei dettagli, poi andremo a goderci il mare. Direi che per oggi basta così. Io vado a recuperare le foto.»

Si fermarono sulla spiaggia per mangiare qualche tozzo di pane e del formaggio che avevano portato con sé. Tutti si riposavano in silenzio, con in sottofondo soltanto il quieto sciabordio del mare.

«Che succede?» domandò Tiziano vedendo la figlia triste.

«Niente, mi è tornata in mente l'ultima volta che sono stata qui con Ranieri.» rispose Virginia. «Sono trascorsi molti anni ormai. Eppoi pensavo all'attacco di oggi: forse, se lo avessimo avuto al nostro fianco, tutto si sarebbe risolto e probabilmente avremmo vinto.»

«Scusate se mi intrometto,» – intervenne Federigo – «ma quei due sarebbero stati troppo anche per lui. Tsuki magari qualche anno fa l'avrebbe spuntata. Avete notato la velocità e la ferocia dei suoi colpi?»

«Ti sbagli, era feroce soltanto nei tuoi confronti.» disse sua sorella Chantal. «Che diavolo hai combinato dal parroco? Cosa stai nascondendo? La prossima volta quel Maremmano non sarà clemente. Qualsiasi cosa tu stia tramando, pensa bene a quello che fai nel tuo e soprattutto nel nostro interesse. Noi non andiamo alla ricerca di facili conquiste nella vita, non è nel nostro spirito, cerchiamo soltanto armonia.»

«Armonia o agonia?» ironizzò suo fratello. «Comunque, appena rientro alla locanda, risolverò il problema del responsabile della forza pubblica: andrò dal parroco affinché scriva immediatamente al Vescovo, e in un batter di ciglia arriverà un sostituto. Mai vista tanta insolenza nei nostri confronti. Riguardo allo straniero mi sono difeso bene, tant'è vero che è scappato a gambe levate...»

«Adesso basta, Federigo!» tagliò corto Virginia. «Siamo stufi del tuo comportamento, persino tua sorella ti ha rimproverato. Non capisci la gravità della situazione! Ricordi le parole di Ranieri la sera dell'attacco dei briganti? *Prima o poi arriverà il momento in cui dovrai comportarti da uomo. Sarai in grado di farlo? Rifletti bene perché in quell'occasione nessuno ti aiuterà, anzi, dovrai difenderti da solo.* Hai il coraggio di dire di averlo messo in fuga, sei veramente ridicolo! Ha voluto risparmiarti la vita, te la sei fatta sotto dalla paura!»

«Basta litigare, Virginia, non siamo qui per questa ragione.» intervenne perentorio suo padre. «Rilassatevi, poi torneremo alla locanda. Ehm... Federigo! Nessuna parola al Vescovo sulle nostre attività, chiaro?»

«Ma signor Tiziano, forse non si fida del Vescovo o dei miei amici prelati?» chiese il giovane.

«No, non capisci! Io al momento non mi fido di nessuno!» replicò lui incollerito. Poi, rivolgendosi ai fratelli precettori, aggiunse: «Ragazzi, portate immediatamente questa lettera e queste foto a Tsuki e al frate, e fate quel che vi diranno. Buon viaggio e a presto.»

Virginia non aveva mai visto il padre così risoluto, evidentemente aveva capito che la situazione era più grande di lui.

«Io devo assolutamente raggiungere Firenze il prima possibile.» riprese Tiziano. «Questo pomeriggio voi rientrerete alla fattoria e vi resterete fino al mio rientro. Eseguite gli esercizi di Tsuki.»

«Firenze? Quali sono gli interessi di Firenze sul nostro territorio? Io consiglio di andare alla città portuale! Ho alcuni amici che potrebbero fare al caso nostro.» disse Federigo.

«Tu rientri alla fattoria e attendi tuo padre e la scorta.» ordinò Tiziano. «Se ancora non l'hai capito, il prossimo attacco dei briganti avverrà in prossimità delle saline, dove si trovano i cinque pozzi di moie salate da cui si estraggono almeno cinquecento secchi di acqua salata al giorno. I fluidi sono fatti essiccare in pentoloni di piombo riscaldati da circa cento some di legna ogni ventiquattr'ore. Non ricordi le lettere che il responsabile ha inviato a tuo padre? Quale pensi sarà il loro prossimo obiettivo? Costoro vogliono difendere le geo-risorse della valle, non capisci? Non accettano che vengano sfruttate. Noi abbiamo bisogno di rinforzi, spero solo di arrivare in tempo. Ci vediamo il prima possibile.

Virginia, saluta tua madre e scusami con lei per la mia continua assenza.»

«Nessun problema, lo farò senz'altro. Posso visionare le foto?» domandò lei.

«No, per il momento no!» decise suo padre, il quale, rientrato alla locanda, pagò il conto e salutò il gestore.

«Signore, è stato un piacere, spero di rivedervi al più presto. Avevate ragione su tutto.»

«Su *quasi* tutto... siete ancora vivo, a quanto vedo!» ribatté l'uomo. «Per il rientro dei suoi figli non si preoccupi, in paese si vocifera che avranno via libera fino alla vostra fattoria. Finché questa resterà un luogo di quiete, così come dicono, nessuno avrà motivo per attaccarla; viceversa, qualora le carte in tavola dovessero cambiare...» lasciò cadere la frase in tono allusivo. «Questo è quanto ho sentito dire. Io non mi occupo di politica, me ne tengo alla larga, raccolgo solo delle voci qua e là.»

«Quello che dite mi fa stare tranquillo, grazie.» lo salutò Tiziano, facendo finta di non cogliere tra le righe. In realtà aveva chiesto a Tsuki di pedinare il locandiere, era convinto fosse il capo dei Maremmani Antagonisti.

I ragazzi restarono al mare fino al tardo pomeriggio come ordinato, poi si misero in viaggio alla volta della fattoria. Virginia era

243

molto stanca, si era ustionata il viso e la schiena per colpa dei vestiti che le lasciavano scoperte le spalle. Non vedeva l'ora di rientrare a casa, la madre avrebbe trovato sicuramente una soluzione. Era in sella a Due e stava pensando al fratello quando decise di cambiare direzione e salire sul promontorio dal quale si poteva osservare la valle. Sarebbe stato una sorta di tributo a Ranieri, in sella al cavallo che era stato suo.

Arrivati al punto panoramico, smontarono e procedettero a piedi. A un tratto, in lontananza, videro una sagoma maschile che somigliava al Maremmano che avevano affrontato in mattinata.

«Ragazzi, siamo di nuovo sotto attacco, attenti!» esclamò Virginia.

Sopraggiunse anche la ragazza che li aveva aggrediti, assieme a due lupi. Non avevano intenzioni bellicose, volevano soltanto ammirare il panorama. Quando Chantal estrasse le pistole, scapparono di corsa facendo perdere le loro tracce.

«Meno male, ci avrebbero fatti secchi tutti.» tirò un sospiro di sollievo Virginia. «Anche loro amano il panorama che si vede da qui.»

«In effetti è bellissimo.» confermò Chantal.

«Già, Ranieri ne andava pazzo...» interloquì Liliana.

«Ricordo quando una mattina mi disse che avrei dovuto osservarlo bene, perché le bonifiche ben presto lo avrebbero profondamente cambiato. Odio ammetterlo, ma aveva visto giusto.» raccontò Virginia con lo sguardo triste di fronte a quei cambiamenti radicali nel paesaggio.

«Siete tutti anacronistici, vivete in un mondo in continua evoluzione e non capite che il Medioevo è ormai finito.» sentenziò Federigo. «Siamo su questo pianeta per dominarlo, dobbiamo solo stare attenti a non rompere il delicato equilibrio che ne permette la sostenibilità. Non abbiamo ancora intaccato il vero valore della Terra.»

«Secondo me lo capiremo troppo tardi, quando avremo superato il limite.» opinò Virginia.

«Io mi sento osservata...» disse Chantal.

«Coraggio, torniamo alla fattoria, il viaggio è ancora lungo.» li esortò Liliana.

Ripresero i cavalli e procedettero a passo lento verso casa. In prossimità del guado del fiume furono fermati da alcuni briganti, non particolarmente pericolosi, a dire il vero: bastò che Liliana lanciasse loro un sacchetto pieno di monete, una sorta di lasciapassare, e poterono proseguire indisturbati. Virginia e Chantal notarono tuttavia uno strano sorriso sul viso di quei banditi anomali: non era né beffardo né canzonatorio né compiaciuto.

Qualche chilometro dopo, Liliana cadde assieme al suo cavallo, inciampato su una corda tesa. Si rimise rapidamente in piedi, consapevole della gravità della situazione; non si era fatta male, aveva soltanto qualche graffio e un paio di lividi. Quando dal bosco iniziarono a piovere sassi e altri oggetti appuntiti, smontarono tutti da cavallo e si ripararono in fretta dietro alcune rocce. Federigo, come al solito, tremava di paura. Subito dopo comparvero dei ragazzini mal vestiti e denutriti che volevano picchiarli e derubarli, ma non si trattava dei Maremmani Antagonisti: erano dei ragazzini, probabilmente attorno ai dodici-tredici anni d'età.

Seguirono alcuni scontri, durante i quali i banditi ebbero la meglio in virtù della loro superiorità numerica. Virginia era decisamente fuori forma, disidratata e accaldata com'era – le ustioni provocate dal sole l'avevano parecchio indebolita. Chantal era combattiva per natura, ma la sua tecnica per il momento era ancora troppo basilare e l'addestramento era appena agli inizi. Anche Federigo riuscì a tirare qualche pugno, ma ne incassò molti di più. Liliana, nel tentativo di proteggere Virginia, fu presa alle spalle per la gola.

«Non vogliamo farvi del male.» esordì uno dei ragazzini. «Siete qui per il carico di minerali diretto alla città portuale? Badate, Maremmani Antagonisti, cambiate territorio, questa è la nostra zona! E adesso consegnateci i vostri denari...» ordinò mostrando le monete lanciate poco prima da Liliana. «Questi non saranno certo gli unici, no?»

«Ragazzi, avete frainteso, non siamo Maremmani Antagonisti.» spiegò Virginia. «Stiamo andando a casa alle saline. Non abbiamo altri soldi con noi, controllate pure i nostri cavalli.»

Frugarono rapidamente nelle borse senza tuttavia trovare nulla di interessante.

«Peccato!» esclamò uno dei fanciulli mentre estraeva il pennato. «Appendeteli all'albero! Questa notte i lupi sapranno come cibarsi...»

«No, aspettate!» intervenne Federigo disperato. «Io sono molto ricco, accompagnateci alle nostre abitazioni e vi daremo quello che volete. Non uccideteci, per favore.»

«Sciocco!» ribatté il ragazzino. «Una volta a casa vostra troveremmo i vostri amici... Appendeteli, ho detto.»

Furono tutti appesi ai rami di un albero e scoppiarono a piangere.

«Aiuto, qualcuno ci aiuti!» urlò Federigo.

«Fa' silenzio, vuoi attirare animali selvatici?» lo redarguì Virginia. «Sta' zitto, magari tornano a salvarci...»

Pochi minuti dopo videro avvicinarsi due lupi e la paura si impossessò dei loro cuori. Federigo non riuscì a trattenersi e rilasciò la vescica per lo spavento. I lupi si avvicinavano sempre di più, a passo felpato e con fare tranquillo.

«Via, andatevene via di qui!» ripeteva a oltranza Federigo, completamente in preda al panico.

«Federigo, non sono in atteggiamento da caccia, o almeno così sembrerebbe. Cerca di rilassarti e comportati da uomo.» disse Virginia.

I lupi avevano iniziato ad annusarli uno dopo l'altro. Abituati com'erano al contatto con gli esseri umani, volevano soltanto fare la loro conoscenza. Di fronte a Virginia, però, si sedettero ai suoi piedi con la coda tra le gambe, lasciando tutti a bocca aperta. Qualche istante più tardi, in lontananza videro avvicinarsi una figura esile, verosimilmente una ragazza, vestita di lino bianco e con i folti capelli al vento. Aveva occhi del colore del cielo, una chioma rosso fuoco e un'andatura cauta e rilassata. I tratti del viso non lasciavano dubbi: era la ragazza che quella mattina aveva attaccato il locomotore.

Si avvicinò a Liliana e le prese la mandibola con la mano destra, muovendole con delicatezza il capo verso l'alto, dopodiché la guardò profondamente negli occhi per qualche istante per poi ruotarle la testa adagio a destra e a sinistra. Infine accostò le labbra alle sue e dopo alcuni secondi la lasciò andare. La testa di Liliana, addormentatasi di colpo, cadde in avanti come appesantita da un macigno. Poi fu il turno di Federigo, che continuava a implorare la ragazza di lasciarlo vivere, accompagnando le sue parole a un pianto disperato. Lei lo guardava disgustata, poi estrasse un pugnale e glielo puntò alla gola prima che lui svenisse dallo shock. All'appello mancavano Virginia e Chantal, ai due lati del fusto della grande quercia sughera (*Quercus Suber L.*). I lupi continuavano a rimanere fermi ai piedi di Virginia.

La ragazza optò per Chantal e parlò con un accento che ricordava lo spagnolo.

«Chantal, tu combatti come una iena, il tuo cuore è fuoco...» Poi le posò una mano sul petto e aggiunse: «Persegui un ideale giusto e per fortuna sei l'opposto di tuo fratello. Sento che l'ira per la perdita di Ranieri alimenta il tuo fuoco. Dimmi una cosa, lo hai osservato per molto tempo, vero? Eri innamorata di lui! Forse sei l'unica qui che lo apprezzava davvero, pur avendo scambiato con lui solo poche parole.» Detto ciò, la addormentò con un secco colpo allo stomaco.

Quando si fermò davanti a Virginia, i lupi si scostarono docilmente e in quel momento si sollevò un flebile vento, che liberò dal sottobosco un forte odore di geosmina che schiaffeggiò le narici della ragazza. Letteralmente il termine "geosmina" può essere tradotto in odore di terra. È un composto che, anche a concentrazioni molto basse, conferisce un forte sentore di terra, fango e muffa. L'olfatto umano è molto sensibile alla geosmina ed è in grado di rilevarla anche a concentrazioni di cinque parti per milione. È prodotta da diverse classi di microbi, compresi cianobatteri e attinomiceti, alla morte dei quali viene rilasciata all'esterno. Se si verificano episodi in cui l'acqua di laghi e fiumi ha un cattivo sapore è perché i microbi, nel caso di un forte calo della popolazione batterica, rilasciano grandi quantità di geosmina.

«Mi hai riconosciuta, vero?» domandò la ragazza avvicinando il viso a quello di Virginia. Dopodiché le posò la mano destra sulla fronte e la sinistra sul ventre. Sentì che Virginia stava sudando freddo e scottava. Nonostante questo, sembrava ancora in grado di reagire. «Hai sicuramente capito che non sono qui per uccidervi, lo avrei già fatto se avessi voluto. Io sono MA1, il primo membro dei Maremmani Antagonisti, li ho creati io. Vorrei raccontarti una storia, se hai qualche minuto di tempo...» aggiunse in tono ironico, ritirando le mani dal corpo di Virginia e guardandola negli occhi. «Non dirmi che sei innamorata di questo buono a nulla! Dovrei farti un favore e ucciderlo, oppure lasciare che lo sbranino i lupi. È una persona cattiva, odiava tuo fratello. Sai, vi tengo d'occhio da quando siete arrivati nella valle dei diavoli, l'intervento di tuo fratello nella città portuale lo aveva suo malgrado messo sotto i riflettori. Per non parlare del vostro scontro con i mercenari francesi, ci avete dato una grossa mano, interferivano anche con le nostre attività...»

«Cosa vuoi da noi? Che cosa vuoi farci?» chiese Virginia di getto.

«Niente, solo parlare con te e poi accompagnarti a casa. Domani ti sveglierai nel tuo letto.» rispose MA1. Poi prese una patata e con un coltello la tagliò a piccole fette, posandole delicatamente sulle spalle di Virginia. Infine afferrò una fiaschetta in pelle e tenendole la bocca aperta, la fece bere a forza.

«Maledetta, mi hai avvelenato!»

«Sbagliato, Virginia. Io odio soltanto lui e la sua confraternita, ma lascio a te il compito di ucciderlo, un giorno, quando avrai indizi rilevanti sul suo conto. Per il momento astieniti dall'andarci a letto e dedicati a sviluppare la vostra attività. Riguardo al contenuto della fiaschetta, è soltanto succo di olivello spinoso (*Hippophae rhamnoides*), vedrai che starai meglio. Sono delle piccole bacche che crescono nel bosco, assieme alle patate ti aiuteranno a riprenderti. Volevo raccontarti una storia, però. Ho trascorso con tuo fratello gli ultimi istanti della sua vita...» disse estraendo la spada di Ranieri. «La riconosci, vero? Ha combattuto come un vero maestro d'armi prima di cadere a terra a causa del veleno.»

Virginia scoppiò a piangere. Sollevò gli occhi al cielo, poi incrociò di nuovo quelli della ragazza.

«Perché non lo hai salvato o portato da noi, perché?! Io ho ancora bisogno di lui! Siamo sempre stati insieme...»

Iniziò a scalciare e ad agitarsi, facendo innervosire anche i lupi. MA1 decise che il colloquio con lei era giunto al termine.

«Io sono qui per preservare e salvaguardare il territorio, non per rimediare ai vostri errori.» ribatté sostenendo il suo sguardo. «Che cosa credevate, avete sfidato la più importante confraternita di briganti al mondo e non mettete in conto eventuali perdite? Chiarisci con tuo padre. Parla con lui, non deve fidarsi dei consigli di Firenze, loro hanno altri scopi. Alcuni fingono di appartenere all'ordine dei precettori, ma perseguono altri interessi, spesso e volentieri i propri. Rifletti sulle mie parole e su Federigo. Scusa ma devo farlo.»

Così dicendo, assestò un forte colpo al viso di Virginia facendole perdere i sensi.

Da lontano si udì una voce esclamare: «Proprio al viso dovevi colpirla, Emma?»

«Sì, MA50, proprio al viso. Sono gelosa, come tutte le donne! È così bella e perfetta, sembra quasi un dipinto di Leonardo... Non preoccuparti, non rimarranno segni, era un pugnetto gentile alla mandibola. Bella e fatale, direi...»

«*Oui, belle et mortelle!*»

Capitolo 7

Cuori Avvelenati

Quasi all'ora di cena, si risvegliarono ciascuno nelle proprie stanze alla fattoria, doloranti ma sani e salvi. La madre di Virginia stava ai piedi del letto della figlia, visibilmente preoccupata.

«Mia cara, che succede? E tuo padre? Il nonno vi ha trovati svenuti nelle stalle, ognuno sul proprio cavallo. Probabilmente Due è riuscito a trovare la strada di casa da solo...»

«Non è successo niente, mamma. Io mi sono ustionata le spalle stamattina al mare, mi è aumentata di conseguenza la temperatura corporea e mi sono addormentata. Per mio padre non preoccuparti, mi ha chiesto di chiederti di scusarlo, ma è dovuto correre a Firenze per parlare con il Granduca.»

«Meno male, questo mi consola... Comunque, per tua informazione, non hai nessuna ustione sulle spalle, anzi, hai la pelle stranamente scura...» disse perplessa sua madre.

Virginia realizzò di colpo l'aiuto che le aveva dato la ragazza e sorridendo cercò di cambiare argomento.

«Mamma, come stanno gli altri? E cosa c'è per cena?»

«Stanno bene, anche se un po' acciaccati. Tu rimarrai qui, ti porterò la cena a letto e domani ti unirai al gruppo. Tsuki dovrebbe raggiungerci domani in tarda serata assieme a Francesco Giacomo e al frate.» la informò sua madre.

Nel frattempo Tiziano era arrivato a notte fonda a Firenze, dove aveva cercato una locanda in cui trascorrere le ore che lo separavano dall'alba. Era stremato, aveva cavalcato per otto ore senza mai fermarsi, cambiando cavallo a ogni stazione di posta. La mattina si sarebbe recato da Vittorio Fossombronesi per chiedere un incontro con il Granduca.

Virginia non riusciva a prendere sonno e di tanto in tanto, mentre leggeva, osservava la scacchiera che l'aveva vista protagonista di molte partite contro il fratello. All'improvviso udì un rumore e la porta si aprì, lasciandole intravedere la sagoma di Federigo, che si sedette con calma sul letto e cominciò ad accarezzarla.

«Come stai? Spero meglio, sono venuto per farti compagnia.»

Mentre la sua mano le sfiorava il viso, Virginia ebbe un moto di repulsione e ripensò immediatamente alle parole di MA1. Federigo non si aspettava una reazione del genere e sul suo viso da piacione comparve un'espressione ancora più incredula quando la ragazza gli tirò un ceffone.

«Dimmi cosa è accaduto a mio fratello e che parte ricopri in questa storia, altrimenti dovrò torturarti.» lo minacciò Virginia guardandolo dritto negli occhi. Gli afferrò la mano sinistra ruotando le dita verso il basso e spingendo il polso in alto, una tecnica molto dolorosa insegnatale da Tsuki chiamata *Sankyo*.

Quando Federigo cadde in ginocchio in preda al dolore, lei aumentò la stretta provocandogli fitte ancora più forti.

«Federigo, te lo chiedo per l'ultima volta: chi hai informato dei nostri piani? Dimmelo adesso!» gli urlò in faccia.

Il giovane stava per rispondere quando sulla soglia della stanza comparve Liliana.

«Virginia, mi ha mandato tua madre. Era preoccupata per te, sentendo urlare in questo modo...» spiegò entrando nella camera e avvicinandosi al letto.

«Andiamo, Liliana, fammi compagnia.» disse Federigo, alzandosi in piedi ancora dolorante. «Virginia non sa cosa si perde della vita...»

Sbollito quell'accesso di rabbia, Virginia chiuse a chiave la porta della stanza e sussurrò a fil di labbra: «Ranieri, mi manchi! Di chi posso fidarmi?» Poi tornò a sedersi sul letto e dalla meditazione passò direttamente al sonno. Si svegliò di soprassalto quando, durante la notte, si sentì tappare occhi e bocca da un paio di mani piene di calli.

«Virginia! Sta' tranquilla, sono assieme a MA1...» disse una voce che sembrava appartenere a un giovane uomo. «Abbiamo notizie per te. Calmati adesso.»

Nel frattempo due mani piccole come quelle di una donna le tenevano ferme le caviglie.

«Ora toglierò la mano dalla tua bocca e tu mi ascolterai senza urlare. Annuisci se hai capito.»

Virginia fece segno di sì con la testa e MA50 ritirò le mani.

«Virginia, siamo qui per consegnarti dei progetti, tu saprai come metterli in atto.» esordì MA1. «Te li lasceremo sotto il letto assieme alla spada di tuo fratello, tu saprai custodirla come si deve. Non vogliamo vedere distrutti i boschi della valle dei diavoli, dobbiamo darvi una mano. Questi documenti contengono informazioni sugli sviluppi della vostra attività: potrete utilizzare il calore geotermico per far bollire le acque dei lagoni e realizzare strutture idonee che resistano a quelle pressioni. Potrete trivellare dei piccoli pozzi geotermici per cercare il calore e convogliarlo di conseguenza. Virginia, madre natura ti indicherà i punti dove scavare. Cerca i numerosi "insogli" lasciati dai cinghiali, sono le zone dove la risalita di idrogeno solforato è maggiore. Lì è dove dovete scavare. Assicurati di far piantare nuovi alberi nel bosco al posto di quelli già abbattuti. Porterete i minerali alla città portuale, ma a una condizione: basta con le bonifiche delle aree costiere. Virginia, noi non patteggiamo, vogliamo salvaguardare il territorio. Quella geotermica potrebbe essere una risorsa rinnovabile, se ben sfruttata. Pensate alla bellezza del paesaggio. Non vogliamo vederlo bucherellato alla disperata ricerca di calore. Piantate alberi e siate oculati nelle estrazioni.» concluse la ragazza in un tono che non ammetteva repliche.

Virginia sentì che ritirava le mani dal suo corpo e poté finalmente riaprire gli occhi: vide MA1 in tutta la sua bellezza che usciva dalla finestra, mentre il suo compagno si era già dileguato nel bosco. Prima di seguirlo, MA1 rientrò nella stanza e baciò Virginia su una guancia.

«Tuo fratello sarebbe fiero di te.» le sussurrò all'orecchio destro prima di scappare.

Virginia si alzò dal letto e si affacciò alla finestra, ma i due giovani Maremmani erano già scomparsi.

La mattina seguente, appena sveglia, lesse i documenti che le avevano lasciato i due "alleati", come le piaceva definirli, per poi nasconderli nel doppio fondo dell'armadio e andare a fare colazione. Nella stanza regnava un'atmosfera pesante, c'era una tensione irrisolta tra lei e Liliana. Anche Federigo la fissava con sguardo tagliente. Chantal invece era arrabbiata con il fratello.

Il giorno trascorse con i ragazzi separati in due gruppi, Virginia con Chantal da una parte, e Liliana che si godeva la giovinezza assieme a Federigo dall'altra.

A Firenze, intanto, Tiziano si recò a casa dell'amico Vittorio passando dalla porta sul retro, come gli era stato indicato nell'incontro precedente. Appena entrato, chiese alle guardie di poter parlare con l'amico e consegnò loro una lettera sigillata con la ceralacca datagli dal

Granduca. Alcuni minuti dopo, il portiere lo condusse nella sala delle udienze, dove salutò con un abbraccio Fossombronesi.

«Hai visto la lettera? E le foto?» domandò Tiziano.

«Sì, proprio un attimo fa! Scatti interessanti... E così sono questi i briganti che creano problemi sulla costa?» chiese conferma Vittorio.

«Non sono briganti, ma combattenti per la salvaguardia del territorio. Chiamali pure come vuoi: Antagonisti, Complottisti... Potrebbero essere alleati preziosi nella ricerca dei veri briganti.»

«Tiziano, fai attenzione!» lo mise in guardia l'amico. «Il Granduca vede gli Antagonisti come dei semplici banditi: chi verrà trovato assieme a loro sarà considerato loro complice e alleato, e subirà lo stesso trattamento.»

«Vittorio, con estrema franchezza ti assicuro che non sono loro il problema. Tra l'altro sono molto forti, un'alleanza con loro è fondamentale per portare a termine le nostre opere.»

«Capisco, però tieni presente che il Granduca esige ordine a ogni costo per quei territori, quindi non possiamo trattare con gli Antagonisti! Invieremo altra forza pubblica.» annunciò Fossombronesi.

«Per quanti uomini invierete, saranno sempre troppo pochi.» commentò Tiziano. «Riassumendoti brevemente i nostri progressi, posso dirti che ho seguito le vostre istruzioni e le bonifiche sono quasi terminate, seppur con alcuni anni di ritardo. Nelle estrazioni purtroppo non abbiamo fatto molti passi in avanti. Un'ultima cosa: che cosa sai della confraternita? I miei uomini hanno molte informazioni sui loro membri.»

«Come al solito, molto eppure niente. Ti consiglio discrezione, hanno un peso molto rilevante sulle decisioni del Granduca. Ricordi quando da ragazzi abbiamo cercato di studiarli? Tutto come allora, non hanno un corpo armato o intenzioni bellicose.» assicurò Vittorio.

«Tuttavia potrebbero avere le risorse per reclutare mercenari...» ipotizzò Tiziano.

«Se vogliono qualcosa, lo ottengono in tempi brevi. Ti faccio un esempio: qualora volessero le risorse provenienti dalle estrazioni, il Granduca sostituirebbe Francesco Giacomo con uno di loro. Ti ripeto, non cercano lo scontro, non ne hanno bisogno. Fa' attenzione, amico mio, qualcuno vuole fuorviarvi e mettervi fuori strada.»

«Grazie, Vittorio, sai sempre come aiutarmi. Farò come dici.»

«Tiziano, ti rinnovo le mie condoglianze per tuo figlio.»

«Ti ringrazio, ma non possiamo farci niente, così è la vita.»

Quella sera, Tiziano lasciò Firenze per tornare alla fattoria. Virginia decise di non dirgli niente per il momento e si comportò fingendo indifferenza. In tarda serata arrivarono anche i fratelli Roberto e Matteo, il frate, Tsuki e Francesco Giacomo.

Il giorno seguente fu uno dei più difficili per Tiziano, vista la situazione problematica che andava delineandosi. Tsuki e il frate avevano litigato nella valle dei diavoli perché lui si era accorto di essere stato pedinato. Non era l'atto in sé ad averlo infastidito, quanto la mancanza di fiducia da parte dei due amici più cari. Era anche irritato con Tiziano, con il quale si era sempre dimostrato leale.

I fratelli precettori erano stufi di essere comandati, soprattutto dopo essere stati sconfitti durante l'attacco al locomotore; nutrivano un forte desiderio di vendetta e avrebbero voluto stanare i Maremmani Antagonisti.

I ragazzi erano ai ferri corti tra di loro e Francesco Giacomo era nervoso perché nessuno degli altri maestri lo aiutava.

Tiziano era rientrato da Firenze con degli ordini ben precisi che si accingeva a comunicare agli altri. Si riunirono nel fienile, lo studio della fattoria non era grande abbastanza per tutti.

«Signori, grazie di essere qui. Sono di ritorno da un duro viaggio a Firenze. Il Granduca parla chiaro: dobbiamo andare avanti su due fronti, le bonifiche e l'estrazione mineraria. Ci invieranno dei rinforzi il prima possibile e la forza pubblica avrà l'arduo compito di stanare nei boschi sia i Maremmani Antagonisti sia i briganti, che dovranno essere assicurati entrambi alla giustizia. Tra noi ci sono state delle incomprensioni, perciò vorrei chiarirmi con quanti sono amareggiati o hanno frainteso le mie intenzioni. La cosa che ho più a cuore sono le estrazioni minerarie: a che punto siamo, Francesco Giacomo?» chiese Tiziano.

«Al solito, un punto morto.» rispose lui secco. «Sono quasi tre anni che siete arrivati e non abbiamo fatto molti progressi. Io ho bisogno di menti costantemente impegnate e di protezione per i trasporti.»

I fratelli Roberto e Matteo in coro dichiararono di essere stufi di eseguire gli ordini e fare da scorta; aggiunsero di voler vendicarsi dello smacco subito e arricchirsi coi tesori che, a quanto si diceva, erano stati accumulati dai Maremmani Antagonisti.

Il Frate e Tsuki restarono in silenzio.

Tiziano decise di concentrare gli sforzi sulle estrazioni, concedendo ai fratelli la possibilità di cercare i Maremmani nei boschi vicini. Nei giorni successivi sarebbero rientrati tutti nella valle dei diavoli. Virginia, Tsuki e il frate furono convocati nello studio mentre gli altri erano già a letto.

«Francesco, scusami tanto,» – esordì Tiziano – «ma immagino che Tsuki ti abbia mostrato gli abiti degli assalitori nella valle dei diavoli, il mantello simile al tuo e la fodera di maglia metallica.»

«Sì, scuse accettate, è comprensibile, avrei fatto lo stesso a parti invertite.» ribatté Francesco calmo. «Qualcosa non mi quadra. Gli appartenenti a questa confraternita non sono dei combattenti, almeno non sul piano fisico. Eppoi la maglia metallica sotto i vestiti... è quasi impossibile che siano loro. Qualcuno vuol farci credere che lo siano. Stiamo cadendo in un trabocchetto.»

«Quindi si vestono come i membri della confraternita di cui fa parte Federigo ma in realtà non si tratta di loro? Chi potrebbero essere?» domandò Virginia.

«Facciamo così: invece di venire nella valle dei diavoli, io mi recherò nella città portuale a parlare con qualche amico e reperire qualche indizio. Mi farò vivo appena possibile.» promise il frate.

Detto ciò, si alzò per uscire, ma Virginia lo fermò prendendolo per mano.

«Attendete, Francesco. Ho ancora una notizia da condividere con tutti voi.»

«Virginia, siamo lieti di ascoltarti. Che puoi dirci sui Maremmani Antagonisti dopo il vostro ultimo incontro?» le chiese suo padre.

«Ben poco, sembrano rudi ma sinceri. Comunque non è questo che volevo riferirvi. Ho trovato delle soluzioni per la produzione e l'estrazione di fluidi ricchi di boro, e prima di mostrarle a Francesco Giacomo, vorrei parlarne con voi.»

Dopodiché descrisse per filo e per segno quello che aveva dedotto dagli appunti che le avevano lasciato i Maremmani Antagonisti, sostenendo fosse tutta farina del proprio sacco, frutto di prolungate riflessioni. Non avrebbe voluto prendersi il merito di quelle migliorie, tuttavia l'ultima cosa che voleva era confessare i suoi rapporti con gli Antagonisti.

«Ottimo! Questi calcoli sembrerebbero giusti.» approvò Tiziano. «Per il momento dai piccoli suggerimenti a Francesco Giacomo, giorno per giorno. Vediamo come svilupperà l'attività. Domani pomeriggio partiremo per la valle. Sono proprio contento, a prescindere dal risultato stiamo finalmente cercando soluzioni alternative.»

«Già, questo significa che stiamo metabolizzando il problema.» concordò il frate. «Adesso partirò per la città portuale; anche se non sono più un confratello, ho ancora amici da contattare per chiedere informazioni. Possibilmente, Tiziano, attendi il mio rientro prima di partire, magari avrò informazioni che potrebbero tornarti utili. Diamo carta bianca ai fratelli per le loro ricerche fino a quando sarò di ritorno, questo dovrebbe placarli.»

«Aspetteremo che tu sia tornato prima di partire.» promise Tiziano. «Sarà difficile convincere Francesco Giacomo e i fratelli, comunque ci proverò. Tsuki, tu nel frattempo continua a addestrare i ragazzi partendo dal presupposto che il loro umore è a pezzi, quindi stressali parecchio e verifica le loro reazioni. In condizioni del genere è possibile capire il loro vero animo.»

Prima di sciogliere la riunione, Tiziano fece alcune domande a Virginia su cosa fosse accaduto nel bosco con i briganti che li avevano legati a una quercia, come fossero riusciti a liberarsi, e infine chi fosse la ragazza misteriosa. Aggiunse di aver ottenuto quelle informazioni da Liliana e Federigo. La figlia rispose che aveva ricordi vaghi e che probabilmente quella ragazza faceva parte dei Maremmani Antagonisti. Concluse sostenendo di essersi liberata da sola e di aver aiutato gli altri caricandoli sui cavalli con le ultime energie rimastele, e infine di essere svenuta non appena salita in sella. Quella risposta non convinse né Tiziano né Tsuki, ma entrambi riponevano molta fiducia in Virginia e preferirono soprassedere, confidando nel suo intuito.

Tsuki optò per il duro allenamento notturno, perciò svegliò i ragazzi che dormivano e concesse a ciascuno quindici minuti per vestirsi e preparare ciò che ritenesse utile per l'addestramento. Virginia prese la borsa che usava durante le uscite con il fratello e decise di prestare quella di Ranieri a Chantal. Dopodiché si ritrovarono tutti nelle stalle, dove Due fu assegnato a Chantal. Federigo era intontito dal sonno e per nulla abituato a quel tipo di esercitazioni, ma Tiziano aveva stabilito che anche per lui era arrivato il momento di allenarsi a combattere.

Tsuki consegnò loro una piccola carta topografica e indicò il luogo in cui avrebbero dovuto trovarsi il mattino dopo. I primi metri di tragitto furono i più difficili perché Federigo non smetteva di inveire contro la maestra, la quale a suo parere non lo trattava per quello che era.

Dopo trenta minuti di continue lamentele, Chantal non resistette e sbottò contro il fratello.

«Basta, Federigo! Basta! Adesso fa' silenzio, stai dando fastidio a tutti! Se hai paura, tornatene a casa, ma non torturarci più con questa litania!»

«Fa' silenzio tu, Chantal!» intervenne Liliana. «Non sei padrona del mondo. Se Federigo sente il bisogno di sfogarsi, perché vuoi privarlo di questo piacere?»

«Perché non è così che si comporta un uomo. Non fa altro che lamentarsi! Siamo in mezzo al bosco e le sue grida finiranno per attirare l'attenzione dei lupi o dei briganti. In entrambi i casi non è un comportamento intelligente.» sentenziò Chantal.

«Non amo immischiarmi nelle discussioni altrui, ma quel che dice Chantal è corretto.» interloquì Virginia. «Non è una mossa astuta. Equivale a indicare a chiunque che ci troviamo qui in questo preciso momento. Quindi, o lo fai di proposito, oppure non riesci a gestire la paura.»

«Virginia, anche tu!» esclamò scandalizzata Liliana. «Dopo tutto quello che è accaduto, ti permetti anche di riprendere gli altri?»

«Adesso basta, io faccio quello che reputo corretto fare.» disse Federigo maneggiando una pistola. «Se qualche malintenzionato ci attaccherà, stavolta mi troverà preparato.»

«Proprio non capite, vero?» riprese Virginia. «Noi quattro non siamo in grado di fronteggiare dei banditi se ci aggrediscono all'improvviso, per non parlare dei Maremmani Antagonisti. Ci annienterebbero in pochi secondi. Io e mio fratello abbiamo avuto difficoltà ad affrontare cinque briganti pur cogliendoli di sorpresa quattro anni or sono!»

«Tuttavia, come hai appena detto tu, sono passati degli anni...» ribatté Federigo. «Liliana e Chantal hanno appreso molte tecniche nel frattempo e io sono diventato un ottimo condottiero. Con le mie strategie saremo imbattibili.»

«Sono esterrefatta!» gridò sua sorella disgustata. «Non capisci, eh? Se Virginia, che si prepara a questo da quando era bambina, dice che non siamo pronti, evidentemente un motivo ci sarà.»

«Visto che voi due signorine siete così intelligenti, affrontiamoci e vediamo se è fondamentale l'allenamento o la volontà di agire!» le sfidò Liliana.

«Se la pensi così, separiamoci, ognuno per la sua strada.» disse Virginia. «Ci rivedremo da Tsuki. Fate attenzione.»

«Avete paura di affrontare Liliana, vero? Una sconfitta vi ridimensionerebbe agli occhi della vostra insegnante.» le provocò Federigo.

Chantal decise di scendere da cavallo per mettere alla prova le loro parole, ma Virginia cercò di dissuaderla.

«Chantal, andiamo, non ne vale la pena, credimi.»

La ragazza annuì e assieme si allontanarono nella direzione opposta.

«Visto? Uno a zero per te!» esclamò compiaciuto Federigo guardando Liliana. «Ora non ci resta che batterle arrivando prima di loro.»

Virginia e Chantal cavalcarono alcune ore nell'oscurità, poi quest'ultima udì dei rumori e tentò di avvicinarsi all'amica per farle un cenno. Virginia capì, prese ad annusare l'aria e tese l'orecchio.

Mentre cercavano di individuare il pericolo, furono attaccate all'improvviso da alcuni lupi. Chantal afferrò la balestra, ma Virginia la bloccò.

«No! Non ucciderli, siamo noi che abbiamo attirato la loro attenzione. Usa il bastone, dobbiamo soltanto mandarli via. Sta' attenta a non farti mordere. Mettiamoci spalle contro spalle e difendiamoci. Ucciderli non sarebbe corretto, siamo entrate noi nel loro territorio.»

Lottarono con caparbietà come delle guerriere amazzoni e alla fine riuscirono nel loro intento.

«Virginia, ce l'abbiamo fatta senza colpo ferire!» disse Chantal stanca ma soddisfatta, sorreggendosi al bastone.

«Sì, per lo meno siamo in pace con la natura... Adesso affrettiamoci, vorrei arrivare in questa struttura riportata sulla carta. Lì troveremo riparo e potremo mangiare un boccone. I cavalli potranno rifocillarsi con la vegetazione e le acque del torrente.»

«Sappi che con te arriverei anche al polo nord.» scherzò Chantal.

«Meno male che sei l'opposto di tuo fratello... E comunque anch'io verrei fino ai poli con te...» le fece eco Virginia con un sorriso di gratitudine.

Federigo e Liliana imboccarono un sentiero battuto che portava sul versante adiacente a quello di Tsuki. Erano sicuri che sarebbero arrivati per primi alla meta, ma purtroppo per loro, ignoravano che il sentiero si interrompeva di lì a qualche chilometro. Avrebbero dovuto attraversare il bosco di querce dove Ranieri era solito cacciare i cinghiali, ma Liliana, alla sua prima esperienza senza Virginia come guida e con Federigo come spalla, non sarebbe riuscita a superarlo senza un aiuto esterno.

Dopo due ore a cavallo, Virginia e Chantal raggiunsero esauste un piccolo eremo in prossimità di un fiumiciattolo, situato alla base orientale di un monte di gabbro, la cui sommità ospitava una chiesa dedicata a San Michele. Era un luogo ormai abbandonato, anche se di recente era stato ristrutturato. Edificato attorno al 1377, ospitava chiunque amasse isolarsi dal mondo.

Alla flebile luce della luna, le ragazze poterono osservare la chiesa, i locali di servizio adiacenti e quelli residenziali collegati alle vicine terme con un ponte a campane digradanti e asimmetriche. Seppur in abbandono, la struttura era splendida e unica nel suo genere: il ponte serviva da passaggio coperto e permetteva di recarsi dagli alloggi alle terme vere e proprie, che si trovavano oltre il torrente, vicino al quale Virginia e Chantal videro alcune vasche per le cure termali e una struttura coperta, connessa con il ponte, in cui era presente una piscina a gradini. L'atmosfera all'interno della stanza era calda e umida: immergendo le mani nell'acqua della vasca, ebbero la definitiva conferma che si trattava di acque termali, come avevano immaginato per la vicinanza alla valle dei diavoli.

Nelle stanze vicino alla chiesa, Chantal raccolse da terra dei documenti e richiamò l'attenzione di Virginia.

«Senti qui: "*Queste acque termali acidule, limpide e inodorose sgorgano tra il gabbro e il calschisto, depositando polvere bianca e compatta.*" Qui hanno soggiornato Falloppio e Targioni Tozzetti, il quale descrive così questi bagni in una sua lettera: "*Queste acque giovano a chi è affetto da artriti, paralisi e piaghe alle gambe. L'immersione giova anche alle donne in travaglio. Ogni anno, dal maggio al solleone, vi accorrono circa trecento persone, numero assai considerevole vista la scarsa popolazione di questa parte della Toscana.*" Beh, è davvero carino, non trovi? Vorrei farlo vedere a mio fratello Florestano quando rientreremo. Lui adora ristrutturare edifici come questo.»

«Sì, è una bella struttura.» convenne Virginia. «Accampiamoci qui e riposiamoci qualche ora.» Poi, nelle prime ore del mattino, partiremo per raggiungere Tsuki. Direi anche di spegnere le torce. Prima di rimetterci in viaggio, mi farò un bagno nelle acque termali, e tu? Tuo fratello Florestano sembra interessante, anche se un po' schivo. Vorrei conoscerlo...»

«Volentieri! Per quanto riguarda il bagno, più tardi sicuramente me lo concederò anch'io.» disse l'amica.

Riposarono per qualche ora e mangiarono pane, formaggio e carne secca che avevano nei rispettivi zaini.

«Prima di rimetterci in marcia e farci un bagno, che ne dici di controllare le armi?» suggerì Chantal.

«Ottima idea, verifichiamo che sia tutto in ordine. È importante.» concordò Virginia. Poi, con un velo di tristezza, aggiunse: «Mi ricordi Ranieri, anche lui lo faceva sempre...»

«Ti manca tanto, vero?»

«Sì, manca molto a tutti. Mia madre non è più la stessa. Beh, anche se non abbiamo trovato il corpo, dopo tutto questo tempo ormai siamo rassegnati. Eppure Tsuki non è convinta che sia morto...»

Mentre loro controllavano le armi e si rilassavano, Federigo e Liliana affrontavano un momento poco felice. Si erano persi, e da due ore circa vagavano nel bosco senza una meta precisa. Federigo era spaventato e si affidava completamente alla compagna, che cercava di tranquillizzarlo e di orientarsi, senza tuttavia riuscirci. La loro preparazione era ancora approssimativa e inferiore a quella di Virginia.

Tutt'a un tratto Liliana sentì dei rumori e vide avvicinarsi la ragazza con i lupi.

«Liliana, ci rivediamo!» esclamò MA1 sprezzante, guardandola dritta negli occhi. «Sono venuta per aiutarvi, stavate allontanandovi troppo dal sentiero che vi condurrà dalla vostra maestra. Se accelerate il passo, riuscirete ad arrivare prima dei vostri amici.»

«Grazie, ma non abbiamo bisogno del tuo aiuto.»

«Liliana, ma che dici?» intervenne Federigo. «Certo che abbiamo bisogno del suo aiuto! Portaci da Tsuki!» disse poi rivolto a MA1. «Ci siamo persi, non siamo più in grado di orientarci nel bosco... Ti ricompenserò in denaro se mi farai da scorta, ti presenterò persino i miei sostenitori.» promise per allettarla.

«Okay, seguitemi. Grazie per le generose proposte, ma non accetto né denaro né potenziali nemici.» sentenziò la ragazza, dopodiché si incamminò a passo svelto assieme ai suoi lupi.

Federigo guardò negli occhi Liliana e le strizzò un occhio in segno di complicità, poi le andarono dietro con i cavalli.

«Scusami, cara, sei qui nel bosco da sola?» domandò Federigo a MA1. «Non hai paura? Non c'è il tuo compagno, non ci sono i tuoi amici?»

«Noi siamo ovunque, abbiamo occhi e orecchie in ogni luogo.» replicò lei.

Qualche istante dopo, i lupi iniziarono a ringhiare e la ragazza, come per magia, scomparve in una nuvola di polvere e vapore. I lupi scattarono, ma la loro corsa fu interrotta sul nascere da alcuni colpi di arma da fuoco che li uccisero entrambi.

«Attenzione, Federigo, prepara le armi, saranno sicuramente banditi!» gridò Liliana spaventata.

«Sì, lo sono, e anche pericolosi!» ribatté lui con una calma mai vista prima. «Liliana, ti presento Stoppa e Tiburzi.»

«Ma i loro abiti sono uguali a quelli dei briganti che hanno ucciso Ranieri e simili a quelli del frate...» obiettò la giovane.

«Non simili, sono gli stessi.» confermò Federigo. «Sono stati per così dire presi in prestito, su mia indicazione, dalla sartoria vicino Firenze che li produce per la nostra confraternita. I titolari sono molto dispiaciuti per aver perso tutte queste vesti in un colpo solo. Poi loro, astutamente, hanno aggiunto della maglia metallica come supporto. Beh, adesso potrete farvi anche dei copri spalle in pelle di lupo bianco, sono esemplari molto rari...» disse rivolto ai briganti. «Tuttavia non avete catturato la ragazza! Sapete bene che Firenze è molto interessata a contrastare i Maremmani impiegando qualsiasi metodo si renda necessario. Tiziano e il Granduca credono di essere gli unici a controllare questi territori, ma le grandi città hanno diversi centri di potere, come sappiamo...»

«Federigo, sei troppo intelligente...» commentò Liliana ammirata.

«Stoppa, Tiburzi, adesso aiutateci e conduceteci da Tsuki il prima possibile.» tagliò corto il giovane. «La prossima mossa sulla scacchiera è attaccare dove tutti si aspettano che i Maremmani Antagonisti attacchino, cioè alle saline. I Maremmani aiuteranno Virginia e Tiziano, e noi li annienteremo con le nuove e potenti armi che abbiamo a disposizione. Dopodiché voi diventerete degli effettivi della forza pubblica e vi occuperete dei trasporti di minerali e armi da e per la Corsica.»

«Ma signore! Rivelare così i nostri piani... la ragazza potrebbe essere ancora nei paraggi...» obiettò Stoppa.

Qualche istante dopo, i cani dei briganti cominciarono ad abbaiare all'indirizzo del nascondiglio della ragazza dei lupi. Federigo era riuscito a stanarla facendo leva sulla sua curiosità.

«Catturatela e ingabbiatela.» ordinò ai due banditi. «Avrà modo di parlare più tardi...»

I due eseguirono, dopodiché si avviarono tutti a cavallo alla volta di Tsuki.

Liliana osservava la Maremmana legata e rinchiusa in una stretta gabbia di legno trainata da due cavalli.

«Finalmente sei nelle nostre mani, mia cara!» esclamò guardandola negli occhi. «Adesso ci svelerai tutto: dove vi nascondete, chi è il vostro responsabile...»

«Non vi dirò nulla, potete torturami quanto volete.» ribatté MA1. «Pagherete per i miei lupi, sono cresciuta assieme a loro. Gli altri mi troveranno.»

«No, parlerai, eccome se parlerai!» le assicurò Liliana in tono arrogante.

«Liliana, lascia perdere. Cosa ti hanno insegnato i precettori? Per lo meno a me mio padre ha insegnato a far parlare la gente con la chimica. Appena avrà bevuto un sorso di quella sostanza, diventerà docile come un agnellino e ci racconterà ciò che vogliamo.» spiegò Federigo.

Nel frattempo Virginia si era concessa un bagno nelle acque termali ed era intenta ad asciugarsi, mentre Chantal si stava liberando degli abiti per iniziare il suo. Qualcuno da lontano le osservava con un monoculare alla tiepida luce del primo mattino, alternando lo sguardo tra Virginia che si rivestiva e Chantal che si spogliava. Era attratto più da quest'ultima però. Chantal era dotata di una rara bellezza "francese" che faceva sbiadire persino Virginia al confronto. Aveva la carnagione chiara, quasi color latte, un paio di occhi color verde smeraldo e capelli rossi morbidi come la seta con grandi ricci luminosi. Tuttavia il fisico non era quello di una sportiva, anche se era ben allenata: aveva i fianchi piuttosto arrotondati e carnosi, seppur belli sodi, un punto vita molto sottile e un seno generoso e appariscente.

Il ragazzo che le spiava si avvicinò rapido senza farsi vedere né sentire, come sapevano fare tutti i Maremmani Antagonisti, mentre le ragazze parlavano tra loro, completamente rilassate. Sorprese Virginia alle spalle e riuscì a farle perdere conoscenza facendole annusare un fazzoletto imbevuto di cloroformio, la cui scoperta sarebbe stata resa nota soltanto alcuni anni dopo. Alcuni precettori tuttavia conoscevano già sia le tecniche produttive di Justus von Liebig sia gli studi applicativi che stava conducendo James Young Simpson in campo medico con sostanze contenenti cloroformio.

Il giovane adagiò Virginia a terra e per qualche istante ne osservò la rara bellezza.

«Virginia, che cosa è successo?» domandò disperata Chantal.

«Non le è accaduto niente, sta soltanto riposando. Ne aveva bisogno.» rispose MA50, entrando nella stanza della vasca termale con la giovane in braccio.

«Sento che non vuoi farci del male, lo vedo da come abbracci Virginia. È un abbraccio protettivo, molto affettuoso.» osservò Chantal. «Percepisco anche il tuo forte magnetismo. Ranieri, come mai tanto tempo prima di farti vivo? Siamo stati tutti in pensiero per te.»

«È chiaro che sono qui per te e per mia sorella.» rispose lui togliendosi la maschera. «Non ti ho più tolto gli occhi di dosso da quando ti ho conosciuto nella valle dei diavoli. Mi tenevo sempre a una certa distanza per timidezza. Ma quella di cui parliamo è una vita ormai passata.»

Detto questo, si spogliò ed entrò nella vasca di Chantal. Seguirono abbracci, baci lunghi e appassionati. Virginia era ancora profondamente addormentata, ma come ulteriore precauzione Ranieri le aveva assicurato una fascia attorno agli occhi: se avesse dato segni di risveglio, Chantal le avrebbe chiesto di non sfilarsela subito.

«Vorrei delle spiegazioni riguardo a te e a quella ragazza con i lupi. Sei il suo compagno, vero?» gli chiese dopo aver fatto sesso.

«No, ti sbagli. Lo sono stato, sì, ma adesso per me è come una sorella.» chiarì Ranieri. «Ti racconterò in breve cosa accadde quella notte. Ero stato ferito con una lama avvelenata, e dopo aver ucciso l'ultimo brigante, persi i sensi. Mi risvegliai qualche giorno dopo in una capanna, accudito da Emma, la ragazza con i lupi, Fulmine e Tuono. Mi spiegò come mi aveva curato utilizzando delle pozioni fatte con erbe e derivati di alcuni veleni. Sosteneva di aver usato degli antidoti per il veleno della lama, che in quel caso era di vipera. Poi mi ha presentato agli altri e a suo padre, che avete conosciuto anche voi nella città che domina la valle: è il locandiere. Ci ha avvertiti del vostro arrivo appena siete giunti alla locanda. Qualche anno fa, conobbi un certo Leonetto Cipriani, che si era recato in zona per acquistare alcuni poderi e la locanda. È nato in Corsica e vive nella città portuale. Per diciotto mesi sono stato in Corsica con lui e Emma, dove un abitante del luogo ci ha insegnato un nuovo stile di combattimento, che, come avrete notato, è simile al *JuJitsu*, seppur molto più dinamico. Ci ha anche insegnato a usare le armi e gli esplosivi, essendo stato un soldato di Napoleone. Appena rientrati in Toscana, abbiamo osservato i progressi di tuo padre Francesco Giacomo e, in particolar modo, abbiamo tenuto d'occhio i contatti di tuo fratello. Non è una persona cattiva, è solo che si circonda di persone pericolose e non capisce quali possano essere le conseguenze delle sue azioni. Comunque è uno che vuole farsi strada e in questo riuscirà senza dubbio. Un'ultima cosa, poi scappo: io non esisto, chiaro? Adesso ti benderò e aspetterai che Virginia si svegli e venga a liberarti. Vi ruberò soltanto i soldi e il cibo. Abbi cura di Due. Ricorda, vi osservo sempre e ogni tanto verrò a farti visita.»

«Non vedo l'ora. A presto, guardaci le spalle allora...» lo salutò Chantal con lo sguardo divertito e innamorato.

Quando Virginia si svegliò, chiamò a gran voce il nome dell'amica, poi con la bocca estrasse un coltello dalla cintura e riuscì a liberare se stessa e la compagna.

«Qui fuori non c'è nessuno. Abbiamo ancora le nostre armi, ma abbiamo perso monete e cibo. Meno male che erano solo dei malcapitati... Ho un gran mal di testa, però, devo aver preso un bel pugno per svenire così...»

«Già, proprio un bel pugno...» mentì Chantal.

«Vestiti e raggiungiamo Tsuki, dovrebbe essere a meno di un'ora da qui.» la esortò Virginia.

«Chantal, ti vedo stranamente felice e soddisfatta, che è successo?» le chiese poi durante il tragitto che le separava dalla maestra.

«Niente, sono felice di essere ancora viva.»

Virginia non era del tutto convinta, ma preferì soprassedere e continuò a cavalcare.

Nel frattempo Stoppa e Tiburzi raggiunsero il luogo dove lasciare Federigo.

«Federigo, noi vi salutiamo qui. Ora con la luce del sole è facile, basta che andiate sempre dritti.» disse Stoppa. «La Maremmana è con noi, vi prometto che non le torceremo un capello. Come sempre noi saremo accampati alle grotte di tufo giallo. Inviate uno dei fratelli precettori se ci sono novità. A proposito, vi fidate di loro?»

«Sì, invierò uno dei due, sono certo facciano al caso nostro.» assicurò il giovane. «Loro sono interessati soltanto al denaro, il resto non conta.» aggiunse, poi si allontanò assieme a Liliana.

«Ovviamente silenzio assoluto su quanto accaduto, vero?» domandò quest'ultima.

«Certo! Ti ho rivelato i miei piani perché tu possa starmi vicina. Non deludermi, vorrei condividere con te un progetto di vita!» le confidò Federigo.

Liliana sorrise commossa continuando a cavalcare. Non si era mai sentita tanto considerata in vita sua.

Nel frattempo Ranieri, alias MA50, rientrò al proprio accampamento, dove ricevette dal padre di Emma la notizia della sua scomparsa. Le ricerche iniziarono immediatamente ma senza successo. Ranieri allora decise di seguire Virginia e gli sviluppi della situazione nella valle, consapevole che le tracce per trovare Emma partivano da lì.

I ragazzi raggiunsero Tsuki sulla cima del colle e si allenarono per qualche ora, poi si recarono da Francesco Giacomo nella valle dei diavoli. Come suggerito dal padre, Virginia iniziò a fornire delle brevi indicazioni per migliorare la loro attività di estrazione.

La giapponese osservava attentamente tutto quello che le accadeva intorno, constatando che Chantal era sempre più vicina a Virginia e che i loro rapporti erano diventati più stretti. Liliana invece si era sempre più isolata e spendeva il proprio tempo libero con Federigo. Si andavano delineando due fazioni ben distinte tra i quattro allievi: una rappresentava la trasparenza, l'altra l'oscurità. *Yin* e *yang*.

Capitolo 9

La conciliazione

Il tempo continuava a scorrere inesorabile e i consigli di Virginia permisero a Francesco Giacomo di migliorare di giorno in giorno la produzione. Ogni volta che un nuovo carico era pronto, veniva trasportato via fiume verso la città alla sua foce e da lì alla città portuale. Federigo era stato nominato amministratore della piccola industria in espansione e Tsuki ne studiava da vicino lo strano comportamento. Aveva notato anche quello dei fratelli Roberto e Matteo. Per lei stavano tramando qualcosa, così decise di riferirlo a Tiziano.

Era trascorso quasi un mese dalla partenza del frate per la città portuale ma non era pervenuta nessuna lettera da parte sua. Tiziano non sapeva cosa fare, avrebbe voluto recarsi in città ma non se la sentiva, la fiducia nei confronti dei fratelli era venuta meno. Inoltre Tsuki non sarebbe stata in grado di difendersi da sola da un eventuale attacco. Assieme a Francesco Giacomo decise di accumulare una grande quantità di minerale per poi trasportarla insieme nella città portuale.

Tsuki intanto teneva d'occhio anche Chantal, che di notte spesso usciva dalla propria camera per recarsi nel bosco. La ragazza sgattaiolò fuori dal dormitorio e in silenzio si diresse verso le stalle, dove cominciò a sellare un cavallo. Tuttavia, trovarsi vicino alla porta della stalla la esponeva a essere scoperta dalle guardie che controllavano il territorio attorno alla florida attività mineraria. D'un tratto udì un forte nitrito, sembrava quasi un richiamo. Guardando nella direzione da cui proveniva, riuscì a scorgere Due nel buio. Lentamente si avvicinò al cavallo, con delicatezza gli posò una mano sul muso e iniziò ad accarezzarlo, mentre con l'altra gli allungava una carota.

«Sta' buono, non agitarti, sono qui per portarti dal tuo padrone.» gli sussurrò in tono calmo e conciliante. Senza sella né briglie, come un'amazzone cavalcò Due puntando verso il bosco, mentre Tsuki la osservava da lontano. Non sapeva dove recarsi di preciso, ma era certa che Ranieri, che la sorvegliava ventiquattr'ore su ventiquattro, prima o poi si sarebbe fatto vivo. A un tratto sentì avvicinarsi qualcuno di corsa, facendo innervosire il cavallo.

«Due, sta' buono, sono io.» disse una voce.

L'animale riconobbe Ranieri e si lasciò accarezzare, mentre Chantal scendeva per farsi abbracciare.

«Che gioia vederti! Sei stata seguita?» le chiese in un sussurro.

«No, non credo, però temo che Tsuki mi stia tenendo d'occhio, deve aver notato qualcosa di strano.»

«Santa donna, è sempre un passo avanti agli altri.» commentò Ranieri sorridendo. «Nonostante l'età non le sfugge niente. Hai novità?»

«Sì, Federigo gestisce l'amministrazione dell'attività di mio padre.» rispose Chantal. «Io e mio fratello Florestano abbiamo provato a suggerirgli di non farlo, ma lui ripone molte speranze in Federigo e non ci ha dato ascolto. Inoltre tuo padre ha deciso di accumulare quanto più minerale possibile per effettuare un unico trasporto sotto scorta. Il frate non ha ancora fatto ritorno dalla città portuale. Tiziano continua a inviare lettere al Granduca sugli ottimi sviluppi delle operazioni di estrazione. Ah, un ultimo pettegolezzo...»

Ranieri non spiccicò parola, il suo sguardo incredulo parlava da solo: non riusciva a capire l'importanza di un pettegolezzo in una situazione così delicata.

«Florestano e tua sorella nutrono un interesse reciproco. Non chiedermi i dettagli della relazione perché sono stati molto bravi a tenerla nascosta, credo che neanche Tsuki ne sia al corrente.» raccontò Chantal.

«Va bene, penserò io a trovare il frate, dovrei riuscirci.» cambiò argomento il giovane. «Tu segui gli sviluppi e stai attenta: per come stanno le cose, non mi fido neanche dei fratelli precettori. Sono troppo distanti da Federigo, prima invece litigavano spesso, questo non è un buon segno. A proposito, continuano a darci la caccia? Silenzio, arriva qualcuno... Nascondiamoci.»

Chantal annuì e si misero al riparo dietro un albero. In lontananza videro Tsuki che cercava di individuare Due. Dopodiché si abbracciarono e indugiarono in reciproche effusioni.

Alla fine Ranieri accompagnò Chantal al dormitorio. Mentre cavalcava, era tormentato da un dilemma: trovare prima frate Francesco o Emma? Non riusciva a decidersi. In prossimità della fabbrica di estrazione si congedò dall'amata.

«Grazie di tutto, persino del pettegolezzo. Virginia e Florestano sono entrambi molto astuti, sapranno gestire la situazione. Farò ritorno dalla città portuale il prima possibile. Ti chiedo soltanto una cortesia: non far partire la spedizione prima del mio ritorno. Nel caso avessi delle novità da riferirmi, recati nella locanda della città alla foce del fiume e parla con il gestore. Adesso vai, a presto!»

Chantal rientrò con Due alle stalle e poi nel dormitorio. In camera trovò una piacevole sorpresa: Virginia in camicia da notte seduta sul suo letto che l'aspettava con un sorriso sarcastico stampato sul volto.

«Sai, non avevo sonno e stavo osservando le costellazioni con il piccolo telescopio di mio fratello quando a un tratto ho visto Due cavalcato da qualcuno con una fisionomia simile alla tua. Non riuscivo a vedere bene perché colei o colui che cavalcava aveva un cappuccio in testa, ma ora che ti vedo rientrare non ho più dubbi. Pensavo fossi diversa da tuo fratello e invece sei anche peggio di lui! Vi siete accordati, non è vero? Noi vi forniamo le conoscenze e voi vi arricchite alle nostre spalle! Chantal, la mia famiglia ha versato troppo sangue, d'ora in poi non avrete più nessun aiuto da me. Domattina, dopo averne parlato con mio padre, mi ritirerò in convento.» annunciò Virginia.

«Non è come credi, anche se hai visto bene: le mie uscite serali, il cappuccio in testa... è tutto vero, ma le tue conclusioni sono errate. Non posso darti spiegazioni per ora, ti chiedo soltanto di non abbandonarmi e di credermi...» la supplicò Chantal tenendo le mani dell'amica tra le sue e mettendosi in ginocchio dinanzi a lei.

Virginia era su tutte le furie, si sentiva tradita da chi considerava quasi una sorella. Camminava avanti e indietro nella stanza senza riuscire a darsi pace, mentre l'altra rimaneva seduta in silenzio sul letto. Poi osservò Chantal più attentamente e si soffermò per qualche istante sul collo coperto dai lunghi capelli rossi. Le si avvicinò, con una mano le scostò i capelli e notò un livido viola; quando tirò leggermente la maglia, vide che ne aveva altri sulle spalle e uno in prossimità del seno sinistro.

«Ora hai capito finalmente... ti fidi adesso?» chiese Chantal allontanandole la mano.

«Solo in parte. Chi è il fortunato vincitore del primo premio? Perché credo che abbia vinto il primo premio, non è così?» ironizzò Virginia sorridendo.

«Sì, ha vinto il primo premio e non è nemmeno la prima volta che lo vince, per così dire.» confermò Chantal. «Per il momento, però, non posso dirti il nome del vincitore, devi soltanto fidarti.»

«Io vado a letto. Domani andremo a farci un giro fino al mare e soggiorneremo alla locanda per una notte. Ho molte cose di cui parlare con un'amica...» disse Virginia strizzandole l'occhio in segno di complicità, dopodiché si ritirò nel proprio alloggio.

Nel frattempo Ranieri cavalcava nel bosco assorto nei propri pensieri, spaziando da Emma a Chantal fino a Virginia. Era ancora lontano dall'accampamento dei Maremmani Antagonisti quando fu attaccato. Non appena sentì il sibilo dei dardi vicino all'orecchio destro, smontò da cavallo e si infilò nella folta vegetazione. Aveva soltanto un coltello con sé. Chiunque avesse colpito non era un semplice brigante, aveva usato armi che producessero il minimo rumore possibile per non essere individuato. Ranieri si sedette, chiuse gli occhi e si mise in ascolto in perfetto silenzio. In lontananza, in direzione sud-est, captò un lieve rumore di passi, come di qualcuno che non volesse farsi sentire mentre calpestava il terreno. I passi si fecero più vicini, evidentemente gli stava dando la caccia utilizzando soltanto l'olfatto, vista la totale assenza di luce. Improvvisamente si udì il verso di una tortora dal collare orientale (*Streptopelia decaocto*). Ranieri sapeva che quell'uccello non canta durante la notte, e poi il suono gli sembrava familiare. Si ricordò che anche il frate e i fratelli precettori lo utilizzavano per individuarsi l'un l'altro. Probabilmente si trattava proprio di loro. Quello più vicino a lui si era fermato. Era soltanto una questione di resistenza mentale: chi sarebbe riuscito a mantenere la calma più a lungo? Ranieri si sentiva rilassato e tranquillo. In quel preciso istante, un ricordo improvviso lo folgorò con la forza di una rivelazione: un passo degli scritti di Carlo Magno (742 – 814), imperatore del Sacro Romano Impero, che Virginia gli aveva fatto studiare. "*Lasciate che i miei eserciti siano le rocce, gli alberi e i pennuti del cielo.*" La soluzione si presentò da sola alla sua mente: madre natura sarebbe venuta in suo soccorso.

Trascorsi circa dieci minuti di silenzio, gli artiodattili del bosco avrebbero ripreso la loro attività e i suoi assalitori sarebbero stati disorientati dal rumore di passi in ogni direzione. D'un tratto sembrò di trovarsi al centro di una grande città: si udivano rumori provenienti da ogni dove, passi e grugniti di cinghiali alla ricerca di cibo, persino ululati di lupi in lontananza. A quel punto uno dei fratelli, Roberto, perse la calma e si alzò in piedi.

«Maledizione, ci è scappato...» imprecò. «Assieme alla ragazza avremmo distrutto il cuore e la mente dei Maremmani Antagonisti. Già immaginavo di consegnarli entrambi al Granduca. Chissà la faccia di Tiziano e di Federigo, sarebbero rimasti pietrificati...»

«Non è ancora finita, però, prima o poi lo troveremo.» ribatté Matteo. «Andiamo a parlare con Federigo: se interrogando la ragazza avesse scoperto informazioni sull'accampamento dei Maremmani Antagonisti, potremmo lanciare un attacco schierando i suoi briganti e le guardie del Granduca...»

Ranieri ascoltò ogni parola senza fare il minimo rumore. Doveva studiare quei due e allo stesso tempo trovare frate Francesco. I fratelli rientrarono agli impianti di estrazione e lui risalì in sella al suo cavallo. Da lontano sentì dei rumori e dovette di nuovo nascondersi. Vide qualcuno vestito completamente di nero, di corporatura minuta, che si aggirava nel bosco. Quando ebbe la certezza di non essere finito in una trappola, decise di sorprendere alle spalle il malcapitato di turno. Recuperò la sua maschera e la indossò mentre si avvicinava alla figura.

«こんばんは.» esordì, augurando la buonasera in giapponese.

«Buonasera.» rispose la donna togliendosi il copricapo. «Complimenti, lei è il primo che riesce ad arrivarmi alle spalle senza che me ne accorga.»

«Signora, che bella visione! Finalmente qualcun altro che condivide la nostra causa! Le informazioni che avete udito dai fratelli non vi sono piaciute, vero? Come intendiamo procedere? Combattiamo oppure perseguiamo il medesimo obiettivo?» domandò Ranieri.

«Non ho il piacere di conoscerla. In ogni caso avrei preferito non sentire quelle parole dai fratelli... Comunque la ringrazio. Sapeva che la seguivo, vero?» chiese Tsuki.

«Lo sospettavo. Quando ho capito che si trattava di loro, invece di attaccarli ho optato per raccogliere quante più informazioni possibili.»

«Molto saggio.» approvò la maestra. «Per ora direi di perseguire obiettivi simili.»

«Sì! Vi prego di informare Tiziano di quanto accaduto e di accertarvi che Virginia, Chantal e Federigo sappiano quanto detto dai fratelli, omettendo ovviamente la parte che lo riguarda in prima persona. Credo che Federigo nottetempo andrà dai suoi briganti per dare l'ordine di uccidere Roberto e Matteo; noi lo seguiremo e in questo modo troveremo Emma. Vi faccio una promessa: noi vi aiuteremo durante il trasporto del minerale, poi ognuno andrà per la propria strada.» disse Ranieri.

«Lei è molto intelligente. Domani parlerò con Tiziano, la soluzione mi sembra buona.»

«No, aspetti il mio ritorno. Devo cercare frate Francesco, voglio sapere se ha nuove informazioni. L'ho promesso a Chantal, tra l'altro.»

«Saprà sicuramente cavarsela.» assicurò Tsuki. «Secondo me non lo troverà nella città portuale, ma in quella alla foce del fiume. Starà probabilmente eseguendo in segreto ordini di Tiziano.»

«Mi farò vivo il prima possibile. Un'ultima richiesta: dite a Tiziano di inviare una lettera al Granduca con le innovazioni apportate al sistema di estrazione. Un riscontro a Firenze potrà essere utile. Arrivederci.» Ranieri si congedò e scomparve velocemente in mezzo al bosco.

«Arrivederci.» rispose la giapponese sottovoce. «Ottima idea Carlo Magno.» aggiunse a voce più alta.

A quelle parole il giovane sorrise: Tsuki aveva capito! Riprese il proprio cavallo e cavalcò fino alla città alla foce del fiume per parlare con il locandiere.

«Ho... ho notizie di Emma.» esordì Ranieri con il cuore in gola e la voce rotta dall'affanno. «È ancora viva, come sospettavamo. Penso di poterla liberare a breve.»

«Bene, bravo! Come posso aiutarti? Uomini, mezzi finanziari, due forti braccia?» domandò l'uomo.

«Niente di tutto ciò, soltanto un'informazione: dove si trova il frate affetto da cifosi? Dovrebbe essere da queste parti, lo avete visto?»

«Sì, è arrivato con la sorella, il cognato e altri braccianti da circa tre settimane.» rispose il locandiere sorridendo. «Persona alquanto strana ma simpatica. Stanno comprando terreni e abitazioni in tutta la città, soprattutto in prossimità della costa. Stanno persino acquistando alberi da piantare nella zona costiera e ai piedi delle colline. La sorella ha creato una specie di cooperativa sociale nei territori a sud e finanzia, forse a fondo perduto, i contadini e i meno abbienti. Non ti ho dato queste informazioni quando ci siamo visti per la scomparsa di Emma perché credevo fossero irrilevanti.»

«I proventi delle attività di mio padre investiti in opere di bene per il territorio... Virginia ha eseguito alla lettera quanto le aveva detto Emma.» disse Ranieri incredulo.

«Così sembrerebbe.»

«Dove posso trovarlo?»

«Vai sul mare, ma cambiati d'abito prima.» suggerì il locandiere. «La città sta rapidamente trasformandosi in un centro borghese, così non darai nell'occhio. Al piano di sopra troverai alcuni vestiti che Emma aveva fatto cucire per te.»

Ranieri fece come consigliato, indossò vestiti nuovi e cambiò pettinatura. Scese le scale già calato perfettamente nella parte del borghese: spalle dritte e la puzzetta sotto il naso.

«Sembri un perfetto damerino.» commentò il padre di Emma.

«È proprio quello che spero! Ma che fai con quei ferri di cavallo?»

«Niente di particolare, mi alleno a raddrizzarli a mano. Quando metterò le mani su coloro che hanno rapito Emma, raddrizzerò anche loro.»

«Allenati in fretta allora.» commentò Ranieri. «D'ora in avanti ti chiamerò *"l'uomo di ferro"* per la tua abilità di piegare i ferri di cavallo.»

«No, non mi piace come soprannome! Comunque vada, ti ringrazio molto. Il tuo aiuto in questi anni è stato importantissimo. Se avremo successo, ti sfiderò in una caccia al cinghiale, dicono che sei un portento!» esclamò l'uomo.

«No, io caccio solo per necessità e non per sfida. Il miglior cacciatore di cinghiali sei tu e la locanda che gestisci ne è la dimostrazione: c'è sempre il pienone!» lo lusingò Ranieri.

Poi si congedò, uscì fuori e cavalcò fino al mare, dove decise di chiedere informazioni a un gruppo di pescatori intenti a preparare le reti.

«Scusate, gentili signori, per caso avete visto un frate da queste parti?»

«Un uomo vestito come un frate, con un grande mantello, ha comprato dei terreni e ha deciso di costruire alcune ville.» rispose un pescatore. «Vuole sviluppare l'industria del forestiero in questo piccolo borgo. Un folle!»

«Grazie, ma non sottovalutate mai gli uomini toccati da Dio. Sono sempre pieni di risorse.» disse Ranieri, dopodiché raggiunse una piccola baracca sulla spiaggia, dove trovò Francesco. Il territorio era profondamente cambiato, le aree paludose lasciavano sempre più spazio alla macchia mediterranea e a grandi pinete.

Al sorgere del sole, Ranieri si tolse gli abiti, indossò la maschera e attese che il frate uscisse per coordinare i lavori di costruzione. Non credendo ai suoi occhi, vide Francesco uscire dalla baracca di primo mattino per dedicarsi a una serie di esercizi spirituali, una sorta di saluto al sole. Erano gesti simili a quelli che aveva imparato sia da Tsuki sia in Corsica. Il frate, tuttavia, li riproduceva in maniera molto più goffa e scoordinata.

«Salve, vengo in pace, vorrei conferire con voi.» esordì Ranieri avvicinandosi.

«Ah, siete voi!» replicò Francesco osservandolo, come se sapesse del suo arrivo. «Attendete un attimo, finisco gli esercizi.» Detto ciò, si concentrò per portarli a termine e quando ebbe finito, aggiunse: «Questo è *Thai Chi Chuan*, una tecnica del 1200 circa sviluppata in Cina. Sapevo del vostro arrivo grazie a una lettera di Tsuki. Cosa volete da me? Scusate se sono diretto, ma mia sorella tra qualche minuto inizierà a tartassare gli operai e questo posto diventerà un inferno. Vorrei evitarvi questo calvario.»

«Tsuki mi ha preceduto!» esclamò Ranieri. «Voi siete qui per preparare il terreno per lo stoccaggio delle merci che invierà Tiziano. Ecco quello che volevo sapere.»

«Esatto, vi siete fatto la domanda e vi siete dato la risposta. Avete altro da chiedere?»

«No, grazie. Piacere di avervi conosciuto.»

«Altrettanto, piacere mio. Se amate le arti marziali, non appena potete passate da me, ho delle armi e dei manuali interessanti. Credo che tra qualche mese casa mia sarà pronta.»

Ranieri cercò di rientrare il prima possibile verso il luogo di produzione del minerale per parlare con Chantal e Tsuki. Mentre si allontanava, in sottofondo udiva la voce della sorella del frate che spronava gli operai a procedere più velocemente.

Capitolo 10

Occhi aperti

Viaggiando ininterrottamente per ventiquattr'ore di fila, Ranieri raggiunse il centro di produzione. L'attività cresceva ogni giorno di più e gli apporti tecnologici promossi da Virginia si rivelavano sempre più vantaggiosi. In lontananza vide Tsuki, i due fratelli, Federigo e le ragazze assieme a Francesco Giacomo. Con un piccolo specchio riuscì ad abbagliare la giapponese per qualche istante. Lei capì subito il segnale e qualche secondo dopo rientrò nel dormitorio, diretta allo studio di Tiziano, il quale pochi minuti più tardi uscì fuori per convocare tutti tranne Roberto e

Matteo, che continuarono a controllare il territorio. Ranieri si avvicinò rapidamente a uno degli operai e prese il suo posto, poi si accostò con cautela alla finestra dello studio e si nascose coprendosi con un telo.

La riunione era appena iniziata e Tiziano stava dicendo: «Non vi è altra soluzione: se questi signori intendono rubare le nostre ricchezze, dobbiamo intervenire prima che sia troppo tardi.»

«Come hai avuto queste informazioni?» chiese Tsuki.

«Possiamo sapere qual è la fonte?» domandò Federigo.

«La fonte è autorevole: alcune persone inviate da Firenze hanno sentito i fratelli parlare di questo in una locanda della zona. Frate Francesco mi ha fatto recapitare le stesse indicazioni prima di essere assalito dai briganti che lo hanno ferito. Per fortuna ora si trova nella città portuale con la sorella.» spiegò Tiziano.

«Hanno anche dei complici?» chiese Virginia.

«Dobbiamo trovarli, interrogarli e farli parlare.» sentenziò Federigo.

«No, ho deciso di agire. Domani trasporteremo molti carri carichi di minerale, così porteremo i briganti allo scoperto.» li informò Tiziano.

«Concordo, ottima decisione.» approvò Tsuki.

«Meglio di così!» esclamò Francesco Giacomo.

Tiziano sciolse la riunione e incrociò lo sguardo della giapponese, nel quale lesse, conoscendola da tanti anni, le sue stesse intenzioni: avrebbero atteso i passi falsi di Federigo.

La notte giunse in fretta e quest'ultimo rispettò il prevedibile copione: raggiunse le scuderie e cercò di sellare Due, che ovviamente non volle saperne, così ripiegò su un altro cavallo e si diresse verso l'accampamento dei briganti poco distante, in direzione sud-est. Tsuki lo seguì senza farsi vedere.

Nel frattempo Ranieri si occupava dei fratelli precettori. Fingendosi perso, si fece notare dai due, che lo inseguirono nel bosco. Lui li attese con indosso la maschera e in mano due piccoli bastoni in lega che sembravano d'acciaio ma che in realtà erano di titanio, elemento scoperto in Inghilterra dal reverendo William Gregor e battezzato tale nel 1795 da Klaproth. Roberto e Matteo estrassero le loro spade e lo circondarono da entrambi i lati. Ranieri conosceva il loro stile di combattimento e sapeva che avrebbero sferrato un attacco simultaneo. Tuttavia, per quanto fossero coordinati, era impossibile essere in perfetta sincronia alla pallida luce della luna. Il primo affondo, dall'alto verso il basso, era diretto alla sua testa, ma Ranieri lo parò con uno dei bastoni, usando l'altro per neutralizzare un attacco al fianco. Quando entrambe le lame si spezzarono, i fratelli rimasero a bocca aperta per qualche istante e il giovane ne approfittò per disarmarli del tutto, battendo con forza i due bastoni sui dorsi delle loro mani. Ne seguì uno scontro a mani nude nel quale Roberto e Matteo, abituati alle risse ma non al combattimento vero e proprio, ricevettero ciascuno un gran numero di calci sia alla schiena sia alle reni. Appena esaurirono le forze e rimasero a corto di fiato, Ranieri piazzò il colpo decisivo allo stomaco, dopodiché li legò a un albero con un fazzoletto a tappargli la bocca.

«Siete nelle mani di madre natura, deciderà lei che farne di voi... Addio.»

Mentre si allontanava alla ricerca di Tsuki, sentì un gruppo di lupi avvicinarsi ai due traditori.

Cavalcò per alcuni minuti e trovò la giapponese sul punto di rientrare al dormitorio.

«Tsuki, allora? Avete novità positive?» le chiese ansioso.

«Sì, so dov'è detenuta Emma. Ho avuto modo di vederla, non è in gran forma, ma sta bene. Non è sola però, c'è un tipo strano con lei nel campo, deve avere all'incirca la vostra stessa età. Che ne è stato dei fratelli e che cosa facciamo con Federigo?»

«I fratelli si sono battuti bene, ma non hanno avuto la meglio. Li ho legati attorno a un albero e poi ho lasciato che madre natura facesse il suo corso. Federigo merita il medesimo trattamento, ma non sono io a dover decidere, parlatene con Francesco Giacomo e Tiziano. Che facciamo, attendiamo che Federigo rientri e attacchiamo il campo con il favore delle tenebre, oppure rimandiamo?» domandò Ranieri.

«Non sappiamo chi abbiamo di fronte, vorrei prima studiarli.» suggerì prudenza Tsuki.

«Anch'io, ma temo subodorino qualcosa. Non amo le cose fatte di fretta e per vendetta, ma in questo caso credo sia la soluzione migliore.»

«Non concordo, ma se questa è la tua convinzione, ti aiuterò. Un patto è un patto. Riguardo a Federigo, sono d'accordo, mentre per i fratelli no: non hanno ricevuto una morte da guerrieri, avresti dovuto ucciderli in combattimento, loro lo avrebbero preferito.»

«Se permettete, Tsuki, quelli non erano né guerrieri né uomini, ma soltanto persone prive di scrupoli che avevano anteposto i loro interessi economici alle amicizie e alle persone che li avevano sempre addestrati e aiutati.» osservò Ranieri in tono deciso.

«Chi siamo noi per decidere e essere al contempo giudice e boia?» obiettò la giapponese.

«Vedetela come vi pare, questo è il mio punto di vista.»

«Sei un grande combattente, non hai paura e non temi la sconfitta, ma per diventare un grande uomo dovrai imparare la pazienza e il perdono.» disse la maestra. «Tieni, questi manoscritti contengono la mia eredità spirituale, vorrei che tu li conservassi e li studiassi.»

«Grazie, saprò farne buon uso.» promise Ranieri. «E adesso in sella, non credo che Emma si stia divertendo in quel campo...»

Così dicendo, ripresero i cavalli e si diressero verso il luogo in cui la ragazza era trattenuta contro la sua volontà.

Durante il viaggio, Tsuki fu stupita dalla calma che mostrava Ranieri: era tranquillo e rilassato come se stesse recandosi a una festa in maschera. Per raggiungere quel livello di autocontrollo, probabilmente si era sottoposto a un allenamento molto pesante durante la sua trasferta in Corsica.

«Ranieri, Emma o Chantal?» gli chiese quasi in un sussurro.

«Difficile da dire, il passato e il presente...» rispose lui pensieroso con lo sguardo di chi vede scorrere mentalmente i ricordi, poi aggiunse: «Magari entrambe, chissà?!»

Tsuki scoppiò a ridere e la tensione si allentò del tutto. Quando arrivarono al campo dei briganti, Ranieri estrasse due binocoli, uno per sé e uno per la maestra. Dopo aver contato le guardie e dato uno sguardo tutto attorno, Ranieri scorse Federigo vicino a una capanna intento a parlare con due briganti, Stoppa e Tiburzi.

«Che cosa stai recitando? Muovi le labbra ma non parli... È un mantra buddista per la calma?» domandò la giapponese.

«No, leggo i loro labiali, cerco di capire che hanno da dirsi.» rispose il giovane.

«Interessante questa tecnica, vorrei tu la insegnassi alle ragazze.»

«Emma insegnerà loro anche questo. Ho intenzione di aggiornare Virginia e Chantal appena tutto questo sarà finito.» disse Ranieri.

«Che si sono detti?» chiese Tsuki.

«Niente di nuovo, soltanto che devono far fuori Roberto e Matteo, e poi attendere nuovi ordini per attaccare i carri che trasporteranno il minerale. Adesso pensiamo a come fare per indebolirli. Sapete, ricordo uno dei libri che mi avete fatto studiare, *L'Arte della Guerra* di Sun Tzu.»

«Bene, vedo che l'addestramento è servito!» ribatté soddisfatta la maestra. «Quale parte?»

«*Nei combattimenti notturni, utilizza torce e tamburi. Di giorno, utilizza stendardi e bandiere. In questo modo sarai padrone della vista e dell'udito delle truppe avversarie.* Dobbiamo soltanto capire come creare dei diversivi.» rifletté Ranieri.

«Ti ho già detto che dobbiamo avere un piano e delle armi prima di lanciarci in sciocchi attacchi.» puntualizzò Tsuki.

«Siamo armati fino ai denti, voi avete la spada e io il mio coltello!» obiettò lui. «Loro hanno armi, munizioni e polvere da sparo, e soprattutto olio per le lampade, ma sapete qual è la nostra fortuna? Al buio sono facili da trovare. Torno subito, aspettatemi qui! Sentiranno tante di quelle esplosioni provenire da luoghi diversi che non sapranno mai quanti siamo.»

Detto ciò, Ranieri scattò verso il bosco correndo con velocità, determinazione e lucidità. Tsuki era stupita, non aveva mai visto nessuno muoversi in quel modo pur restando vigile e concentrato sulle proprie azioni. Il giovane sembrava volteggiare in aria come una libellula in alcuni casi, oppure superava un tronco con un balzo e atterrava con una rapida capriola, per poi correre a quattro zampe passando dal sottobosco. La maestra rivedeva in alcuni gesti i movimenti della scimmia che salta da un ramo all'altro, in altri una tigre veloce con passo felpato, in altri ancora il guizzo fulmineo del serpente. Ranieri recuperò delle borse in pelle con dentro i proiettili per i fucili, poi tornò indietro con parecchia polvere da sparo e olio per lampade. Nell'ultima incursione si rifornì di armi e bottiglie di alcolici.

«Eccomi di ritorno...» disse con un po' d'affanno. «Abbiamo tutto quello che ci serve. Ora vi spiego cosa faremo: riempiamo queste sacche con pallini per fucile e polvere da sparo, poi le inseriamo in altre sacche di pelle con olio e alcool, così gli stracci imbevuti fungeranno da miccia. Le posizioniamo in cerchio attorno al campo, formando almeno tre cerchi concentrici con esplosioni ritardate da uno all'altro. I pallini di ogni cerchio, invece, dovranno esplodere nello stesso momento, così i briganti crederanno di essere attaccati da un battaglione di fucilieri. Creeremo delle bombe incendiarie con l'alcool per farci strada in mezzo a loro. Partiamo con le armi da fuoco, poi, quando ci avranno scoperti, passeremo alle lame. Facciamo in modo di convergere entrambi verso il rifugio dei prigionieri. Come sempre, in bocca al lupo e a dopo.»

Tranne qualcuno cui era toccato in sorte il turno di guardia notturno che affogava le proprie frustrazioni nell'alcool, tutti gli altri briganti stavano dormendo. Nel silenzio della notte si udirono molte esplosioni simili a colpi di cannone e qualche istante dopo, il campo fu crivellato di proiettili che arrivavano da ogni dove. Alcuni banditi furono feriti gravemente mentre ancora riposavano nelle proprie brande, altri in maniera più lieve. Nel complesso, il primo attacco riuscì nell'intento di spaventarli e disorientarli. Ranieri e Tsuki attesero la seconda raffica di esplosioni prima di entrare in azione. I briganti, colti di sorpresa, si affrettarono a imbastire una difesa: alcuni caricavano le armi, altri cercavano riparo. Stoppa e Tiburzi parlavano animatamente tra di loro: quest'ultimo era convinto che la forza pubblica eseguisse gli ordini del Granduca, Stoppa invece era irritato con Federigo, del quale non si fidava. Ranieri riuscì a leggerne il labiale senza difficoltà.

«Maledetto Federigo, appena riesco a trovarlo gli taglierò la gola. Ci ha venduti al Granduca!»

«Qualcuno scopra che succede!» urlò Tiburzi. «Come mai i cannoni sono fermi? Avrebbero dovuto sparare una seconda raffica... su, controllate!»

Poi, in un accesso di rabbia, prese per le spalle alcuni briganti e li scaraventò con forza nel bosco. Stava correndo verso Stoppa quando a un tratto partì la seconda serie di esplosioni. In pochi salvarono la pelle, i proiettili fendevano l'aria da ogni direzione. I briganti che erano stati mandati in ricognizione nel bosco furono letteralmente crivellati di colpi, mentre quelli che avevano trovato riparo furono colpiti alle spalle. Erano tutti in preda al panico, a causa del sibilo prodotto dai proiettili, e molti finirono vittime anche del fuoco amico. Tiburzi perse l'occhio destro e fu ferito alla spalla sinistra. Stoppa non si fece un graffio, avendo avuto il sangue freddo di sdraiarsi completamente a terra con le mani sopra la nuca appena udito il boato.

Non appena il campo fu nel caos più totale, Ranieri e Tsuki si alzarono in piedi e scattarono da direzioni opposte verso i prigionieri, facendo fuoco sui bersagli più vicini. Alcuni briganti credettero di assistere a una scena surreale, vedendo due figure che indossavano una mantella con cappuccio rosso porpora correre e sparare a velocità inaudita. A qualcuno di loro parve di combattere contro delle creature infernali fuoriuscite dal nulla, sulle cui mantelle si riflettevano le fiamme delle esplosioni rendendo ancora più acceso il colore della stoffa. I briganti cadevano a uno a uno come birilli. Tiburzi, nonostante le ferite, estrasse la pistola e la spada e si lanciò in uno scontro corpo a corpo. Tsuki, vedendolo arrivare, lo ferì con un colpo d'arma da fuoco prima al piede sinistro e poi alla mano. Stoppa capì che avrebbero capitolato e decise di allontanarsi senza dare nell'occhio. I briganti ancora in grado di combattere accerchiarono i due assalitori, mentre altri corsero a recuperare le armi dai carri. Tsuki e Ranieri deposero le armi a terra lentamente e portarono le mani dietro la nuca in segno di resa. I banditi ghignarono soddisfatti. Da lontano si udì Tiburzi dire: «Uccidet...», poi la sua voce fu soverchiata da un gigantesco boato. Tsuki e Ranieri si sdraiarono subito a terra. L'ultima esplosione rase al suolo tutto il campo, compresi i carri delle armi. I corpi esanimi di alcuni briganti finirono su quelli degli assalitori, mentre altri furono feriti da schegge volanti quando i carri andarono in mille pezzi. Tsuki e Ranieri si alzarono in piedi, scrollandosi di dosso i cadaveri, e corsero a soccorrere i due prigionieri, Emma e un altro giovane.

I quattro si allontanarono a cavallo mentre Stoppa tornava al campo a soccorrere i compagni di sventura. Di fronte ai suoi occhi si parò uno scenario a dir poco apocalittico: cadaveri dilaniati e ustionati, parecchi feriti e sangue dappertutto; nell'aria un acre odore di carne bruciata. Le schegge di legno dei carri si erano conficcate negli occhi e nelle gambe dei briganti, e molti avevano i timpani compromessi dalle forti esplosioni. In sottofondo, un brusio lamentoso di uomini straziati dal dolore in cerca di aiuto. Stoppa, privo di empatia com'era, cercò di aiutare soltanto quelli che a suo parere avrebbe potuto ancora sfruttare dopo le opportune cure, mentre decise di mettere fine al calvario di chi considerava irrecuperabile offrendogli una rapida morte con un colpo d'arma da fuoco. Soccorse anche Tiburzi, il quale, guardandolo con aria di disprezzo, gli domandò sarcastico: «Hai preparato un colpo anche per me, socio?»

«Non capisci, eh? Era un gesto di clemenza, non abbiamo i mezzi per curarli in tempo.» spiegò Stoppa.

«Hai visto?»

«Sì, mi ricorda tanto la Corsica quando ci scontrammo con Leonetto.» confermò il brigante. «Adesso pensa a rimetterti, dobbiamo ancora rubare il carico.»

«Sei riuscito a capire chi sono? Che facciamo con Federigo?» chiese Tiburzi.

«No, non ho idea di chi fossero, avevano quelle maledette mantelle con cappuccio a nascondere il viso. Per ora tutto resta invariato, abbiamo ancora bisogno delle informazioni di Federigo. Lui sarà presente durante il trasporto quando attaccheremo la carovana e a quel punto pagherà anche questo.» promise Stoppa.

Dopo ore a cavallo, Tsuki, Ranieri, Emma e il suo compagno di prigionia giunsero all'accampamento dei Maremmani Antagonisti, dove i loro amici si presero cura dei due ragazzi liberati.

«Che volete fare?» chiese Ranieri a Tsuki. «Rimanete qui da noi per la notte, oppure tornate al dormitorio?»

«Resto, sono stanca. Federigo non si è accorto di nulla, ho visto che è rientrato a casa prima del nostro attacco. Domani mattina parlerò con tuo padre e ritarderò la consegna di qualche giorno.»

«Pochi, al massimo due o tre.» si raccomandò il giovane. «Non voglio che abbiano il tempo di reclutare nuovi adepti. Sarà un duro scontro, le legioni inviate dal Granduca non sono del tutto affidabili, probabilmente hanno ricevuto l'ordine di arrestare anche i Maremmani Antagonisti. Combatteremo contro i briganti e contro la forza pubblica, ma un patto è un patto: difenderemo il vostro carico, poi ognuno per la sua strada. Dormite pure nella mia tenda, io resterò con Emma.»

Tsuki si avviò verso la tenda di Ranieri, all'interno della quale trovò molti manoscritti e documenti sulle scienze e sulle tecniche di battaglia. Si rese conto che quanto seminato in tanti anni stava dando i suoi frutti. Ranieri era diventato indipendente e si documentava e studiava quando si sentiva impreparato o carente su alcuni argomenti. Si addormentò soddisfatta:

Ranieri, Chantal e Virginia sarebbero stati dei degni successori per l'ordine dei precettori, il suo compito sembrava essersi ormai esaurito.

Ranieri intanto si era recato da Emma e le si era seduto accanto.

«Visto? Sei tornata a casa! Ti hanno trattata male, torturata o cos'altro?» le chiese apprensivo.

«No, mi tenevano legata e hanno provato a drogarmi con degli oppiacei,» – replicò lei – «ma le tecniche che abbiamo imparato in Corsica mi hanno aiutato a mantenere la lucidità anche nei momenti peggiori. Sono sempre riuscita a rispondere con false informazioni. Il ragazzo che era prigioniero con me purtroppo è una vittima delle mie bugie. Ho sostenuto che il nostro campo si trovasse in prossimità di una rocca vicino alla valle dei diavoli, ma i briganti vi hanno trovato soltanto questo eremita. Credevano fosse uno di noi. Lo hanno torturato e adesso è stremato! Mi sento in colpa per ciò che gli è accaduto.»

«Si rimetterà, adesso riposa e mangia.» la rincuorò Ranieri. «Avremo modo di parlare più tardi.»

Poi, accarezzando Emma sul viso e sulla fronte, attese che si addormentasse. Uscendo dalla tenda, vide il padre della ragazza farglisi incontro.

«Ecco *l'uomo di ferro*! Sta' tranquillo, è andato tutto bene, adesso sta riposando.»

«Ranieri, io...»

«Non preoccuparti. Recupera energie piuttosto, non è ancora finita. Abbiamo ancora un compito da assolvere.» gli ricordò il giovane, dopodiché lo salutò con una pacca sulla spalla destra e montò in sella a uno dei cavalli, diretto da Virginia. Giunto nella valle dei diavoli, lasciò il cavallo indirizzandolo verso le stalle. Le guardie di turno, vedendo arrivare l'animale senza nessuno a cavalcarlo, decisero di togliere la sella e le briglie e di metterlo a riposo. Approfittando di quel diversivo e della penombra, Ranieri entrò nel dormitorio dalla finestra del primo piano. In silenzio arrivò fino alla sala da pranzo, dove, aprendo con delicatezza gli infissi, ebbe accesso al terrazzo. Al piano superiore si trovavano le camere di Virginia e Chantal. Si arrampicò con estrema facilità fino alla finestra della sorella, di fronte alla quale si bloccò un attimo prima di aprirla, riuscendo a vincere il desiderio di riabbracciarla dopo tanto tempo, e si concentrò su Chantal. Ridiscese rapidamente lungo la parete fino alla sala da pranzo, dove su un lungo tavolo addobbato le inservienti erano solite lasciare delle composizioni floreali. Selezionò in fretta i fiori più freschi e risalì lungo il muro. Quando entrò nella camera di Chantal, la ragazza stava dormendo. Era così bella che per alcuni secondi

Ranieri rimase affascinato da tanta bellezza e candore, ma poi non riuscì a resistere al desiderio che quella visione gli procurava. Prese le rose e iniziò ad accarezzarle delicatamente il viso con i petali. La giovane si svegliò, inebriata dal profumo dei fiori, e scorse il volto dell'amato, stanco ma soddisfatto.

«Che hai?» gli chiese abbracciandolo.

«Niente.» rispose Ranieri. «È solo che vorrei salutare anche mia sorella, mi manca tanto...» spiegò con voce triste.

Chantal gli prese la testa tra le mani e lo baciò sulla fronte

«Allora fa' quello che ritieni giusto.»

«Non voglio rischiare di rovinare tutto soltanto per i miei desideri. Attenderò un momento più opportuno. Tu devi stare attenta a tuo fratello.» le ricordò.

«Sì, è sempre più viscido...» confermò Chantal.

«No, devi proteggerlo: questa notte io e Tsuki abbiamo salvato Emma e sfoltito pesantemente la fazione dei briganti, ma adesso Stoppa e Tiburzi credono che Federigo abbia fatto il doppio gioco e vogliono ucciderlo. Deve rendersi conto degli errori che ha commesso inseguendo in continuazione la gloria personale, lui e Liliana dovranno capire di chi fidarsi. Noi abbiamo il compito di proteggerli.» disse Ranieri.

Chantal non poteva credere alle sue orecchie, lo osservava con uno sguardo misto di ammirazione e amore.

«Ti adoro...» sussurrò schiudendo le labbra carnose. «Pensavo tu lo odiassi e ne desiderassi la morte, e invece vuoi rimetterlo sulla buona strada.»

«Credo che ci sia ancora del bene in lui, devo soltanto riuscire a fargli aprire gli occhi.» si ripromise Ranieri.

«Dedichi te stesso a salvare tutto e tutti, lascia che questa notte sia io a salvare te.»

Così dicendo, Chantal cominciò a baciarlo con passione. Passarono la notte insieme e il mattino seguente, stavano ancora dormendo abbracciati quando Virginia bussò alla porta.

«Sì?» fece Chantal agitata.

«Sono Virginia, vorrei parlarti, hai un minuto?»

«Solo un momento.»

Ranieri si infilò in tutta fretta sotto il letto.

«Buongiorno, sei pronta?» domandò Virginia entrando nella camera. «Andiamo a fare questa benedetta gita a cavallo fino al mare?»

«Virginia, devo deluderti ma non possiamo.» rispose Chantal dispiaciuta. «Tuo padre vuole che restiamo tutti qui perché il trasporto è imminente. Sarà per la prossima volta...»

«Va bene, nessun problema. Facciamo un giro a cavallo più tardi?»

«Certo, volentieri.» promise l'amica.

Virginia stava per uscire dalla stanza quando percepì un odore gradevole, a tratti anche familiare; subito dopo, il suo sguardo cadde su una cintura di cuoio che fuoriusciva leggermente da sotto il letto, e a quella vista sorrise tra sé.

«Chantal, un'ultima cosa: durante il nostro giro a cavallo potresti parlarmi del fortunato vincitore?»

«S-sì, certo...» balbettò lei.

«Il pavimento è freddo, state attenti alla salute e alle persone nel corridoio quando uscite dalla camera...» ironizzò Virginia. «Ti aspetto in sala da pranzo.» concluse chiudendo lentamente la porta dietro di sé.

Qualche istante dopo, una delle guardie, notando le finestre aperte sul balcone della sala da pranzo, gridò: «Allarme! È entrato qualcuno!»

«Maledizione!» imprecò Ranieri. «Come faccio ad andarmene adesso senza essere visto? Controlleranno sicuramente tutte le camere... Avrei dovuto farlo stanotte invece di addormentarmi...»

«Vestiti e mettiti sotto il letto, io chiederò aiuto a tua sorella per creare un diversivo.» disse Chantal.

Per ordine di Tiziano, le guardie setacciarono ogni stanza dell'edificio, guardando persino sotto i letti. Erano appena entrati nella camera di Chantal, facendo venire i sudori freddi a Ranieri, quando dalle stalle si udirono le urla di Tsuki: due guardie erano state ferite con un colpo alla nuca e qualcuno stava correndo proprio in quel momento in direzione del bosco. La maestra era rientrata da poco dal campo dei Maremmani Antagonisti e aveva capito subito la situazione, così si era inventata un diversivo per agevolare le cose ai ragazzi. Ranieri ne approfittò correndo al balcone del secondo piano e arrampicandosi sul tetto. Vide Tsuki che indirizzava le guardie dalla parte opposta alla sua e Due libero fuori dalle stalle. Sfruttando i robusti rami di una grande quercia (*Quercus pubescens*), scese rapidamente dal dormitorio e con un fischio chiamò a sé il cavallo.

«Amico mio, finalmente ci rivediamo!» lo salutò salendo in sella.

Cavalcò senza fermarsi fino all'accampamento dei Maremmani, dove si dedicò ad accudire Emma prendendo il posto di suo padre.

«Come sta il mio compagno di sventura?» gli chiese la ragazza, ormai completamente sveglia.

«È peggiorato durante la notte, ha la febbre molto alta. Credo sia stato punto dalla

Malmignatta. Tu no, abbiamo controllato.» rispose Ranieri.

«Voglio andare da lui, aiutami...»

«No, sei ancora debole. Ti aiuto a mangiare, dopodiché continuerai a riposare. Abbiamo bisogno di te per concludere questa storia.»

Così dicendo, cominciò a imboccarla, accarezzandole dolcemente il viso tra una cucchiaiata e l'altra. A fine pasto, Emma, ancora molto provata, si addormentò poggiando la testa sulle gambe di Ranieri, che continuò a coccolarla, nell'attesa di un riscontro da parte di Tsuki. Qualche ora dopo iniziò a piovere forte, e Emma si svegliò di soprassalto a causa di un tuono. Si guardò attorno e realizzò che Ranieri non c'era più. Tremando come una foglia, sentì che qualcosa non andava, e in effetti qualche istante dopo, lui tornò per comunicarle la notizia della morte dell'eremita. La cosa la sconvolse al punto da farla scoppiare in lacrime e tremare da capo a piedi, una reazione che nessuno si sarebbe aspettato da lei.

«Emma, rilassati e mangia, devi rimetterti.» cercò di calmarla Ranieri. «Non sprecare energie, concentrale piuttosto per quando ne avremo bisogno.»

«Hai ragione, è solo che il mio cuore ora grida vendetta contro i briganti.»

Per tutta risposta lui l'abbracciò e le diede un bacio sulla fronte. La ragazza si sollevò a sedere sul letto, gli si avvicinò, gli prese la testa tra le mani e iniziò a baciarlo.

«Scusami, era tanto che volevo farlo.» confessò.

«Siamo in due allora...» le fece eco Ranieri.

Si scambiarono reciproche effusioni fino ad addormentarsi.

Il giorno seguente, Emma lo guardò dritto negli occhi.

«Io e Chantal: è sufficientemente grande il tuo cuore per contenerci entrambe?» gli domandò a bruciapelo.

«Quando tutto sarà finito, avremo la risposta a questa domanda. Sono stanco di questi sotterfugi, stanco di nascondermi ai miei genitori e a mia sorella. Tuttavia questo è il cammino che ho intrapreso e adesso devo continuare a percorrerlo.» rispose Ranieri.

Furono giorni molto travagliati per lui, doveva fare la spola tra Chantal e Emma, e allo stesso tempo cercare di ottenere quante più informazioni possibili sugli sviluppi della situazione. Decise di rompere gli indugi e di avvicinare Tsuki durante le sue ronde notturne nel bosco.

«Sei arrivato finalmente!» lo salutò la maestra. «Ho buone notizie, spero altrettanto...»

«L'eremita è morto! I miei amici sono tutti pronti a sostenervi nel combattimento, ne avrete bisogno. Novità dal frate? Come si muove la forza pubblica?» le domandò lui.

«Ranieri, tuo padre ha lasciato molti manoscritti sull'attività dei precettori, compresi i documenti di tuo nonno. Frate Francesco ha costruito una grande casa, con delle bellissime cantine accessibili soltanto dal suo appartamento. Se qualcosa andasse storto, per me, per tuo padre o per entrambi, là troverai tutte le risposte che cerchi. È il faro del nostro ordine. Ci sono anche dei libri antichissimi che provengono dalla biblioteca di Alessandria, un patrimonio inestimabile per la comunità. Per inciso, ho lasciato anche delle istruzioni per costruire cinque spade identiche alla mia e tutti i documenti riguardo al *Kashima Shinryū* (鹿島神流).» spiegò la giapponese.

«Ho capito, quindi pensate che le cose si metteranno male. Mio padre ha persino costruito una biblioteca... Non vi fidate del Granduca, vero?»

«Tuo padre si fida di lui, ma non della forza pubblica. Tutti vogliono arrestare i Maremmani Antagonisti. Chiunque sia stato, è riuscito ad accollarvi le responsabilità dei misfatti compiuti dai briganti. Non sappiamo cosa accadrà al vostro arrivo. Probabilmente dovrete aiutare noi e al contempo difendervi sia dai briganti sia dalla forza pubblica. Tra l'altro, tu dovrai proteggere tre persone: ci riuscirai?»

«Sensei, ricordate cosa mi facevate spesso studiare?» chiese Ranieri. «Ricordate Leonida?»

Lei sorrise.

«Ho capito!» esclamò. «Hai idea di come agire?»

«Sì, vi seguiremo e attenderemo le loro mosse.» spiegò il giovane. «Strategicamente il miglior punto per attaccare è in prossimità del bosco di querce dominato dal castello, dove da piccolo andavo a caccia. Guadare in quel punto con i carri sarà un'impresa, visto che il terzo affluente di sinistra si immette nel corso principale del fiume. Resterete praticamente bloccati. Se sono astuti come credo, vi attaccheranno in quel momento, in quella zona. Comunque noi accorreremo in vostro aiuto da ogni lato, cercando lo scontro corpo a corpo, annullando così il vantaggio delle armi a distanza. Detto questo, domani è il grande giorno?»

«Domattina tuo padre farà dei preparativi in grande stile, così le loro sentinelle capiranno che stiamo per muoverci.» chiarì Tsuki. «La forza pubblica ci attende alle saline. Non preoccuparti per Federigo, ho parlato con Chantal e lo coprirò io. E non preoccuparti nemmeno per Chantal, la coprirà Virginia.»

«Allora vi seguirò fino al momento dell'attacco con un ristretto numero di amici. Gli altri attenderanno alla fattoria, a pochi passi comunque dal punto in cui attaccheranno. A domani, rientro a riposare.»

«Ranieri, è stato un piacere. Finalmente, dopo tutti questi anni, vedo sbocciare l'uomo che è in te.» disse la maestra.

«Non è stato un piacere, per me è stato un onore essere istruito da voi, Sensei.» dichiarò lui solenne.

Detto ciò, si volatilizzò nel folto del bosco.

«Dopo tanto tempo ora capisco che effetto fa...» commentò Tsuki guardandosi attorno. «L'ho fatto molte volte anch'io agli altri e adesso lo subisco...»

Ranieri rientrò all'accampamento e impartì istruzioni a tutti i suoi uomini, poi prese le armi e si recò da Emma.

«Pronta?»

«Barcollo ma non mollo!» ironizzò lei.

Dopo essersi riposati, sellarono i cavalli e partirono. Un ristretto gruppo di Maremmani seguì Ranieri, mentre gli altri si diressero alla fattoria.

Capitolo 11

In mezzo a due fuochi

Emma e Ranieri sorvegliavano da lontano la carovana. Tsuki spesso si voltava e controllava se qualcuno li seguisse. Non era tranquilla, anche se sapeva che Ranieri e i suoi sarebbero intervenuti prontamente in caso di bisogno.

Come d'abitudine, tutti i Maremmani Antagonisti si erano dipinti il viso utilizzando dei colori ottenuti da un mix di foglie e altri prodotti vegetali. Erano colori semplici ma evocativi, bianco e nero, oppure rosso e oro, a creare diverse forme geometriche come triangoli irregolari o strisce verticali e orizzontali. Ognuno aveva accentuato le proprie peculiarità, ma tutti indossavano sopra gli abiti delle strane vesti di lino grezzo. Ranieri e Emma avevano svolto degli studi approfonditi su alcuni scritti di Plutarco a proposito di un'armatura pettorale di lino, indossata da Alessandro il Macedone nella battaglia di Gaugamela del 331 a.C. Dopo anni di prove e sperimentazioni erano finalmente riusciti a far crescere alcune piante di lino (*Linum usitatissimum*), fatto poi filare a mano da alcune sarte. Una colla speciale, ottenuta da un miscuglio tra pelle di coniglio ed estratto di semi di lino e di girasole (*Helianthus annuus*), consentiva di incollare tra di loro i vari strati di lino, una sorta di prototipo del moderno *Kevlar*: la loro flessibilità permetteva di ammortizzare l'impatto di una freccia disperdendone l'energia cinetica. Plutarco narrava che tali armature erano resistenti all'urto e alla perforazione nei confronti di numerose armi, incluse asce e spade. Le prove effettuate con le armi dell'epoca erano state soddisfacenti, ma non contenti, i ragazzi avevano adagiato sul fondo delle armature delle sottili maglie in alluminio. Per la preparazione fu utilizzato il metodo di H. C. Ørsted, al quale furono apportate alcune modifiche.

Dopo alcune ore di marcia quasi a passo d'uomo, la carovana arrivò in prossimità delle saline, dove subì un attacco massiccio da parte dei briganti. Il primo e l'ultimo carro furono dati alle fiamme con delle frecce incendiarie, mentre alcuni banditi sparavano con i fucili sugli uomini della scorta. Erano tutti disorientati e spaventati sia dal fuoco sia dai proiettili. Tsuki chiamò a sé Virginia e Chantal, e le mise al riparo dietro una roccia.

«Andiamo, aiutiamoli!» esclamò Emma dal loro punto d'osservazione.

«No, nessuno si muova.» ordinò inaspettatamente Ranieri. Dopo aver preso il binocolo e studiato il territorio tutt'attorno, aggiunse: «Delle cornacchie stanno volando in modo disordinato, come spaventate. I briganti attaccano con un'unica guarnigione, altri sono appostati nel bosco: se corriamo in aiuto dei precettori, ci circonderanno.»

«Ma Ranieri... non possiamo stare con le mani in mano di fronte a questo massacro!» obiettò Emma.

«Sì, lo so, ma non posso permettere che massacrino anche voi. Dobbiamo trovare una soluzione, e in fretta.»

«Ranieri, basta! *Tempus fugit*, io vado.»

«Fermati!» la bloccò lui. «Assediare Wei per liberare Zhao, ricordi? Ragazzi, presto! Attaccate quel gruppo di briganti nel bosco: coglieteli di sorpresa, circondateli e incendiate la vegetazione tutt'attorno. I loro soci rinunceranno momentaneamente alla carovana per andare a soccorrerli.»

Attorno al 354 a. C. lo stato di Wei dichiarò guerra a quello di Zhao e le truppe degli assalitori circondarono rapidamente la capitale nemica: la loro forza era tale che in breve tempo avrebbe costretto alla resa gli assediati, i quali a quel punto inviarono dei messi per chiedere aiuto allo stato di Qi, loro alleato, il cui abile generale al comando, anziché accorrere in soccorso della città in pericolo, mandò le sue truppe all'attacco della capitale Wei, rimasta sguarnita e indifesa. Informato del fatto che la sua città era sotto assedio, il re di Wei si vide costretto a ritirare le truppe da Zhao e fare ritorno a casa. Zhao poté così ritenersi salva.

I Maremmani Antagonisti fecero tesoro di quell'aneddoto storico, mentre Ranieri e Emma continuavano a osservare dal promontorio i movimenti del nemico. Il giovane era turbato, vedeva poche guardie del Granduca e poca forza pubblica. Qualche istante dopo fu tolto l'assedio alla carovana e pian piano i carri ripresero la marcia, anche se molto lentamente.

«Procediamo? Che hai oggi?» gli chiese Emma.

«Ho un brutto presentimento, mia cara, sento che qualcosa andrà male e non sono sicuro della disposizione dei pedoni sulla scacchiera. I ragazzi avranno avuto la meglio sui briganti, ma andiamo comunque a dar loro una mano.»

Scesero a cavallo fino al punto dove la carovana era stata attaccata e si trovarono di fronte uno scenario apocalittico: erano tutti morti, Maremmani Antagonisti e briganti, ma la cosa strana era che i cadaveri non si fronteggiavano come uno scontro corpo a corpo avrebbe lasciato supporre, ma erano tutti rivolti dalla stessa parte, come se avessero dovuto difendersi da un *terzo* avversario.

«Emma, siamo stati venduti...» disse Ranieri. «Non so da chi, ma corriamo subito alla fattoria! Spero di essere ancora in tempo o sarà un massacro. Prendiamo alcune armi e indossiamo una seconda maglia, anche se costoro sono dei tiratori eccezionali: li hanno colpiti tutti alla nuca.»

Cavalcarono alla volta della fattoria arrivando pressappoco nello stesso momento della carovana. I Maremmani Antagonisti precedentemente inviati da Ranieri erano stati sterminati, così i briganti ebbero via libera per assalire i carri. Seguì uno scontro durissimo. Tsuki riuscì a mettere in salvo nelle cantine

Francesco Giacomo, Federigo, la madre e i nonni di Virginia, dopodiché iniziarono i combattimenti corpo a corpo. Persino Liliana affiancò la maestra. Ranieri e Emma smontarono da cavallo e si unirono a loro. Le corazze che indossavano riuscirono ad assorbire i proiettili sparati dai briganti. Chantal, Emma, Virginia e Tsuki combattevano le une vicino alle altre, mentre Ranieri cercava di uccidere quanti più briganti possibili prendendoli alle spalle. Tutt'a un tratto vide arrivare la forza pubblica assieme alle guardie del Granduca. Tiziano, che combatteva duramente accanto alla figlia e a Tsuki, si rivolse direttamente al comandante delle guardie.

«Finalmente siete arrivati... aiutateci contro i briganti!»

«Siamo qui con la forza pubblica per sradicare qualsiasi brigante dal territorio. Tiziano, lei è in arresto perché in combutta con gli Antagonisti, sarà giudicato da un tribunale nella città portuale. Deponga le armi.» ordinò il comandante.

Alla vista della forza pubblica, i banditi arretrarono cercando riparo dietro alcune rocce. I ragazzi e Tiziano si trovavano in mezzo a due fuochi.

«I Maremmani ci hanno aiutati e difesi dall'attacco dei briganti, non sono loro il problema. Ho delle lettere del Granduca, fatemi spiegare o conducetemi al suo cospetto.» disse Tiziano.

Accanto al comandante comparvero improvvisamente le sagome di Stoppa e Tiburzi.

«Visto, comandante? Come vi dicevo, non siamo stati noi a commettere atti di brigantaggio, ma gli Antagonisti! Come promesso, ve li abbiamo serviti su un piatto d'argento. Adesso arrestateli e dateci la ricompensa pattuita.» sentenziò Stoppa.

«Tiziano, lei e i suoi uomini dovete arrendervi o faremo fuoco. Ripeto, il Granduca parla chiaro nelle sue lettere: eliminare ogni forma di resistenza.» ribadì il comandante.

Per un istante Tiziano osservò i figli, Tsuki e i Maremmani, poi abbassò la testa in segno di resa. A quel punto gli altri capirono che per loro era davvero finita.

«Uomini, caricate e state pronti a fare fuoco.» ordinò il comandante.

Tiziano si rese conto che ormai parlare era inutile, il Granduca non avrebbe mai saputo la realtà dei fatti, tanto più che il comandante non sembrava propenso ad ascoltare.

Ranieri si avvicinò lentamente a suo padre e a sua sorella.

«Miei cari, mi siete mancati. Adesso siamo di nuovo insieme, anche se per poco. Comunque

332

vada, ci uccideranno dopo il processo per brigantaggio. Io preferisco morire combattendo, in pieno stile *Samurai* o da spartano, se preferite.»

«Ho sempre sospettato che fossi tu. Sono fiera dell'uomo che sei diventato.» disse Virginia.

«Io l'ho sempre saputo.» le fece eco Tiziano. «Ragazzi, chiunque di voi si salvi, vada a cercare il frate.»

«Virginia, Chantal, Liliana, nascondetevi e cercate di sopravvivere. Io, Emma, mio padre e Tsuki combatteremo. Salvate Federigo, Francesco Giacomo e il carico.» si raccomandò Ranieri.

«Comandante, non possiamo arrenderci quando siamo nel giusto.» dichiarò Tiziano.

Così dicendo, scattarono verso le guardie, mentre le ragazze puntavano verso i briganti. Piovvero proiettili da entrambi i fronti: i banditi arruolati da Stoppa e Tiburzi capirono che anche per loro era finita, così iniziarono a sparare sulla forza pubblica, dando il tempo alle ragazze di fuggire in cantina. In breve tempo Ranieri, Tsuki, Tiziano e Emma caddero esanimi al suolo e la forza pubblica entrò prepotentemente in cantina costringendo tutti a uscire. La madre di Virginia, alla vista dei corpi del marito e degli altri riversi a terra, scoppiò in lacrime, distrutta dal dolore. Il comandante ordinò di arrestarli tutti.

«Comandante, ho un compito da assolvere: *lui*!» gridò Stoppa indicando Federigo.

«Nessuno tocchi Federigo, Chantal e Francesco Giacomo.» ordinò il comandante. «Loro saranno condotti dal Granduca per essere premiati per le loro scoperte. Stoppa, Tiburzi, voi andatevene, l'unico premio per voi sarebbe la forca.»

Mentre venivano ammanettati, Virginia vide arrivare un uomo che aveva già visto: il locandiere.

«Comandante!» esordì quest'ultimo. «La ragazza viene con me, su questo non discuto! Non ha mai fatto niente di male, consideriamola deceduta sul campo.»

«E riguardo ai briganti?» gli domandò il comandante.

«Fatene ciò che volete, io voglio solo lei, per la mia locanda.» rispose l'uomo estraendo un sacchetto colmo di quattrini.

Francesco Giacomo capì che Virginia si sarebbe salvata.

Qualche istante dopo, il locandiere si allontanò a cavallo nel bosco con Virginia in braccio, distrutta dalla tragedia, e il comandante fece fucilare tutti: Liliana, sua madre Liù, la madre di Ranieri e anche i nonni.

Virginia fu condotta nei pressi del villaggio sul mare vicino alla foce del fiume dove da ragazza giocava con suo fratello. Vide in lontananza una grande casa con tanto di torre e giardino privato, sulla cui terrazza con vista sul mare ad attenderla c'era frate Francesco, deciso a mantenere fede al testamento spirituale dell'amico Tiziano, accogliendola e accollandosi la responsabilità di curarla.

«Mia cara, sono spiacente per come sono andate le cose, ma almeno tu sei salva. Tuo padre aveva capito sin dall'inizio come sarebbe finita.»

Virginia si rifugiò in lacrime dentro casa, senza replicare.

«Che ne è degli altri?» chiese Francesco al locandiere.

«Torno nel bosco per dar loro una degna sepoltura. Quando si sarà rimessa, ho del materiale per lei, portala da me.»

«Va bene, mi prenderò cura io di lei, l'ho promesso a suo padre.»

Disteso a terra nel bosco, Ranieri intanto aveva riaperto gli occhi. Il forte odore di bruciato che avvertiva lo aveva riscosso dallo stato d'incoscienza, ma realizzò definitivamente di essere vivo solo quando vide il cielo azzurro sopra di sé. Lentamente cercò di muovere le mani e le gambe, ma aveva dolori ovunque e sentiva le braccia intorpidite. Si tastò il corpo individuando le numerose ferite ed emorragie causate dalle pallottole, nessuna delle quali, tuttavia, grave o incurabile grazie all'armatura di lino. Vicino a lui, Emma era svenuta ma ancora viva; ferita, seppur non in modo serio. Ranieri vide che Tsuki lo stava osservando e le si avvicinò strisciando sui gomiti.

«Sensei, non preoccupatevi, vi rimetteremo in sesto.» promise.

«Ranieri, il tempo a mia disposizione è giunto al termine. Le ferite sono troppo profonde e gravi, non voglio morire tra qualche giorno in un letto, aiutami a morire alla mia maniera. Ti ho già detto dove trovare tutto quello che mi lascio dietro, vero? Desidero che la spada rimanga a te o a tua sorella.» disse la maestra, lucida.

Il giovane sorrise e annuì, poi la aiutò a fare *seppuku*, conosciuto in Occidente anche come *harakiri* (腹切り, "taglio del ventre"). L'anziana donna morì con il sorriso sul volto. Poi Ranieri sentì che suo padre stava ancora respirando e andò da lui per parlargli.

«Ranieri, figlio mio. Sono contento di averti rivisto ora che sei finalmente diventato un uomo capace delle proprie scelte. Hai fatto bene a non rifarti vivo dopo la tua presunta morte. È giusta questa fine per i precettori, abbiamo servito le persone sbagliate. Il nostro compito era preservare e mantenere l'equilibrio, e invece abbiamo fatto l'errore peggiore, cioè mediare tra le due realtà. Per favore, informa il Granduca di quanto accaduto. Utilizza il sigillo che mi è stato dato e invia la lettera in forma anonima. Troverai tutto a casa del frate. Ora sei tu a dover fare le scelte giuste per il nostro ordine. Proteggi Virginia, Chantal e Emma, e cercate di vivere appieno i vostri giorni. Vi ho lasciato tutto quello che ho potuto.»

Dopo aver pronunciato queste ultime parole, Tiziano spirò e Ranieri scoppiò a piangere. Poi trovò un cavallo per deporvi Emma e recuperò i corpi degli amici e dei parenti per portarli nei pressi della fattoria, ormai distrutta dall'incendio appiccato dalla forza pubblica. Decise di cremare i morti, aiutando le loro anime a passare da una dimensione all'altra. Infine scomparve nel folto della boscaglia.

Qualche ora dopo, il padre di Emma tornò nel bosco per seppellire gli amici, ma trovò una sorpresa: i corpi erano spariti. Un sorriso si disegnò sul suo volto. Non sapeva se sua figlia fosse ancora viva, ma aveva sufficienti prove per supporlo. Rientrò alla locanda e decise di attendere.

Francesco Giacomo, Federigo, Chantal e il resto della famiglia furono ricevuti dal Granduca, che conferì loro il titolo di conte del paese che dominava la valle dei diavoli. Insieme continuarono le attività estrattive e portarono avanti la loro florida impresa. Costruirono due grossi edifici, uno nella città portuale e uno a Firenze. Federigo decise di dedicarsi alla politica e rimase nella città portuale, Chantal invece rientrò nella valle dei diavoli, nella cittadina che prende il nome dal loro cognome. Il padre Francesco Giacomo si trasferì a Firenze in una villa assieme al figlio Adriano.

Il Granduca seppe quanto realmente accaduto quel giorno per bocca di Francesco Giacomo, che restò in esilio a Firenze per il resto dei suoi giorni, rammaricato e depresso per non essere stato capace di salvare gli amici. Persino il Granduca non poté darsi pace una volta saputa la verità: Tiziano era morto onorando il patto che aveva stretto con lui. In onore dei precettori decise di avviare i Congressi Italiani delle Scienze, dedicando la prima edizione alla memoria dell'amico leale che lo aveva aiutato a sviluppare le porte della Maremma.

Nel frattempo le scorribande dei briganti nella zona proseguivano ininterrotte senza che nessuno riuscisse a contrastarle. Virginia e Chantal non erano più in contatto tra loro e non erano certo dello spirito giusto per affrontarli di nuovo. Il frate attendeva e sperava sulla base delle informazioni che aveva ricevuto dal locandiere, informazioni che non aveva riferito a Virginia.

Era passato circa un anno dalla strage alla fattoria e la situazione era peggiorata. I briganti erano diventati sempre più forti osando sempre di più, attaccando vicino alla città e indebolendone l'economia in maniera significativa. Le numerose richieste di aiuto inviate per iscritto alla forza pubblica e al Granduca furono respinte al mittente con delle secche risposte: *"Abbiamo chiuso lo scorso anno la questione dei briganti dediti a queste attività. Costoro non sono altro che semplici ladri. La forza pubblica sarà in grado di risolvere la situazione da sola, dopo gli avvenimenti passati non invieremo rinforzi."*

Ma come spesso accade alle porte della Maremma, la povera gente, se nessuno provvede, mette in pratica il proverbio "Aiutati che Dio ti aiuta" oppure "L'unione fa la forza".

Un giorno, il locandiere aiutò alcuni sfortunati viaggiatori diretti verso la città portuale che erano stati assaliti dai briganti, ma erano riusciti a fuggire grazie alle abilità del cocchiere.

«Quanti erano?» chiese il padre di Emma a quest'ultimo.

«Più o meno cinque.»

«Sapreste riconoscerli?»

«Beh sì, certo!» assicurò il cocchiere. «La cosa più strana era la loro resistenza alle armi: ho sparato due colpi con il mio fucile prima che mio fratello cadesse dalla carrozza e sono sicuro di averne preso uno in pieno petto, ma non è caduto, si vedeva soltanto qualche goccia di sangue. Non sembravano indossare abiti di maglia. Uno dei banditi lo ricordo bene, aveva una benda sull'occhio e difficoltà a muovere la spalla. Gli altri invece...»

«Basta, è sufficiente, ho capito tutto!» lo interruppe il locandiere. «Spiacente per vostro fratello, sarà sicuramente deceduto. Dove si sono diretti?»

«Nel bosco, a sud-ovest, alla volta delle vecchie miniere.»

Il padre di Emma fece spargere la voce e riuscì a reclutare alcuni cittadini – semplici contadini, non dei combattenti – desiderosi di risolvere autonomamente la questione. Erano tutti armati, e alcuni erano anche dei buoni tiratori, essendo abili cacciatori. Prima di partire alla ricerca dei briganti, il locandiere si diresse con i suoi uomini alla casa del frate sul mare.

«Francesco, sono tornati Stoppa e Tiburzi. Io sono stufo e voglio risolvere la faccenda una volta per tutte, voi siete dei nostri? La ragazza è pronta?» chiese appena fu entrato.

«La ragazza si allena sempre, ma le manca il carattere. Si è spenta, non ha più la cattiveria di un tempo.» rispose il frate. «Il fisico la sostiene, ma la mente non più, avrebbe bisogno di una bella iniezione di fiducia per ripartire. Adesso è in giardino a esercitarsi con la spada. Se volete parlarle...» Poi, mentre si dirigevano da Virginia, aggiunse: «Riguardo a me, preferisco seguire quello che deciderà lei. Una promessa è una promessa, non me ne vogliate.»

Raggiunsero infine la ragazza, che si esercitava duramente ma senza concentrarsi in quello che faceva. Prima di rivolgerle la parola, il locandiere si tolse il cappello da cacciatore con le piume di fagiano.

«Signorina, mi scusi, abbiamo ragione di credere che Stoppa e Tiburzi siano nelle vicinanze. Avremmo bisogno di un aiuto concreto, due persone preparate ci farebbero comodo... volete unirvi a noi?»

All'udire quelle parole, Virginia si immobilizzò, come pietrificata dai ricordi. Le braccia le si fecero pesanti e la spada le cadde di mano. Alla fine scoppiò a piangere e corse a rifugiarsi in casa.

«Non era questa la risposta che mi aspettavo.» disse l'uomo rivolto al frate.

«Spiacente, ve lo avevo anticipato. Ora è l'ombra di quella che era un tempo, e visto quanto è successo non posso biasimarla.»

Mentre uscivano dal cancello principale, il locandiere vide un enorme gatto rosso e bianco.

«Ma cos'è, un leone?» chiese ridendo.

«No, è Pippo, il mio gatto obeso.» rispose serio Francesco. «È buono e si presta a fare la guardia.»

«Arrivederci, frate, e grazie.»

«A presto. Le grazie le fa il Signore, non io! Comunque, battute a parte, aspettate a ringraziarmi! Non avrete fortuna, questa era solo una prova... si accamperanno sempre più vicini...» lo mise in guardia Francesco.

La spedizione in effetti non ebbe successo e dopo qualche settimana, le incursioni dei briganti ripresero allo stesso ritmo di prima. Il locandiere radunava ogni volta i suoi amici, ma la ricerca finiva, come al solito, con un buco nell'acqua.

Alcuni mesi dopo, mentre il padre di Emma si esercitava nel piegare i ferri di cavallo, all'improvviso entrò nella locanda frate Francesco.

«Ho delle novità!» esclamò.

«Quali?» chiese subito l'uomo con curiosità, posando il ferro di cavallo sul bancone.

«Questa mattina ho notato sulla spiaggia una serie di orme di almeno due cavalli diretti verso sud.» rispose il frate giocherellando con il ferro di cavallo ormai quasi dritto grazie alla forza del locandiere.

«Francesco, siete impazzito? Sarebbe questa la novità? Due uomini che passeggiano con i propri cavalli sulla spiaggia? Frate mio, siete invecchiato, lasciate che sia io a darvi una vera novità! Il Vescovo ha deciso di istituire la parrocchia di San Giuseppe, hanno già iniziato a costruire una grande chiesa con un campanile...»

«Ho capito, non siete interessato.» ribatté sconsolato Francesco. Voltandogli le spalle e incamminandosi verso la porta, aggiunse col sorriso sulle labbra: «Ah dimenticavo, uno dei cavalli ha delle zampe enormi!»

«Questa sì che è una grande notizia, venite qui!» esclamò il padre di Emma strabuzzando gli occhi, che cominciarono a riempirsi subito di lacrime. Abbracciò il frate stringendolo forte a sé e poi chiese, dandogli una pesante pacca sulla spalla: «Cosa ha detto Virginia?»

«Niente, assolutamente niente. È stata lei a comunicarmelo, dopodiché ha sorriso. Oggi stesso la porterò da Chantal, vorrei che soggiornasse da me assieme a Florestano per qualche giorno.»

«Ottimo, mio caro, veramente ottimo! Per ora teniamo la notizia per noi e speriamo!»

«A domani, passate a trovarmi nel primo pomeriggio!» lo salutò Francesco.

«Non mancherò.» promise il locandiere.

Con non poca fatica, il frate convinse Virginia a seguirlo fino alle porte della valle dei diavoli, nella piccola città che porta il cognome di Francesco Giacomo.

«Maledizione, com'è cambiato il panorama!» si lamentò la ragazza appena furono arrivati. «Tutti questi tubi e cisterne per lo sfruttamento dei fluidi geotermici hanno reso il paesaggio fantascientifico. Ranieri aveva ragione, la strada da percorrere era quella dei Maremmani Antagonisti. Quanto tempo sono stata a riposo?» chiese a Francesco.

«Finalmente ti è tornata la rabbia e la determinazione negli occhi, buon segno. Per quanto riguarda la tua domanda, sono quasi due anni di apatia.» rispose il frate.

«Mi sembrano soltanto pochi mesi... Andiamo al galoppo fino alla casa di Chantal!» propose Virginia.

Una volta sul posto, ricevettero una notizia inaspettata ma gradita: Chantal aveva ristrutturato le antiche terme di San Michele e spesso si recava lì con il fratello Florestano per rilassarsi. Quando giunsero alle terme, Virginia sentì di nuovo un'attrazione irresistibile per quest'ultimo. Evidentemente la passione che li aveva coinvolti in passato non si era del tutto spenta.

«Ragazzi,» – esordì il frate rivolto ai due fratelli – «siete entrambi invitati per qualche giorno alla nostra casa sul mare. Abbiamo bisogno di comunicarvi alcune cose.»

Chantal corse verso Virginia per abbracciarla.

«Amica mia, quanto tempo, credevo fossi morta anche tu!»

«Sì, ufficialmente sono un fantasma, mi ha salvato il padre di Emma.» spiegò lei. «Come vedi, per viaggiare utilizzo questo lungo mantello nero con cappuccio che mi copre il viso. Comunque mi sono sempre allenata, e tu?»

«Mi sono mantenuta in forma anch'io, in attesa di questo momento!» rispose Chantal. «Ho sempre sperato in un tuo ritorno. Ma chiunque si fosse presentato sarebbe stato ben accetto. Adesso però basta parlare, prendiamo le nostre cose e veniamo con voi. Florestano, sbrigati!»

Florestano era un uomo dal carattere molto riflessivo, esattamente l'opposto di Virginia. Tutto sommato di bell'aspetto, anche se di una bellezza diversa rispetto al fratello Federigo, si dedicava con passione allo studio della medicina.

Una volta rientrati alla casa sul mare, Virginia e Chantal si fermarono a parlare sul terrazzo per aggiornarsi sulle ultime settimane e recuperare il tempo perso; il frate invece si mise a discutere con Florestano di medicina alternativa. Mentre tutti si riposavano in attesa della cena, sopraggiunse anche il locandiere, che si rivolse direttamente ai nuovi ospiti.

«Signora contessa, signor conte, con il vostro permesso vorrei parlare a entrambi.»

La grande sala della villa era perfetta per ospitare riunioni con diversi partecipanti.

«Scusate se vi ho riuniti senza preavviso, ma c'è una questione che vorrei discutere con voi.» riprese il padre di Emma. «I briganti Stoppa e Tiburzi sono tornati. Ho radunato un gruppo di uomini, ma sono soltanto contadini, anche se parecchio adirati. Avrei bisogno di combattenti invece...»

«Siamo tutti molto colpiti da quanto accaduto alla famiglia di Virginia e non vorremmo che un ulteriore scontro generasse i soliti problemi, anche se l'insegnamento di Tiziano e di Ranieri non era questo.» disse Florestano.

«No, direi di no. Hanno combattuto pur sapendo che sarebbero deceduti sul campo.» intervenne Chantal.

«Aiutare sempre i bisognosi era il motto di mio padre, mentre mio fratello voleva preservare il territorio.» prese la parola Virginia. «Obiettivi che in realtà possono benissimo coincidere. Come coordinatrice del nostro vecchio gruppo, direi che io e Chantal, anche se siamo ancora allenate, al momento non siamo pronte per uno scontro sul campo. Abbiamo bisogno di alcune settimane assieme per riprendere gli allenamenti in maniera intensiva. Anzi, se i vostri uomini vogliono aggregarsi, possiamo addestrarci tutti insieme. Sarebbe una buona occasione per conoscere le persone su cui contare.»

«Se posso esprimere la mia opinione, come esponente più anziano tra tutti voi qui convenuti, concordo in toto con Virginia. La fretta è cattiva consigliera.» interloquì Francesco.

«Bene, stasera dirò ai miei valorosi amici di presentarsi da voi domani pomeriggio.» concluse il locandiere.

Così iniziarono ad allenarsi e a addestrare gli altri: le prime due settimane furono faticose, ma le ragazze erano state ben preparate da Tsuki e alla fine riuscirono a superare le difficoltà. Per i contadini invece non fu affatto facile, spesso non riuscivano a tenere testa in quattro a una sola delle ragazze. Quando venivano usate le armi da fuoco o da tiro, la situazione migliorava leggermente, essendo abili cacciatori; tuttavia dovettero imparare a sparare sugli uomini anziché sugli animali.

Alcune volte si allenava con loro anche il locandiere, *l'uomo di ferro*, di una stazza e di una forza senza precedenti. Neanche le ragazze riuscivano ad avere la meglio contro di lui. Quando il sole tramontava, a Virginia capitava di riandare con la mente al periodo in cui osservava la valle assieme al fratello. Il frate invece si esercitava nel *Tai Chi Chuan*, convinto che quegli esercizi, se svolti al mattino presto e al tramonto, aiutassero a ricaricare il corpo dell'energia del cosmo. Una sorta di progenitore del *New Age*.

Durante una notte particolarmente calda, mentre tutti riposavano Virginia si svegliò di soprassalto: si sentiva ribollire il sangue nelle vene, era qualcosa che non le capitava da parecchio tempo. All'inizio pensò che gli allenamenti stessero producendo gli effetti sperati, ma poi udì il richiamo di una tortora dal collare orientale, fatto piuttosto insolito in piena notte; così decise di alzarsi e uscire in silenzio a controllare. Non ebbe nemmeno il tempo di capire di cosa si trattasse che svenne. Qualche istante dopo fu seguita a ruota da Chantal, destatasi per un'agitazione interiore simile a quella di Virginia e per aver sentito lo stesso suono. Vide tre lupi bianchi camminare sulle dune vicino al mare in direzione sud, e non potendo credere ai suoi occhi, decise di seguirli. Qualche secondo più tardi, però, era svenuta a sua volta.

Un paio d'ore dopo, entrambe si risvegliarono legate a una grossa quercia isolata a ridosso di una rigogliosa pineta, dove un tempo c'erano le paludi.

«Chantal, che diavolo succede?» sbottò Virginia. «A quanto pare, i briganti ci hanno precedute... forziamo le corde prima che ritornino...»

«Sì, muoviamoci. Ho visto tre lupi bianchi...» raccontò l'amica.

«Sono addestrati!» puntualizzò una voce femminile dall'alto.

«Ragazze, dopo settimane di allenamento pensavo sarebbe stato più difficile catturarvi!» le canzonò una voce maschile.

Virginia e Chantal non riuscivano a capire da dove provenissero quelle voci così familiari né a vedere a chi appartenessero. Alla fine videro scendere Emma e Ranieri da uno dei rami con due capriole.

«Eccoci qui...» disse il giovane slegandole. «Mi siete mancate, non sapete quanto! Siamo stati in Corsica fino alla settimana scorsa per nasconderci e finire di addestrarci.»

Le ragazze lo abbracciarono, ma Chantal non seppe resistere e lo baciò.

«Corsica? Addestramento? Ma se vi ho visti a terra pieni di sangue! Come avete fatto? Chi vi ha salvati?» domandò Virginia.

«È una lunga storia, ma per fartela breve, direi le colle del nonno.» spiegò Ranieri. «Adesso facciamo il punto della situazione: Chantal, domani partirai con tuo fratello e Virginia per Pisa, dove presenterai il materiale che ti fornirà Emma al primo Congresso Italiano della Scienza. Virginia, tu invece esporrai uno studio sui materiali resistenti alla perforazione. Noi terremo impegnati i briganti, per questa settimana non oseranno attaccare. Questa mattina, appena il frate andrà a comprare il pane, lo avvertirò senza farmi vedere. Tutto chiaro?»

Le ragazze annuirono, in un misto di stupore e gioia, dopodiché Ranieri aggiunse: «Virginia, voglio conoscere Florestano di persona. Sono cambiate molte cose in questi anni e noi siamo cresciuti, ma da quel poco che ricordo, a me sembra l'uomo giusto!»

«Ranieri, io vorrei...» cominciò a dire Chantal.

«Anch'io,» – la interruppe lui – «ma ora non è il momento adatto per i chiarimenti, tra venti giorni sarà tutto finito e avremo tutto il tempo che vogliamo. Virginia, il frate ti ha mostrato la stanza di nostro padre?»

«Me ne ha soltanto parlato, mai vista.» rispose la sorella.

«Okay, penso io a tutto.»

«Vuoi vendicare i tuoi uccidendo Stoppa e Tiburzi?» gli chiese Chantal.

«La vendetta non mi sarebbe di aiuto e comunque non riporterebbe in vita chi non c'è più.» replicò Ranieri. «No! Sarà una conquista del popolo, non ci prenderemo noi il merito. Noi, del resto, non esistiamo. A presto!»

Così dicendo, alla stessa velocità con cui si erano presentati, lui e Emma sparirono nel nulla.

Le presentazioni alla Settimana della Scienza furono tra le più interessanti e le ragazze divennero un punto di riferimento per gli studi esposti, ricevendo richieste e lettere da ogni parte d'Europa e d'Italia. Questo era proprio quello che avrebbe voluto Tiziano per l'ordine dei precettori, la sua naturale evoluzione. Ranieri stava mantenendo fede al testamento spirituale del padre.

Appena rientrarono da Pisa, il padre di Emma andò a trovarle per condividere con loro una notizia.

«Questo pomeriggio arriveranno dal Sud due carovane di gente facoltosa diretta alla città portuale. Siete pronte?»

Le ragazze annuirono, sicure non solo della propria preparazione ma anche della protezione che era loro assicurata. Frate Francesco aprì allora la stanza che custodiva i segreti di Tiziano.

«Ecco i vostri abiti per l'occasione, andate!» esclamò. «Spero per voi che sia l'ultima volta che li indossate.»

«E queste lame? Chi le ha forgiate?» gli domandò Chantal.

«Sono di titanio, sai benissimo chi le ha forgiate... Adesso andiamo, non facciamo attendere gli altri.»

Uscirono entrambe con i capelli raccolti con un laccio di pelle e un cappello a tre punte, indossando un paio di stivali fino alla coscia, un lungo impermeabile e sotto, una camicia di lino grezzo con una strana armatura in grado di arrestare la corsa delle pallottole.

«Ecco come si sono salvati Emma e Ranieri!» esclamò Virginia.

«Eh già!» le fece eco Chantal.

Appena i briganti assalirono la carovana, furono attaccati dagli abitanti che aveva reclutato il locandiere, con le ragazze in testa. Dopo qualche scontro corpo a corpo vinto da quest'ultime con estrema facilità, Stoppa e Tiburzi riuscirono a scappare, ma sulla loro strada trovarono Virginia, Chantal e *l'uomo di ferro*.

«Signori, questo è il nostro ultimo incontro.» dichiarò Stoppa estraendo la pistola. Tuttavia le ragazze con uno scatto fulmineo li disarmarono entrambi e li ferirono alle gambe, senza ucciderli.

«Ormai per noi è finita, uccideteci.» concluse il brigante.

Il locandiere prese un ferro di cavallo e lo raddrizzò davanti ai suoi occhi.

«Se riesci a piegarlo, ti lascio la città, altrimenti te ne andrai per sempre via da questi territori, che sono sotto la nostra protezione. Se tornerai, ti farò quello che ho fatto a questo ferro di cavallo.» lo minacciò.

«Va bene, avete vinto.» si arrese Stoppa, incredulo di fronte a quel che aveva visto. «Se ci lasciate liberi, non torneremo mai più.»

A quelle parole, gli abitanti reclutati che assistevano alla scena si lasciarono andare a un urlo liberatorio che riverberò in tutta la valle. Poi si diressero alla locanda per festeggiare, e a loro si unirono anche le ragazze.

Nel frattempo Stoppa e Tiburzi correvano nel bosco per raggiungere il loro accampamento.

«Dobbiamo ucciderlo, una di queste notti alla sua locanda... Cerchiamo altri briganti e ritorniamo tra qualche mese.» propose Stoppa.

«Sono d'accordo.» approvò Tiburzi.

In quel momento sentirono ululare alcuni lupi, e in lontananza ne videro qualcuno in prossimità del loro accampamento.

«Lupi bianchi... ma non avevamo già sistemato questa faccenda?» chiese Stoppa.

«Sì, ma questi sono i figli!» ribatté sarcastico Ranieri mentre recideva la gola di Tiburzi senza che lui avesse nemmeno il tempo di rendersene conto. Chantal invece colpì allo stomaco Stoppa con una lama avvelenata.

«Ora è davvero finita, questo è il veleno estratto dalla *Malmignatta*.» spiegò. «Dovrebbe ricordarti qualcosa: è il veleno che scorre nelle vene dei Maremmani!»

Più tardi Ranieri e Emma decisero di dirigersi alla locanda in città, dove si stava festeggiando da alcune ore con vino e selvaggina, mentre il locandiere si esibiva per l'occasione raddrizzando ferri di cavallo. Entrarono senza farsi notare e si sedettero accanto a Virginia, Chantal, frate Francesco e Florestano. *L'uomo di ferro* si era accorto della presenza della figlia, ma per non far sapere a tutti che era viva, decise di salutarla il giorno seguente alla casa del frate.

Per ricordare quel giorno di vittoria e liberazione, gli abitanti della città costruirono una statuina in ferro battuto di un uomo con un ampio cappello di piume che imbraccia un fucile, con un piede sulla testa di un cinghiale. Fu appesa al tetto della locanda come banderuola per indicare la direzione del vento, ma soprattutto per rammentare a chiunque che quella città era protetta dalla forza e dal coraggio del locandiere e dei contadini che avevano cacciato i briganti dalle loro terre.

Il giorno dopo, a casa del frate, il padre di Emma abbracciò la figlia mentre Ranieri salutò la sorella, Chantal e Florestano.

«Conte Florestano, abbia cura di mia sorella, la affido a lei.» disse Ranieri in tono solenne.

«Ranieri, la mia famiglia deve tutto ai vostri sacrifici, dammi pure del tu.» ribatté lui inginocchiandosi. «Il titolo di conte spetterebbe a tuo padre, a tua sorella e a te, non a noi.»

«Un'ultima cosa, Florestano.» riprese Ranieri aiutandolo a rimettersi in piedi. «Questa è una lettera da recapitare al Granduca, contiene gli ultimi pensieri di mio padre. Potresti pensarci tu? Ricorda, io e mia sorella ufficialmente siamo morti.»

«Non preoccuparti, ci penso io. Sappi che la nostra abitazione è sempre a tua disposizione.»

Virginia prese il fratello in disparte.

«Adesso non puoi esimerti: Chantal o Emma?»

«Ancora non hai capito, mia cara? Entrambe!» rispose lui serio, baciando la sorella sulla fronte. «Qualcuno vorrebbe tornare a dipingere, se non ricordo male?»

«Che farai ora?» gli chiese Virginia fingendo di non aver sentito la domanda.

«Vivrò giorno per giorno, magari ricostruirò la fattoria e mi metterò a produrre olio e vino, chissà...»

«Quindi basta lotte?»

«Mantieniti allenata, mia cara, nonostante la maternità! A presto...» la salutò Ranieri.

Poi si congedò dall'*uomo di ferro* e dal frate, il quale gli consegnò un libro del nonno con gli appunti sulla produzione del vino e alcune bottiglie che aveva conservato. Infine si allontanò con Emma e Chantal.

«Signori, abbiamo vinto una battaglia, non la guerra!» disse prima di sparire alla vista in sella a Due. «Chiunque fossero ritorneranno, probabilmente sotto altre forme. Da quanto ho sentito, il Granducato non durerà ancora per molto. In ogni caso non abbassate la guardia. Questo non è un addio, ma un arrivederci. Al momento tutti meritiamo tranquillità e pace. Saprò dove trovarvi. Francesco, mi raccomando, custodisci i nostri segreti e gli oggetti acquistati da tuo padre che hai trasferito dalla città portuale.»

«Florestano, Virginia, vi fermate a cena da me?» chiese il frate ossequioso. «Ovviamente l'invito vale anche per voi, *uomo di ferro*!»

Accettarono tutti di buon grado. Virginia e Florestano sarebbero rimasti lì anche per la notte, rimandando la partenza al giorno seguente.

«Francesco, se posso permettermi, visto che non siete più frate, vorrei presentarvi una mia cugina.» esordì il locandiere durante la cena. «Farebbe proprio al caso vostro! Anche lei ha la passione per l'insegnamento ai ragazzi.»

«Con molto piacere, queste vesti ormai sono desuete. Ho visto un terreno qui in zona dove vorrei costruire un edificio per poter insegnare ai giovani... Questo è da sempre lo spirito dei precettori!» esclamò sollevando il calice di vino. «A Tsuki e Tiziano! Il loro insegnamento non andrà perso...»

Dopo cena, Francesco e il padre di Emma si ritrovarono sul terrazzo a sorseggiare del buon vino, soddisfatti di quanto erano riusciti a fare ma al contempo amareggiati per Tsuki e Tiziano. Virginia e Florestano si gustavano il panorama dal giardino d'inverno situato in cima alla torre della casa. Le piante della sorella del frate erano state trasferite nella villa sul mare.

«Francesco, io non sono un uomo dotto.» ammise il locandiere. «Tutti ormai mi conoscono con il soprannome che mi ha dato Ranieri: *uomo di ferro* oppure *omino di ferro*, in virtù della statuina appesa al tetto della locanda. E sinceramente comincia a piacermi! Come si potrebbe tradurlo in altre lingue, visto che questa diverrà una città di mare con un bel porto turistico?»

Il frate ci pensò su per qualche secondo sorseggiando il suo vino, poi scoppiò a ridere a crepapelle.

«In inglese suona bene, si direbbe "*Iron Man*", sembra quasi il titolo di una pellicola...»

Nei mesi seguenti, lui e il padre di Emma si dedicarono a costruire una colonia per i meno abbienti a ridosso della pineta. Lo spirito della colonia era quello di insegnare ai ragazzi e sovvenzionare i loro genitori per l'acquisto di appezzamenti di terreno. Virginia e Florestano contribuivano economicamente allo sviluppo della colonia e aiutavano i più bisognosi con i soldi provenienti dalla vendita del minerale in tutto il mondo. Virginia ogni tanto riceveva dal fratello e da Chantal alcune lettere, il cui contenuto, assieme ai suoi studi, veniva divulgato ai Congressi Italiani delle Scienze.

Federigo stava diventando sempre più importante nella città portuale, dove tesseva le proprie relazioni economiche, politiche e socio-ecclesiastiche.

Ringraziamenti

Desidero ringraziare Agnese e Germano per l'aiuto fornitomi durante la fase di revisione e formattazione del testo.

Un ringraziamento particolare agli amici Giacomo e Giovanni per avermi fatto conoscere alcuni luoghi descritti nel testo.

Infine un saluto a tutti gli amici che mi hanno aiutato nella scelta della copertina.

Indice

www.ingramcontent.com/pod-product-compliance
Lightning Source LLC
Chambersburg PA
CBHW060233290526
45789CB00001B/31